心理学家教你职业规划

[英] 菲欧娜·默登——著 朱蓓静——译

Fiona Murden

DEFINING YOU

How to profile yourself and unlock your full potential

四川文艺出版社

果麦文化 出品

目　录

序 言
在心理学家的陪伴下

你有没有想过，探究自己的故事，理解人生的起伏，以某种方式让自己不仅更成功，而且更快乐，会是什么样的感觉？很少有人真正有时间回顾是什么造就了自己——我指的不是那种让我们倍感痛苦并怀疑人生的钻牛角尖或反省检讨，相反，我说的是以积极、务实，甚至随心所欲的方式探索是什么让你成为现在的你。无论你处于哪个年龄段——是二十多岁，遥望人生将何去何从；还是四十多岁，在事业的黄金期想方设法创造更多意义；抑或六十多岁，即将退休，希望继续带着目标感生活——每个人都可以从更了解自己中获益。本书将带你走一遍自我认知之旅，积极助力你在未来几天、几周、几年、几十年的人生中更清晰地认识自己是谁、你的价值观是什么，帮你确定目标，并自信地践行所学。

这些年来，我有幸听到了数百人的故事，在这个过程中，努力了解每一位客户的独特个性、人生目标，帮助他们开发潜能，实现自我价值。身为一名心理学家，我不断洞察人的秉性是怎样的、哪些事情让他们充满动力，为的是帮助人们过上更卓有成效、心满意足的生活，在各自的职业中脱颖而出。这种自我意识的提升几乎是在各行各业通往成功的第一块敲门砖。

我的客户是那些本身心理健康状况就良好的人，通常处于职业生涯的巅峰期，但他们希望更进一步，开发更多潜能，精益求精。随着经验与年龄俱增，我已经在欧洲、亚太地区与一些国际大企业和机构展开合作。在国际化的背景下与这些管理者和其他名人打交道时，我发现他们和我们一样，也有非理性的一面。虽然这些已经升到显赫职位的高管往往比大多数人更有自知之明，但他们在许多方面仍有成长空间。比如他们也想了解自己及他人为何会表现出某种行为，为何会时不时地被情绪左右，为何会错误判断是何种因素让自己感到筋疲力尽，内心深处的动力到底是什么，甚至为何偶尔会质疑在这世上到底有没有适合自己的地方。

在我看来，既然这些“成功”人士都有学习和提升的空间，那也就说明我们每个人都需要做好准备了解自己，最大限度地实现人生价值。我热衷于帮助每个人增进对自己思维方式的了解、发挥出真正的潜力。这就是促使我写本书的原因。我希望把我为这些高管、运动员和其他名人提供的东西普及给大众，传授你们一些工具，用于剖析自我、理解自己的故事。除了希望帮助你们建立更强的目标感，取得成功，我认为更重要的是，让你们过上快乐充实的生活，更好地认识如何保持心理健康。

发挥你的潜能究竟意味着什么?

> 你生而有翼，本不应匍匐而行。奋翅高飞，搏击长空。
>
> ——古波斯诗人 莫拉维·贾拉鲁丁·鲁米（Mewlana Jalaluddin Rumi）

如何发挥潜能？这是一个永恒的问题。正是潜能让我们作为一个种族得以繁衍生息，受好奇心驱使寻找机会，掌握越来越多的知识，不断地拓宽社会和世界的边界。

对现在的你们来说，发挥潜能关乎未来的可能性和成长空间：探索你的机会和地位，是什么让你成为独一无二的你，如何利用你的优点平步青云，如何接纳你的弱点。它关乎如何明确目标或梦想，并始终活在追梦的路上：和你生命中的那些人建立最好的友谊和关系，回报你所在的社区，打破纪录，创办一家成功的公司，成为一名奥运会运动员，或出任一家跨国公司的董事总经理。它关乎如何释放个人的无限可能，如何提升自我来表达个性，如何尽你所能过好一生。

为了发挥潜能，你需要了解自己的行为和动机，意识到为什么自己会这样做，对其他人有什么影响。你不仅需要进行“自我探索”，还需要探索你想走的人生道路，明确人生的意义，并对突破边界充满信心。同时，你必须乐于接受挫折并引以为戒。你需要知道如何识别自己心理和生理的临界点，并懂得如何有效应对，保持不断向前。你必须了解你的大脑，学会尊重它，使它能在最佳状态下工作。要真正发挥潜能，你需要认识到，偶尔停顿一下，深呼吸一下，从快节奏的世界后撤一步，并不是“锦上添花”，而是“救命稻草”。最后，你还必须了解你的环境，对身边发生的事情保持好奇心和开放的态度，并融入你所在的圈子。所有这些都能让你串联起“你是谁”的线索，创作属于你的故事、记忆和价值观，这些共同构成了你的身份。尽管你本来就有价值，但了解了自己的潜能在哪里，以及如何发挥这种潜能，你将能够释放更多自我，最终体会到更大的成就感，并成为一个更完整的人。

听上去要做的事不少，但我会助你一臂之力。本书精选了我在成为一名特许心理学家[①]的七年资格认证过程中所获得的一些知识，

① 特许心理学家：由英国心理学学会颁发，该资格认证不仅在英国法律上得到认可，还反映获得者具有高标准的心理学知识和专业技能。（译者注）

并结合我十八年的工作经验及数百小时的客户测评和辅导经历。我将分享一些技巧和有趣的故事，帮助你探索自己。本书将推荐已经过大量样本测试的方法，并用简单、实用、易懂的方式解释一些科学知识。你将受益于针对自我认知最佳方法的研究、我自己的专业知识和经验，以及各领域不同学者和专家的知识。虽然无法面对面地和你交流，但我会陪你走一遍我带客户走的旅程，这样你就可以更好地了解你是谁，你是什么样的人，怎样才能最大程度地发挥你的潜能。

在做客户测评的时候，我一般会花三到四个小时挖掘所有使他们与众不同的信息。接下来就进入辅导环节：帮助他们提高自我洞察力，将所学付诸行动，并为他们的生理健康提供咨询（大脑和身体都要开足马力，才能使行为改变成为可能）。尽管许多客户对测评环节三缄其口——毕竟一想到有人试图揭你老底还是相当令人发怵——但大多数人离开时会说他们真的很享受这个过程，也很受用。

之后我会收到客户的电子邮件，写着他们几天或几周后仍在思考和反思一些事情。在阅读本书的过程中，请务必记住这一点：消化书中的全部内容需要时间。

读这本书的时候，你将有机会进行自我探索，就好比我和你坐在咨询室里，面对面地分析你和你的人生。我将帮助你串联起你的人生经历、优势能力和行为表现，这样你就可以更了解自己，朝着你想要前进的方向成长。通过利用本书，你将能够：

- 自主决定探索的内容、时间和深度。
- 静下心来反思和消化这些信息，然后继续探索下一个方面。
- 有机会回顾人生并把过程中产生的反思、洞察、想法和回忆都写下来。

- 如果你想保密，可以选择完全不公开测试结果。
- 通过洞悉潜能、人生的意义和个人发展，创建一份关于自我认知的指南。

我把本书分成了三个部分，分别对应测评和发展的三个阶段：反思、洞察和行动。每一章都包含若干小节，探讨你将要关注的话题，随后提供工具、小贴士和行动指南，一步步指导你收集所需的信息。当你一页页往下读时，你可以创作自己的故事，从而更清晰地认识自我，了解适合自己发展的环境、未开发的潜能所在，还有未来的人生方向。随着阅读的进行，你将能够把这些技能在生活的方方面面学以致用。在本书结尾部分，我们将结合你已经掌握的自我认知及对生活、工作环境现状的认知，介绍从心理健康和身体健康两方面“完善自我”的最佳方法。

反 思

在这一部分，你将会反思你是谁，重新回顾一遍你从童年到现在的人生故事。这有助于你：

- 以积极有益的方式探索是什么让你成为现在的你。
- 通过了解成长经历是如何塑造了你、你的核心性格、优势、热衷的事情和兴趣，创作个人故事主线。
- 基于个人爱好和价值观，开始摸索你想选择的人生道路。

这一部分的工具和小贴士将向你展示：

- 你的好奇心有多强，对周遭世界敞开心扉的程度，这对你生活的方方面面——从释放创造力、建立更和谐的关系到发展智力、提高整体幸福感——有哪些影响。这一小节就如何增强好奇心给出了实用建议。
- 你的自我意识如何，自我意识如何为人生的成功和整体的心理健康打下了基础。这部分将附上如何增强自我意识的指导。
- 在任何一个年龄阶段，如何通过改变思维方式来改变人生命运的轨迹。
- 你的情商有多高，情商高低如何影响有效沟通、建立良好关系、影响力技巧、管理压力和焦虑、做出有效判断，甚至是创造商业利润的能力。这一小节还就如何提高情商提供辅导。
- 如何克服障碍，这里会着重关注心理障碍，并重塑你的思维方式。
- 如何通过与他人进行更有效的沟通来了解自己的核心价值观，找到人生的意义。

洞 察

当你反思完自己的故事，下一步你将有机会通过征询他人反馈来收集信息。这一部分的各小节将：

- 让你了解生活中他人对你的看法、你的独特优势以及你自己可能意识不到的其他习惯。

这一部分的工具和小贴士将向你展示：

- 如何深度剖析自己的个性，通过自省和你信赖的人提供的反馈来回顾测评结果。
- 如何用既能获得建设性测评结果，又让你和你征询的人都感到自在的方式寻求反馈。
- 如何将他人对你的看法融入你的个人叙述，使得你眼中的自己与周围人的看法更为一致。
- 如何将反馈付诸实践，转化为实际的行为改变。
- 如何把你对自己的核心性格、价值观、热衷的事物和兴趣爱好，以及优势能力等的探索都归结于一点——也就是定义你自己。
- 如何明确人生的意义，并在更深层意义感的驱动下指引你做每件事情。

行动

在最后一部分中，我们将探讨如何把你探索的全部内容有条理地串联起来，梳理清楚你是谁、你追求的人生意义是什么、为了发挥潜能你需要做什么。这一部分的各小节将：

- 帮助你了解如何建立自信和自尊，实现自己确定的目标，并有力地向外界展示自我。
- 帮助你了解有害的工作环境是什么样的，如何应对这样的环境，以及什么样的工作环境最适合你。
- 罗列了建立人脉、找到导师，并运用榜样的力量来帮助你实现目标的诸多好处。
- 解释了如何通过缓解压力、管理与大脑工作机制格格不入的某些压力源，来有效地激活大脑，并通过改善睡眠质量、锻炼身体和本书中提到的其他相关因素来增强情绪韧性。

这一部分的工具和小贴士将向你展示：

- 如何更好地了解你的个人压力源并加以解决。
- 如何培养情绪韧性，使你保持最佳工作状态。
- 如何找到你的最优睡眠模式，你更像“百灵鸟”还是更像“夜猫子”。
- 如何将更多锻炼融入日常生活，扫除阻碍健身计划的心理和身体因素。
- 如何制订行动计划，当压力陡增时能够从容应对。
- 如何“可视化想象”你的成功之路。

你可以考虑买一个电子记事本，在阅读本书中的各小节时专门用来记录自己的见解和想法。这样你将获得一份可以时不时重新访问和添加的内容。你也可以在电脑上新建一个文档或将我提供的在线表格打印出来，用来填空。你可以选择使用任何对你来说最有效的方法。

本书包括一系列的练习、小贴士和建议，但这一过程中的重头戏是找到适合你自己的方法。所以，记录下哪些方法对你有用，哪些对你无效，以备不时之需。这本书提供了一个认识自我的窗口。读完本书，你将会收获更深的自我洞察力，对你的个人生活和职业生涯的多个方面都会产生巨大的积极影响。尽管你可能会热衷于破解问题，希望快速找出尽可能多的答案，但我还是建议你放慢速度，一步步来，这样才能从书中获益良多。大脑需要时间吸收新信息，并将其与我们的叙事及认知有效地融为一体。花点时间去尝试和反思，这样你才能真正全面地了解自己是谁，最适合做什么。

如果你已经准备就绪，那么是时候开启你的自我探索之旅了。

第一部分——反思

第一章
好好观察，别急着回应

当我们走进心理学家的世界，就会发现这里充满着观察和假设。为了有效地开展工作，我会让自己置身于平常看世界的视角之外。人类的视角不自觉地充满了偏见和成见。因此，在以心理学家的职业身份和客户见面之前，我做的第一件也是最重要的一件事，就是把心态调整到正确的模式，从“习以为常”看世界的方式中抽离出来，准备好用开放、细致、积极的态度来探索客户的故事。为了使咨询过程有效，当务之急是静静观察，而不是匆忙回应所听到的内容。我的首要目标之一就是以一张白纸的状态与客户见面，大胆怀疑，小心求证。这就需要我具备一种好奇的态度，能从不同的角度审视事物，并不断探索新的可能性。

在本章中，我们将探讨如何“永葆好奇心”以及这对你探索自我有什么好处。你将了解你的好奇心有多强，并获得相关指导，发展这一关键的生活技能。随后我会概述如何从情绪和偏见中后退一步，以便好好观察，而不是急于回应。这点在很多方面都很有用，因为只有了解情绪会如何影响你的判断力，你才能：

- 改善人际关系，提高自己的影响力。
- 仔细观察他人的反应并冷静回应，而不是让自己处于觉得“如果我没那么说就好了”的境地。
- 提高你的决策力。

· 理解办公室政治，找到更有效的应对方法。

· 最重要的一点是，让大脑更健康。

令人欢喜的好奇心

> 好奇心是人类存在的本质。“我们是谁？我们身处何地？我们来自何方？我们去往何处？”我一无所知。对于这些问题我无法给出任何答案。我不知道世界的那边和转角处有什么，但我想一探究竟。
>
> ——美国宇航员 尤金·塞尔南（Eugene Cernan）

好奇心是一种有趣甚至神奇的行为，与我们每个人都息息相关。它体现了人类与生俱来的求知欲。过去几十年里，研究大脑如何工作的神经科学取得了飞跃式的发展，这使得我们有机会以前所未有的深度，洞察人类处事的方式及目的。

你已经证明了自己比大多数成年人更加具有好奇心：因为最近的一项研究表明，在25—64岁的欧盟人口中，只有大约10%的人能够做到“终身学习”。[1]当你拿起一本关于个人发展的书时，你就成了少数具备好奇心的主动学习者。

我们通常总是把好奇心和儿童联系在一起，儿童天生渴望了解周围的世界和他们所在的一方天地。虽然研究表明，随着年龄增长，求知欲会逐渐减弱，[2]但好奇心对成年人而言也同样重要，它不仅能帮助你发现更多关于自我的信息，还能为建立更好的人际关系、释放创造力和创新能力、增长智力、增进整体健康和幸福感打下基础。

伊恩·莱斯利（Ian Leslie）在他的《好奇心》一书中描述了儿童

期好奇心的发展过程，[3]为我们提供了一个有用的框架，从中可以看到心理学家在测评环节所采用的心理调查方法。心理学家必须对事物保持好奇心，锲而不舍地探究意义，才能透过人类复杂行为和意图的表象，看清行为背后的本质原因。从某种意义上说，我认为我的工作很像侦探。不管我看的是夏洛克·福尔摩斯、赫尔克里·波洛、神探可伦坡、摩斯探长，还是梅格雷，我总觉得他们的工作和我的工作有异曲同工之处——态度坚定，永远不被表象所迷惑。这些好奇心大师从各个角度勘查事物，直至找到解开谜团的线索。

莱斯利将好奇心的三个阶段描述如下：

1. 知道自己不知道

当你面对全新事物的时候，你能够接受自己经验不足的事实。不要自以为知道答案，而是要虚心提问并认真地思考。这就是所谓的“同理心好奇”（empathic curiosity）：对他人的想法和感受抱有兴趣，并随时准备面对意料之外的信息。[4]

我怀抱赤诚之心与每一位客户见面：不带期望也不带假设。只有这样我才能真正地与他们建立联系，把自己的预设摆在一边，以便了解他们的个人经历，以及这些经历是如何影响他们的自我认知的。

我鼓励你在阅读本书时使用这种方法。与其出于习惯不假思索做出应答，不如想想你真实的看法、感受和需求。别急着假定自己知道答案，除非你已经从各个角度考虑问题，试着刨根究底，问问自己为什么对某些事情有这样的感觉，你所形成的信念是如何产生的，是什么导致你做出某些决定。这样做的话，你将会获得更丰富的洞察力来看清你自己。

2. 尽情想象无尽的可能

无论何时，你都会想到不止一种可能性，并探索哪种可能性是正确的。比如，当遇到腼腆的人时，想一想“这个人是在见到陌生人时才会拘束吗？”或“他们在这种情况下很安静是出于紧张吗？”好奇心必不可少，尤其是当我在测评过程中一边斟酌提问的措辞，推断客户的心理状态、判断力、行动力，一边还要认识到万事无定论的时候。任何思想或想法都需要经过讨论和检验。

在阅读本书的时候，尽量记住：你得出的第一个关于自己的结论很有可能是错误的。在每次得出结论前，你都必须考虑多个推论，并对每个推论都进行彻底的研究。别急着下判断，直到你研究了所有的选项。这样你可能会发现一些从未想过的关于自己的真相。

3. 认识到你需要向他人学习

对别人的想法、态度和经历保持开放的态度。在社交场合中，我们会很自然地向别人显摆自己在某个熟悉话题上的渊博知识，而不是倾听他们能告诉我们哪些内容。然而，停下来了解对方并不时提问，我们一定能获得对自己有用的信息。比方说，你可能会找到一种看待事物的不同方式，或者是一种你从未想到过的解决问题的方法，也可能是一个你之前并不了解的机会。

在做测评时，我不断地循环使用这三个步骤，反复检验我做出的假设。同理，侦探也不会在穷尽所有破案手段之前就草草结束调查。

好奇心所具有的好处远不止探索自己的个性这么简单。下面举了一些例子。

好奇心能提升他人的价值感

当我们对他人表现出真正的兴趣，想了解他们而不是评判他们时，就会建立信任并形成更深厚的感情联系，最终促进彼此之间的关系迈向更好的方向。

社会心理学家和神经学家马修·利伯曼（Matthew Lieberman）在《社交天性：人类社交的三大驱动力》[5]一书中，解释了为什么与他人建立社交关系在人类的进化中必不可缺。对人类的生存而言，社交需求与食物、安全和住所的需求同样重要，对心理健康也至关重要。当我们建立有意义的关系时，大脑会通过释放神经传导物质来奖励我们，让我们产生愉悦感。好奇心正是在这个方面能起到很好的作用。

好奇心能激发变革和创造力

托德·卡什丹（Todd Kashdan）对此进行了广泛的研究，他指出："当公司鼓励员工发挥好奇心时，员工会感到精力充沛，全神贯注并全力以赴地投入工作，这有助于推动创新。"[6]

当人们能够自由地进行发散性思考，沿着不同的思路去研究分析，在脑海中想到多种多样的可能性时，就可以"跳出框框思考"。我见过许多这样的案例：由于内部文化扼杀好奇心，导致创造力的大门被关上了。反之，我也曾与一些机构开展合作，它们内部的创新之所以遍地开花，正是因为允许员工犯错误，甚至会鼓励员工去探索、学习、发现和创造。

好奇心是智力发展的基础

爱丁堡大学的索菲·冯·斯图姆（Sophie von Stumm）和她的同事们研究了好奇心在学业表现中的作用。她发现，求知欲（intellectual curiosity）对学习成绩的影响程度与智商是一样的。[7]

在对管理者进行测评时，我有时会用能力测试来量化他们的智力。人们自然而然会认为这些成功人士都具有高智商。招聘方如果看到自己的第一候选人得了低分时，往往会感到惶恐不安。然而，高智商并不意味着一个人在商业、事业或生活上一定能成功。求知欲在预测一个人能否成功中通常同样重要，在某些情况下甚至更重要。

好奇心能让你永葆青春

一项对超过1000名老年男性和女性进行的长期跟踪研究发现，和那些缺乏好奇心的人相比，好奇心强的人在这项为期五年的研究中，其最终寿命更长。好奇心确实能让人们活得更久一点。[8]

好奇心能提升你的整体幸福感

马修·加拉赫（Matthew Gallagher）在《积极心理学杂志》上发表的一篇论文表明，好奇心中的“探索”成分与幸福感呈正相关。[9]此外，德国的一项研究发现，好奇心对幸福感的积极作用大于感激、希望，以及幽默。[10]简而言之，在阅读本书的过程中心怀好奇，深入理解自己的故事，对你来说不仅重要，还是一项能够一生受用的技能。

测评工具

你的好奇心有多强

你的好奇心有多强？你会顺藤摸瓜并刨根究底吗？你会执着地从不同角度研究多种解决方案吗？你有兴趣更深入地了解不同的人和不同的地方吗？完成“好奇心量表”，看看你与大多数人相比表现如何。

回答问题时请尽量做到诚实。如果你没有自己希望的那么具有好奇心，不用担心——这是提升自我的绝佳机会。

好奇心量表

填写说明：根据你的实际感受和行为习惯，对下面的表述进行客观评分。请依据事实做出诚实的回答，而非考虑哪个是正确答案。

1——极弱或完全没有

2——一点点

3——适中

4——比较强

5——非常强

1. 遇到新情况时，我会主动搜集尽可能多的信息。	1 2 3 4 5
2. 我是那种真正享受日常生活中不确定性的人。	1 2 3 4 5
3. 在做复杂或有挑战性的事情时，我会处于最佳状态。	1 2 3 4 5
4. 无论去什么地方，我都在寻找新事物或新体验。	1 2 3 4 5
5. 我把充满挑战的场合视为成长和学习的机会。	1 2 3 4 5
6. 我喜欢做那些让人感到有点恐惧的事情。	1 2 3 4 5
7. 我总是在寻找颠覆我对自己和世界认知的新体验。	1 2 3 4 5
8. 我更喜欢那些刺激又难以预测的工作。	1 2 3 4 5
9. 我经常寻找机会挑战自我，不断成长。	1 2 3 4 5
10. 我是那种对陌生的人、事情和地方敞开怀抱的人。	1 2 3 4 5

资料来源：T. B. 卡什丹、M. W. 加拉赫、P. J. 西尔维娅等，2009，“好奇心量表II：发展、因素结构和心理测试”，《性格研究杂志》，第43（6）期，987—998页。经许可转载。

测试结果透露了哪些信息

好奇心包含两个关键因素：

- 积极探索新知识和新体验。
- 乐于接受新奇且不可预料的情况。

在查看自己的回答时，你可能会发现自己在某些方面的好奇心更强，这样你就知道需要关注哪些薄弱方面才能提升自我。举例来说，如果你不是一个拥抱不确定性的人，如果不确定性让你感到焦虑，那么整本书中都有一些工具可以帮助你克服这种感觉。现在，把评分加总，对照下面的表1.1查看你的总分处在哪个级别。

表1.1 好奇心的五个级别

总分	级别	定义
10—16	1—极弱或完全没有	专注于自己的任务，两耳不闻窗外事。害怕任何形式的不确定性，并想方设法避免。
17—23	2— 一点点	喜欢确定性带来的舒适感觉。对日常生活中不可预料的因素感到不适。
24—32	3—适中	对学习新事物较感兴趣，但对新鲜事物持谨慎态度。
33—41	4—比较强	以开放的态度接受新信息和新情况。

42—50	5—非常强	坚持尝试新事物，不达目标不罢休。欣然接受日常生活中新鲜、多变、不可预料的一面。渴望不断积累新的能力和经历。

如果你的得分不高，别担心—— 这是一项你可以培养的技能，我们将在本章后半部分介绍一些简单的方法。现在，我先来给你讲讲一位我曾经辅导过的人吧。

好奇心如何改变人生

几年前，我曾辅导过一个人，我们就叫他安东尼奥吧。安东尼奥在一家大型机构担任董事。他对自己的工作非常在行，我的职责只是辅导他把沟通技巧提升到更高的水平。

为了避免治标不治本，就必须了解安东尼奥整个人，所以我和安东尼奥的谈话涵盖了他的全部生活经历。谈话中我发现他正在挣扎着寻找工作的意义，并对现有职位上面临的种种办公室政治感到沮丧。结果，他感觉自己被困住了，非常痛苦。

安东尼奥是一个充满好奇心的人，但他的好奇心用我前面所描述的标准来看还是很有限的。尽管他一直在搜寻各种事实和信息，但他并没有在接触新情况、新环境和新的人，尤其是他并没有遇到颠覆他对自己和世界认知的新体验，不觉得自己在成长，目前所做的事情也没有给他带来刺激感。

当我鼓励他可以变得更有好奇心时，安东尼奥开始探索一个商业构想，一个与他目前的身份无关的想法。他开始抓住机会尝试一些不同的东西，接触新的人，广泛地参与各种各样的事情。最重要的是，尽管感到焦虑，他还是这样做了。安东尼奥现在不仅担任着更有意义、更具挑战性并提供持续学习机会的职务，还因为追求自己的商业构想，成了一名非常成功的创业者。

安东尼奥的案例向我们展现了培养好奇心的方法。如果你渴望提升自我，你就一定能做到，有时你需要的只是自觉地意识到如何去做。即使你在量表上的得分很高，你仍然有机会成长，思考不同的方法来扩展和延伸你的能力。例如，如果你在“无论去什么地方，我都在寻找新事物或新体验”上得5分，那么未来就去寻找更多新体验。如果你在自己的国家探索了10个不同的城市，那么就将目标定为20个；或者如果你去过世界上7个不同的国家，那么就将目标定为15个。以下建议可以帮助你确定个人目标。当你明确目标后，把它们写在记事本上或电脑文档中，便于你回顾并查看自己的进展。

搜寻新知识

如果你在量表中问题1、3、5和7上的得分较低，这些要点会对你特别有用。

为大脑充电

阅读、阅读、再阅读，读得越多越好。阅读广泛多样的资料不仅有助于培养好奇心，还已被证明可以提高情商及对社会细致入微的洞察能力。

向经验丰富的专业人士请教。观看纪录片、TED演讲，参加不同主题的演讲。

倾听别人的故事。我从倾听别人的故事中学到很多关于不同行业、文化、职业等的知识。你可以大胆地向别人提问，询问他们自身的情况，从事什么工作，面临的挑战是什么。阅读传记和观看传记电影同样有帮助。

参加课程。可以是任何你感兴趣的课程—— 不一定要和你的工作或你迄今为止所做的事情有关。尽量不要把自己归类或为自己设限，尽情去尝试一些不同的事情。

> 小贴士：用适合自己的方式来为大脑充电。如果你喜欢阅读杂志，那就尝试买不同的杂志，比如那些你通常不会关心的话题。不过请记住，坚持才是关键：你需要保持前行，始终沿着一个方向，看看最后你将去往何处。

与人攀谈

积极提问。就领导力而言，那些最有影响力、知识渊博、见解独到的领导者往往是提问最多的人。举个例子：某家零售企业的管理者会很认真地听取商场一线员工的想法，比起那些只看公司数据和分析的管理者，他能了解更多关于公司运作的具体情况，而且员工也会觉得自己受到领导重视。无论你是谁，你总可以从别人那里学到一些事情。

向别人请教专业知识。即使你了解别人正在告诉你的事情，也要忍住插话的冲动。正确的做法是，学会倾听并留意那些能丰富你的知识或为你提供不同视角的内容。

> 小贴士：提问时，一开始很容易显得过分积极，无意间会

让别人觉得唐突、多管闲事，甚至咄咄逼人。在开始提问之前，花点时间“做功课”，想清楚你打算问什么，以及打算如何提问。

对身边的一切事物保持兴趣。即使有些事情乍一看对你没有多大意义，也可能会非常有趣。有时候我会接到一些电话，对方来自一些我天生无感的行业，但我为了有效地完成工作，就必须用心去充分了解他们的行业是如何运作的。无一例外，每家看似有点无趣的公司，表面之下都有很多值得探索的地方。如果你能透过现象看本质，我保证你会对自己的新发现感到惊喜。

好好观察。做一个出色的观察者。比如，你可以坐在一家餐厅里，背靠着墙，然后好好观察别人，留意你的所见所闻。不用介入互动，只是观察而不干扰到别人，这样就更容易看清正在发生的事情，并从中进行学习（我将在下一部分详细探讨）。

追求个人成长。按照本书中的建议做，看看它们会把你引向何方，你还能从哪些方面更多地了解自己。

拥抱不确定性

如果你在量表中问题2、4、6、8和10上的得分较低，这些要点会对你特别有用。

与陌生人攀谈。无论身在何处，我都会和陌生人攀谈：餐馆里的服务员、公交车上的司机、商店里的收银员。如果你准备好提问和倾听，每个人都有一些有趣的事情可以分享。这样做的额外好处是，每次交流都是一次学习体验，会让对方感觉良好，也会给你的大脑充充电（这种互动方式对大脑有积极的刺激作用）。你可能会觉得有点害怕，但不妨一试。

抓住机会去新的地方。比起总是去同一家酒吧、餐馆、咖啡馆、度假地，或走同一条路线上班，你应该尝试去新的地方或走不同的路线。

逼自己走出舒适区。你必须学会接受自己的恐惧感和焦虑感。这说起来容易做起来难，但你可以通过“正念”（mindfulness）和一种叫作“接纳与承诺”（acceptance and commitment）的方法来改变自己，这两种方法我们在本书中都会进行探讨。通过使用这些工具，你可以试着接纳一些让自己感到害怕的事，尝试一直想做却没有勇气去做的事，也可以尝试一些全新的事。设计好奇心量表的心理学家卡什丹解释了我们是如何逐渐被“同化”，以至于认为确定性比模糊性对我们更好。然而研究结果一致表明，我们在面对新情况时所产生的焦虑感，其程度远远不及在这个过程中所创造的新奇感更强烈、更持久、更有意义。

记录下你的个人目标以及你打算如何培养好奇心。把目标定得实际一点儿，避免自己无法达成，但也要留出足够的发展空间，让自己走出舒适区。

理性脑

心理学家需要将好奇心与观察结合起来，才能一窥到底是什么构成了我们的行为、意图和信仰，才能真正了解人。然而，心理学意义上的观察不仅仅意味着观察某件事或某个人；这种心理状态需要你对大脑构造有基本的了解。我来解释一下吧：

一位名叫保罗·麦克莱恩（Paul MacLean）的医生最早提出了“三重脑”或三层大脑理论。[11] 他解释了人类的大脑是如何进化到目前的容量和能力，并保留了两种最基本的构造特征。大脑按顺序依次进化，实际上是一层叠着一层。大脑的三个部分有着显著不同的结构和化学成分，它们虽然相互关联，但对刺激的反应却截然不同。

第一层被称为脑干，类似于爬行动物的大脑，爬行动物是在约3.1亿年前进化而成的第一种生物。大脑的这一部分监控心率、呼吸和体温等人体的基本功能。

第二层通常被称为大脑边缘系统，是在约1.6亿年前，爬行动物进化成早期哺乳动物时发展起来的。这一部分主管人类基本的情绪驱动，可以粗略地描述为大脑的情感中枢。

第三层被称为大脑皮质，是大脑进化的最后一层。这一部分负责更复杂的思维，包括逻辑、语言，并掌管我们所谓的理性思维（conscious thought）。

正是大脑皮质的这部分结构让人类成为最独特的生物，当我们刚刚出生时，这部分也尚未发育定型。在幼儿期，大脑皮质会迅速地吸收来自特定社会和文化中的信息。这就是为什么心理学家会在测评中探究“你的故事从哪里开始”的原因之一：你的过往经历和你现在所处的环境决定了你会成为什么样的人。

大脑前两层的主要功能对人类和对其他动物来说都是一样的：它们驱动繁衍和自我生存。在本书中，我将大脑的这两个部分统称为“本能脑”。这个部分的大脑没有意识，只是根据环境提示快速地做出反应。本能脑在我们的日常生活中占据了惊人的主导地位，影响着各种各样的事情，比如吃饭、睡觉、与他人融洽相处（有助于我们祖先提高生存概率）以及归属于某一群体。

我们生命中更复杂的方面是由反应速度较慢但更深思熟虑的大脑皮质掌管。本书中我将其称为“理性脑”。理性脑负责控制更高级的行为，比如找到个人和社会发展的目标，创造一个安居乐业的世界等。大脑皮质还负责解读从本能脑传送过来的信息，让我们探究缘由，找到问题的答案，使我们的一生更有意义。

尽管用理性脑思考更加有效，因为它总是在深思熟虑后才采取行动，但本能脑却在生理上占据主导地位。由于本能脑比理性脑反应的速度更快，在涉及生存的问题上，前者常常占据上风，超越我们的理性思考以及道德行为习惯。

也许我们认为这类情况很少发生，但实际上本能脑与我们所做的每件事都密不可分。这就是为何理解理性脑和本能脑之间的相互影响是如此重要。

想要成为一名优秀的心理学家，或者想要成为一名真正优秀的管理者，与他人建立积极的人际关系，并保持健康的心理状态，很重要的一点就是要学会管理自己的本能脑，从情绪中跳脱出来，防止偏见和误判。这些偏见和误判通常是由对情况本能的反应所引发的。这样做是为了最大限度地避免本能脑控制理性脑。当然，这并不是说你应该忽视本能脑和它所提供的信息。这些信息非常宝贵，只不过你需要知道如何正确解读。

我来分享一个案例吧，你会看到这一机制在实践中是如何起作用的。在这个案例中，我用理性脑有意识地思考，同时也利用了本能脑提供的信息。

通过解读本能脑提供的情报来做出有效判断

几年前，我曾为一名女性做了测评，她应聘的是一家跨国公司亚太地区的管理职位。我们就叫她费莉西亚吧。我和这家公司合作了好几年，他们亲眼见证了我对候选人的判断如何随着时间推移一一得到验证，所以他们很相信我的判断。公司的CEO、董事会成员和人力资源总监一致认为这位候选人“很出色”，但在发录用函之前，他们仍然按照标准流程邀请我对她开展测评。

和其他测评一样，我把自己放在不加评判、不带偏见的立场，换言之，我要求自己认真观察，不要急于做出回应。然而，我很快就感到自己被对方所轻视。费莉西亚似乎没有说什么或做什么具体的事让我产生这种感觉，所以我一边继续测评，一边努力保持理性脑模式。但这种感觉仍然徘徊不去。

我借口离开了五分钟，给自己一些思考的空间（用理性脑），试着弄清楚是怎么回事——我的本能脑到底在干吗。那天我特别累，觉得自己不一定能想得很明白。尽管如此，我还是决定把这种感觉作为证据，证明某些事情可能并不像那些见过费莉西亚的公司成员所看到的那样。

我怀着明确的目的回到测评环节，想要探索一些具体的内容，以此更好地收集线索、做出精准的判断，而不只是按照直觉告诉我的去做。

小贴士：我们永远无法证明对人的判断百分百正确，因为我们无法确信能看清一个人的本质。从科学的观点来看，我们只能反驳一个假说，而不能证明它。因此，你必须通过一个有待论证的假设得出一个判断，从而引导你寻找进一步的数据。

表1.2展示了如何进行信息收集、假设和检验的简化版洞察过程，探讨了这个案例中的四个步骤。

表1.2 假设检验四个步骤的洞察过程

1. 信息（从本能脑收集的）： 她让我感到不舒服，即便我处于“观察—不回应”的模式。	假设： 她可能会让其他人也感到不舒服。 **或者** 当她处于紧张的环境中（比如测评环节），可能会让其他人感到不舒服。	判断： 她的人际交往风格在某些情况下会给别人带来负面感受。
这些数据不足以让我们做出有力的判断，也不足以判定哪个假设是正确的，因此需要寻找更多数据。		
2. 信息（来自客户分享的）： 她没有让在面试过程中与她交谈的其他人（比如身居高位的男性）感到不舒服。	假设： 当她处于紧张的环境中（比如测评环节），可能会让其他人感到不舒服。 **或者** 她只会让女性或那些她不太在意印象的人感到不舒服。	判断： 她的人际交往风格在某些情况下会给别人带来负面感受。 **或者** 她的人际交往风格会给别人带来负面感受，但只针对特定群体。

<table>
<tr><td colspan="3">这些数据不足以让我们做出有力的判断，也不足以判定哪个假设是正确的，因此需要寻找更多数据。</td></tr>
<tr><td>3. 信息（通过提问收集）：
她没有用正面或鼓励性的话语谈论那些为她工作的人。</td><td>假设：
她不会对她的团队和直接下属给予支持。</td><td>判断：
她的人际交往风格会给别人带来负面感受，但只针对特定群体，包括她的团队和直接下属。
当我们收集更多数据时，就能根据新信息修正假设——假设要么被推翻，要么更有可能是真的。</td></tr>
<tr><td>4. 信息（通过心理测试收集，对参与者进行了测试）：
她的控制欲很强，不愿接受他人的指导或意见。</td><td>假设：
她不太尊重别人的意见。</td><td>判断：
她的人际交往风格会给别人带来负面感受，但只针对特定群体，包括她的团队和直接下属。</td></tr>
<tr><td colspan="3">以此类推。当我们获得充分的信息证明假设可能为真时，才停止收集数据。对他人做出判断时，我们也在进行自我确认：确认自己对他人典型行为或思维的假设是正确的。但通过这个过程，假设并不能被证明为真，毕竟它仍还是假设；只不过现在有不同的数据可以验证这个假设。</td></tr>
</table>

当我向招聘费莉西亚的公司汇报时，我从数据角度向他们提供了专业的观察结果，但也解释了这是费莉西亚给我的感受（指出潜在的偏见），以及基于所收集的额外信息，我认为这种风格在职场中可能会产生的后果。

这家公司投入了大量时间和精力找到这名女性，让她从海外飞过来参加面试，并且即将正式聘任她。然而最终他们还是收回了这一决定。尽管我相信这么做是对的，但对这件事总是放心不下。直到后来人力资源总监从候选人的一位前同事那里得到反馈，称这位候选人“有问题”时，我心里的一块大石头才总算落了地。

在这个案例中，我从自己的情绪中脱离出来，试图理解它传递给我的信息，用理性脑观察我的本能脑究竟在说什么。我没有想当然地把信息当作是正确的，而是对其进行检验，尝试着从很多不同的角度进行分析，直到我收集了足够多的数据。你在阅读本书时，也应该尝试用这样的思维方式进行思考。这可能并不是你平常的思考习惯。为此，你需要通过努力练习才能够做到，因为大脑不会自然地这样运作。但是在某些场合，这种思维方式的确是很有用的，所以非常值得尝试。

测评工具

你是如何做出回应的？

你对本能脑发出的信息有多敏感？是不假思索地自动回应，还是质疑并检验信息？有意识地与本能脑保持距离，不仅对你在职场中做出有效判断十分必要，也是培养领导力或者在各行各业成为出类拔萃的人的关键因素。[12] 最重要的是，它对心理健康也有积极影响。[13] 自我意识让你能够了解自己的情绪，并认识到别人对你的看法，从而即时调整自己的反应。无论是在说服他人时，还是在管理你的情绪、对他人产生影响等方面，这项能力都至关重要。好消息是，自我意识是可以进行培养的。[14]

要想提高自我意识，第一步是弄清自己目前处于哪个阶段。格雷格·阿什利（Greg Ashley）和罗尼·雷特·帕尔蒙（Roni Reiter Palmon）为此特地编制了一份问卷，考查自我意识的三大关键点：洞察力、反思能力和工作绩效。[15]这里我附上问卷的精简版，问卷中的题目考查了你面对不同情况的典型应对方式。答案没有对错之分，请不要去思考哪个是正确答案，而是按照实际情况回答，这样得到的结果才是你想要的。

自我意识量表

填写说明：对于自我意识问卷中的陈述1—12，选择最适合你的答案：

1——从不

2——很少

3——有时

4——经常

5——总是

请根据实际情况选出每题对应的数字。谨记，如果你尽可能做到诚实，你将会发现更多关于自己的信息。

1. 经历失败后，你每隔多久反思一下自己的绩效目标？ 1 2 3 4 5
2. 当你被情绪困扰或遭遇棘手的困境时，你每隔多久重新评估一下自己的优势和劣势？ 1 2 3 4 5
3. 你每隔多久会调整目标以便改进绩效？ 1 2 3 4 5

4. 在做项目时，你有多少次能够提前看出自己最擅长哪个部分？ 1 2 3 4 5

5. 你每隔多久从过往的经验教训中反思如何提升自己？ 1 2 3 4 5

6. 你每隔多久向内探寻自己的行为和情绪的缘由？ 1 2 3 4 5

7. 在特定情况下，有多少次你的行为导致你突然有“灵光一闪”的自我认知？ 1 2 3 4 5

8. 你每隔多久会向别人（顾问、老师、上司）寻求反馈，看看自己是否朝着正确的方向前进？ 1 2 3 4 5

9. 你每隔多久制定一次个人目标？ 1 2 3 4 5

10. 你每隔多久把目标写下来并跟踪进展？ 1 2 3 4 5

11. 你有多少次会根据别人对某项事务的兴趣程度来决定自己是否感兴趣？ 1 2 3 4 5

12. 你有多少次对朋友的请求感到意外？ 1 2 3 4 5

资料来源：格雷格 · 阿什利和罗尼 · 雷特 · 帕尔蒙，2012，“自我意识与管理者的进化：更好衡量自我意识的必要性”，《行为与应用管理杂志》，第 14（1）期，2—17 页。经许可转载。

汇总你的得分，对照表1.3查看你的总分所对应的结果。

表1.3 自我意识的四个级别

总分	级别	定义
12—24	1—无意识	与大多数人相比，你对自己和周围环境的反应较弱，但完成练习这一举动本身就表明你具备提高自我意识的潜力。

25—37	2—有意识	你倾向于把注意力集中在外部环境上，而不是集中在你自己的想法和感觉上。
38—49	3—自我意识	你能够把注意力聚焦在自己身上，专注于处理与自己有关的私密和公开信息。
50—60	4—元自我意识	你的自我意识非常强，并且意识到你有自我意识。

结果解读

阿兰·莫林（Alain Morin）[16]解释说，自我意识层层深入，牵涉到从脑海中回忆自己过去的经历，并使用认知过程比如意象，让“本我”与“自我”交流。例如，我在为上面提到的那位女性做测评时，就让“本我”（本能脑）与“自我”（理性脑）彼此交流。

大多数人介于2级和3级之间。如果你处于1级，不要担心，这就是本书的目的—— 帮助你培养自我意识。即使你处于4级，你仍然有改进和完善的空间。请继续阅读下面的内容，了解应该如何改进。

测评工具

自我意识

提高自我意识并非一蹴而就，但不管你现在处于哪个级别，你都能增强自我意识。其中涉及三个步骤：

1. 梳理你自己的故事

对所谓“叙事身份”（narrative identity）的研究表明，你所讲述的关于你个人的故事决定了你的性格底色。[17]你理解自己故事的方式不仅会影响你当前的行动，也会影响你未来的目标。在阅读本书的过程中，你将能够捕捉你叙述中的重点，回顾你人生中的一些重大事件——比如离开学校、继续深造或是获得第一份工作，你对此的感受以及这些事件是如何塑造了你。这是属于你个人的叙述，它在帮助你提高自我意识的同时，也能帮助你更清楚地定义自己是谁。

2. 练习正念

正念是把注意力从想法和“大脑中的碎碎念”转移到感觉上来的练习，集中在当下能听到、闻到、看到、尝到和感觉到的事物上，让我们处于“此时此地”，而不是为过去徒增烦恼（比如我为什么要吃那个）或莫名担心未来（比如我会减肥成功吗）。科学证明，这样会改变大脑对情绪的反应方式，从而提供心理调节，并能更有效地处理信息，让你更了解自己的身体、思维和意图，帮助你训练大脑去观察情绪，而不是陷入情绪，为你提供暂停和反思的空间。

3. 征求朋友的意见

向信赖的朋友解释你想了解自己给他人留下的印象是怎样的，并请他们给予坦诚的反馈。问题可以包括：

· 当我对某件事真心感到高兴时，我是什么样的表现？
· 当我伤心难过的时候，你是怎么看出来的？
· 能轻易看出我是否在生气或懊恼吗？那时我是什么表情？

本章结语

记录好本章中你的所有反思，以便你今后随着个人的发展，需要不时地温故而知新。最好是把你的笔记保存为“在线实时”文档，后续可以不断添加你从阅读本书及人生阅历中所摸索出的新信息。或许你也想反思以下这些概念：

- 通过本章学习，你了解到了关于自己的哪些内容？
- 你想要在哪方面有所改善？如何做出努力？
- 在继续阅读本书的过程中，你想要记住和注意什么？

第二章
你的故事

在开启自我探索之旅前，我们会先回顾一下你的童年，探索故事是从哪里开始。这些故事为我们创造了生活的规则和意义，让我们理解自己的人生是怎么回事。你如何构建个人的叙事——回忆的片段、你认为重要的事情、你将不同经历串联起来的方式——都会深刻地影响你如何看待自己。“你的故事”就是你的叙事身份；这些故事正逐渐地改变着你，你也在不断地续写自己的故事。在本章中，我们试着把个人叙事的碎片拼在一起，使你更清晰地认识到迄今自己所走过的人生旅程以及未来你想选择的前行方向。

童年经历对个人叙事尤为重要。许多经历深深地埋藏在你心底，只有通过有意识的挖掘，才能真正看清自己的内心。童年打下了你一生的底色，好比地基之于房子，尽管地基深藏不露，但要是基础不牢固，房子便会轰然倒塌。回顾童年经历能帮助你洞悉自己当下的行为，甚至让你醍醐灌顶，知道应该关注哪些方面才能充分挖掘潜能。如果你在阅读本章时能敞开心扉，对即将发现的未知自我充满好奇，就能站在全新的视角看待一切，以前所未有的深度认识自己。启动你的“理性脑”来审视人生，相信你将能厘清自己的行为模式，理解是什么让你裹足不前，又是什么让你勇往直前；你将懂得该如何疏导负面情绪，并建立起正面情绪。

在本章中，我们将着重探讨从童年到18岁这一阶段那些塑造了你的环境和人物。我们无意翻出黑历史或推卸责任——因为这样做无济于事，也绝不是我们在本书中会采用的做法。[①]我们将用科学的方法来探索和回顾童年时期那些影响成年的因素。我们也会审视少年时“点燃”你的那盏灯或随时间消散掉的那些事：找出你已经遗忘的爱好或兴趣。你可以重拾那些你天生喜欢并乐此不疲的事，也可以借机区分一下哪些选择是你自己做的，哪些是受他人或生活环境的影响而做的。了解这些会让你在未来做决策时更有把握。此外，虽然成年人身上的大部分特质都来自童年经历的影响，其中的一些特质却更多是由基因决定的。因此，我们会讨论你的性格中有哪些特质与你的父母相同，在哪些方面又与他们迥异，帮助你理解自己的性格构成中哪些要素是核心的，哪些是可塑的——好消息是，只要你想改变，那就永远不迟。在本章的最后一部分，我们将思考为什么大脑有可塑性，又是什么造成了这种可塑性，从而解开“可塑性大脑”背后的密码。

> **小贴士**：在阅读本章的过程中，请记住以下很有效的方法——在记事本或电子文档中记录下你对问题的回答和思考。把所有内容都记在一处，在产生新的想法时可以及时补充，也可以在阅读本书的过程中时不时地翻阅参考。

成长环境

你的童年经历、成长环境，以及你的父母或他人与你相处的方式共同铺就了你的人生之路。在本章的第一部分，我们将着重探讨孩童时期的自尊心、自我管理能力和社交能力是如何造就了你今天的样子。

---

① 一旦你发现无法承受记忆所带来的压力，请联系当地的心理咨询服务机构寻求专业帮助。

自尊心

自尊心是相信自己只要愿意做，就一定能做成。如果你是一个高自尊的人，你会觉得没什么事情能难倒自己；如果你是一个低自尊的人，你会成天担心自己能力不足。小孩子的自尊心很脆弱，所以你遇到的那些人和事既可以帮助你建立自尊，也可以摧毁你的自尊，它们的余威甚至会一直波及你成年之后。

研究表明，如果你有幸从小就拥有高自尊，这将对你成年后的收入产生积极影响。[1]高自尊也有助于形成良好的心态，[2]这不仅关系到生活的幸福，也关乎自我的实现。不过，要是你回顾童年时，看到的是一个充满自我怀疑的小孩，这并不代表你长大之后就不会变得出类拔萃或自信满满。即使现在开始培养自尊心也不算太晚，无论你的目标是什么，都要相信自己能够实现目标。只要能找出小时候那些或打击或增强你自尊心的人或事，你就能克服那些造成心理阴影的障碍，心态变得更加积极，并且一定可以从中获益。

请思考以下问题，如果觉得有必要，就随手做一些笔记（之后你可以借助这些笔记来创作属于自己的故事主线）。要是一下子答不上来，也别在意，不妨暂时略过这部分继续往下读，等想出答案了再回到本页进行补充。

- 你小时候的自尊心有多强？你是否自信？比如，是对一切事情都跃跃欲试，还是畏缩不前？
- 为什么会这样？
- 你觉得童年和现在的自信心程度之间有什么联系？有没有什么事帮助你在童年建立了自尊心，然后让你变得越来越自信？有没有什么事曾让你畏缩不前，直到今天都还影响着你对生活的态度？

自我管理能力

小时候你的自控力如何——我更倾向于称为自我管理——能够很准确地预测你未来成年后的走向。[3]管理情绪并抵御眼前的诱惑对人的一生而言都是一项很关键的技能，你需要从小就开始培养这项技能。如果你回看自己的过去，发现自己是一个能恰当管理情绪的孩子，那么这种能力将对你整体的生活满意度、幸福感、薪资待遇，甚至未来的工作前景都产生积极的影响。[4]

研究表明，童年或青少年时就承担责任——比如，帮着做家务或做兼职——有助于培养人的自控力。[5]虽说这并不是必要条件，但我认识的许多成功人士在年少时都曾分担家庭责任或从事兼职工作。

或许你会觉得，自己小时候并没有承担什么责任，但为什么又严于律己？这就值得你好好探索一下自律来自何处。一种可能是父母的养育方式。如果你的父母更多采用的是放手的方式，教育子女的心态也很轻松，研究表明这种环境下长大的孩子在成年后将具备更好的自控力。

每个人都有一定的自我管理能力。通过了解自己目前自我管理能力的程度，以及应该如何进一步发展自我管理能力，你就有了努力的方向。无论你的自控力有多强，你都需要通过不断练习和完善来保持这一能力。

请思考以下问题，必要时可以做些笔记。你要是一下子答不上来，也别在意，不妨暂时略过这部分继续往下读，等想出答案了再回到本页进行补充。

- 你小时候的自我管理能力如何？当你生气或烦躁时，是拼命跺脚、大吵大闹，还是能够管理自己的情绪？

- 是你的父母帮助你理解并管理自己的情绪，还是你长大后自己慢慢领悟的？你认为这对你有什么影响？
- 小时候你是否分担了一些家庭责任？你是否认为这有助于你理解如何管理情绪并合理管理时间？
- 如果你小时候并没有为家里分担责任，你觉得自己现在算是自律的人吗？你认为这是受父母的影响，还是受周围环境的影响，比如老师的教导或学校的规定？
- 身为成年人，你可以如何根据这些观察结果来帮助自己改进？

社交能力

你所处的成长环境同样也会影响社交能力，这涉及一系列的特质（比如同理心、善良、合作精神）。从广义上来讲，社交能力是指你的人际效能以及你和他人交朋友的能力。研究表明，在孩童期培养的社交能力对生活满意度、幸福感以及心理健康都有不小的影响。[6]社交能力是发挥潜能、取得成功的关键。[7]所有日常交往都离不开这一能力，包括做买卖、谈合作，以及说服别人接受你的观点。

关于家庭因素方面，研究表明如果你和父亲关系融洽，成年后你更有可能和别人建立良好关系。如果你的母亲很少管束你，你在与他人打交道时也会更有成效，而如果你有一位严厉或挑剔的母亲，你的社交能力会受到负面影响。[8]虽然这只是针对某些特定关系的研究，但结论很可能也适用于其他场合。

需要指出的是，了解这些不是为了让你把责任归咎于父母：大多数父母都希望自己的孩子好，你的情况多半也不例外。探究父母对你造成了哪些影响，更多是为了理解你自己以及你受到的重要影响，而不是为了指责任何人。和其他所有人一样，父母也有很多复杂的人生难题需要去面对。

尽管社交能力在一定程度上受遗传影响，但也会因我们与谁交往以及所处的环境而改变，这种改变贯穿我们的一生。在做测评的过程中，我听到过许多关于社交能力随着成长而改变的故事，比如那些小时候非常腼腆的人可以在成年后变得十分外向。如果你的社交能力没有你希望的那么娴熟自如，别担心，这方面你是可以做出改变的。用心想一想，你是在什么时候、通过什么方式培养了这些人际交往的技能。你应该在此基础之上继续发展社交能力，努力克服或者索性接受那些能力短板。后面的章节中，我还将围绕这点继续展开讨论。

请思考以下问题，必要时可以做些笔记。你要是一下子答不上来，也别在意，不妨暂时略过这部分继续往下读，等想出答案了再回到本页进行补充。

· 你与你的父母或其他童年时期重要人物的关系如何？
· 有没有什么事情让你在小时候变得更加善于社交，你现在可以在此基础上继续努力提高？

热衷的事情和兴趣

尽管对一件事情抱有热情并不足以确保成功，但如果对自己所做的事缺乏兴趣，必然很难保持积极性，也很难有足够动力去经历过程中的风风雨雨。通过回顾童年，你可以洞察那些真正驱动并吸引你的因素是什么，你对哪些事情乐此不疲，说不定还会记起那些你早已淡忘但有望重新点燃的兴趣，也可以帮助你了解自己是在哪里走岔了道，以及应该怎样才能重回正轨。

发现自己热衷的事情和兴趣的一种有效方式是审视自己的动

机。动机包括两种类型，一种是外在动机，另一种是内在动机。

外在动机，意味着你是受外界的驱动，比如为了某一目标努力，或因为担心让他人失望而极力避免失败。不妨想想，你是如何做出以下选择的：在学校选哪些课，继续深造还是开始求职？在做选择时，有多少因素是出于不想让父母失望，或不辜负家人的期望，而不是追随自己的兴趣？不管你如何做选择，都没有对错之分，但能帮助你了解现在驱动你的因素是什么。

内在动机，或称为内在驱动力，是指你因为一件事情的本身而爱上它，觉得非常刺激和有趣，包括那些即使没有外在回报（比如物质奖励或他人认可）你也会精力充沛、兴致勃勃去做的事情，也包括那些因为你觉得不太愉快所以想避而远之的事情。

作为心理学家，我在工作中见过的那些人往往都有较强的内在动机。他们对自己所做的事情充满热爱，并觉得很有意义。要是没有内驱力，很难多年如一日地坚持下来。我还见过一些人，他们受制于外在动机，包括赚大钱的机会、社会认可和地位等。他们并不热爱自己的工作和所在的行业，结果，他们觉得工作非常枯燥，并产生职业倦怠。一味受制于外在动机是不健康的。理论上，你需要兼顾内在动机和外在动机，在追随自己内心的同时，也保持对周遭世界的关注。

研究表明，父母对我们的期望会在很大程度上影响我们选择的职业道路和成就，这与他们自身的成长背景和收入无关。[9]研究也同样显示，青少年往往会追随父母的步伐，不管是成为企业家、店员、公务员、个体户，还是医生。[10]父母职业“高大上”的孩子长大后更有可能从事相同的工作。[11]父母对孩子的兴趣和能力的判断，也会极大地影响孩子的职业选择和具体行为。[12]此处要划重点的是，父母的一片好意可能会让孩子误入歧途。比方说，如果父母认为孩子对数字情有独钟，于是鼓励他们选择会计职业，但实际上孩子钟爱的却是戏剧，这可能会导致孩子错失追求真正梦想的机会。如果你回想童年，发现你通常是被父母的愿望牵着鼻子走，而不是顺着自己的心走，那么意识到这点或许真的可以让你重新掌控人生前进的方向。

学校的影响同样不可小觑。比如，一所学习氛围浓厚、学业成绩出色的学校会鞭策学生们努力考进一流的大学，从事社会公认的好工作。相反，一所资源匮乏的学校就根本无力支持孩子们发展个人爱好，使得这些孩子无法充分发掘和发挥他们的潜能。

请思考以下问题，必要时可以做些笔记。你要是一下子答不上来，也别在意，不妨暂时略过这部分继续往下读，等想出答案了再回到本页进行补充。

· 你小时候最热衷的事情是什么？是否和现在令你感到快乐的事情一样？
· 你的职业或人生选择中有多少是受到父母和/或环境的影响？你是否认为家人对你的期许让你走上了某条特定的路？
· 你工作或生活中有多少时间是花在不得不做的事情上，有多少是花在想做的事情上？你认为有必要解决这个问题吗？

遗传基因

尽管成长环境对个人发展有显著影响，但环境因素与遗传因素是交织在一起的，共同形成了你对自我的认知。比如，是否有时候你发现自己做事、说话的方式和父母一模一样？这些方面更有可能是遗传影响。我们无法确切知道你的性格中有多少成分是天生的，有多少是后天形成的。我们也无法确切知道剔除环境因素之后，基因能在多大程度上影响到你的成长。但这个问题很值得研究，因为人确实在相当程度上是由基因所决定的。如果你能更多地了解这些遗传因素，就可以努力把好的方面发挥到极致，并学会扬长避短、减少那些不好的方面对你的影响。

天生还是后天？我们无从知晓

我的测评对象包括社会各阶层人士。其中有一名管理者出身于工人家庭，这当然没什么特别的，特别之处在于他所叙述的故事。这个人—— 我们就称他为约瑟夫吧—— 在一个并不怎么关心如何取得人生成就的家庭中长大；这家人其实并不懒，他们只是对任何关于走出舒适区的事情完全不感兴趣。相反，约瑟夫从小就志向远大，十岁时就找了一份送报纸的兼职，一成年就在当地的一家企业工作。他在学校求知若渴、孜孜不倦，无论是对理论知识还是实践知识，都充满了无限的好奇心，参加了各种各样的课外活动。与此同时，他的家人则作壁上观，对约瑟夫的行为甚至感到有些困惑。他是在一个充满关爱的家庭中长大的，但他与他的父母、兄弟、姐妹截然不同。

对约瑟夫的测评过程勾起了我的浓厚兴趣：尽管人生无定式，但他和家人之间的天壤之别在道理上却很难说得通。当他向我讲述自己的童年时，我做了如上评论。他告诉我，他三十多岁时才得知自己是被领养的。出于一贯的好奇心，他查到了自己的亲生父亲，发现对方是一名积极进取且颇为成功的小企业家。如此看来，遗传基因的确是根深蒂固地影响了约瑟夫的行为。

毋庸置疑，基因会影响性格，约瑟夫就是一个典型例子。虽然他的性格会受到环境和家庭的影响，但并不会由这些因素决定。另一方面，当科学家了解了更多关于基因的知识后，他们同样发现天生和后天之间的区别也并不是泾渭分明的。现有估计认为，性格遗传自父母的比例在33%到65%之间。[13]对约瑟夫来说，这一比例很可能达到了上限，而且遗传因素会影响到他对人生道路的选择，这反过来又会进一步强化遗传因素的作用。

测评工具

遗传影响

当你不确定自己的性格中有多少来自遗传时，通过观察父母，你可以更清楚地了解哪些是由基因决定的，而哪些不是（如果你从小被领养，对亲生父母一无所知，这一练习同样有用，可以帮助你辨别你和养父母的差异中，哪些因素可能受到遗传影响）。

想一想你的父母有哪些特征，你也可以和伴侣、朋友或兄弟姐妹一起谈谈父母。你会如何形容他们，会用什么样的形容词？其他人又是怎样形容他们的？利用这些信息填写下表（你可以写在纸上或记事本中，也可以创建一个实时电子文档）。

我会这么形容我的母亲：

1.

2.

3.

4.

我会这么形容我的父亲：

1.

2.

3.

4.

我和母亲的相似之处有：

1.

2.

3.

4.

我和母亲的不同之处有：

1.

2.

3.

4.

我和父亲的相似之处有：

1.

2.

3.

4.

我和父亲的不同之处有：

1.

2.

3.

4.

通过这一练习，你是否对自己的性格有了进一步的了解？你认为性格中的哪些方面更多来自遗传，哪些方面是受到人生经历和身边人的影响？

保留好这些笔记，我们后面还会用到。同时，也花点时间好好想想，通过这个练习，你对自己的认知产生了哪些新的发现。

大脑具有可塑性

如果你对目前为止所观察的一切或者过往经历所造就的现在的你并不满意，那怎么办呢？你无法穿越回去改变历史，当然也无法改变你所继承的基因。尽管童年经历在今天的你身上打下了深深的烙印，但是你并非没有改变的可能。

直至不久前，人们还认为无论是遗传还是环境影响，一旦过了一定年龄，个性就变得“墨守成规”。然而，如今科学家们却发现，大脑的可塑性比我们原以为的要强得多。大脑的可塑性强，意味着可以被改变。正如知名精神病学家诺曼·道伊奇（Norman Doidge）在《重塑大脑，重塑人生》一书中所解释的，[14] 神经可塑性颠覆了一系列长期以来关于我们能在多大程度上改变现状和适应未知的原有认知。他解释说，比如，在学校成绩不好的小孩不一定是“受制于”天生的智力。他还解释了人们可以如何通过重塑大脑回路的连接，治愈许多看似已经无药可救的执念或心理创伤，甚至可以提高大脑记忆力，让耄耋老人的大脑就像五十多岁的时候一样好使。

诚然，核心人格无法改变这点是毋庸置疑的。但是，通过重塑自己的大脑，你可以改掉陈年旧习，改变固有的眼光，调整行为和态度，甚至在一定程度上提高智力。鉴于性格中大约33%到65%的部分是由遗传因素决定的，剩下的部分在很大程度上就取决于你的成长环境，以及你一生中所做出的决策。

如果有人曾说过你“不够好”，你就更应该明白大脑具有可塑性。小时候别人说你不够聪明或做不好某事时，难免会伤害你的自尊心，而且你很可能一生都会不自觉地受到这些说法的牵制，影响你后续一系列的行为。然而，作为一个成年人，你要明白大脑真的是可塑的。那些负面的经历，是否会对你产生影响，完全取决于你自己。

你可以改变命运的轨迹

几年前，我接到了一个任务，对一位应聘某跨国公司总监职位的候选人进行测评。这位候选人—— 我们姑且称她为艾娃吧—— 在测评前发邮件给我，问能否通个电话。我向来欢迎那些带着问题主动联系我的人，但在公司正式的招聘测评环节前发生这种情况是不多见的。因此，我说的这个例子中艾娃的做法就显得有些特殊。出于某种好奇，我还是和她聊了一下。结果发现因为一些原因，艾娃对完成推理测试感到极度焦虑。这种焦虑可能会让她把整个测评过程都搞砸；当测评对象焦躁不安、如坐针毡时，你就很难收集到准确的信息。因此，尽管当时我所服务的机构和客户企业都认为推理测试很重要，我仍然决定放弃进行这项测试。

当艾娃从头到尾讲述了一遍她的人生故事，我才开始理解为什么她不想做推理测试。她从小面临的是一个问题较多且比较复杂的成长环境，她是在一个单亲的移民家庭中长大的，上的是一所大型公立学校。由于当时还没有人知道什么是“阅读障碍症”，老师们都认为她“很笨”。十六岁时，她就退学离家出走，生活一天不如一天，但她始终保持着持之以恒的坚定决心。艾娃只身前往伦敦，找了一份零售业的工作，很快就因能力出众受到赏识，获得晋升，开始管理一个小团队。从那时起，机会的大门就向她敞开了。她找了一位导师用心了解并指导她变得越来越出色，不仅取得了大学文凭，还接二连三地做出了亮眼的成绩。最终，我向客户推荐了她担任这一职位。结果也不出意外，艾娃不仅在那份新工作中表现出色，而且通过坚持不懈的努力，她在随后的职业生涯中也获得了成功。

尽管当我见到艾娃时，她心中仍然有一个阴魂不散的声音在提醒她“你很笨”，但就像跨过人生的其他坎一样，她也跨过了这一道坎。艾娃的案例向我们展示了你能够改变自己的命运。只需摆正态度，找到合适的人和有效的方法来助自己一臂之力，再通过自身的努力，结果如何完全取决于你自己。

测评工具

梳理你的故事

把你自己的故事写下来是一种很有效的方法，可以让你一目了然，厘清那些人生中的大事是如何相互影响的，识别出你的行为模式，以及人生路上的绊脚石。你可以想到什么就记什么，然后再按照自己的思路把各种零碎的片段拼接起来。哪种方式最管用就用哪种，你可以选择对自己最有效的方式来书写故事。

在我给出的空白故事主线上填写你的童年故事。你既可以在一张A3纸上写下你的故事主线，以便详尽地描述所有内容，也可以在一张A4纸上填写，然后把注释记在别的地方。

我在后文给出了一份关于我个人故事的示例，供你参考。但请记住，你要写的是关于你自己的故事。对别人来说重要的事情，可能对你而言无足轻重。你也许会觉得自己15岁以前没发生过什么事，没关系，那就从15岁以后开始写起吧；也有可能正好相反，你3岁时发生的一件大事真正塑造了你的性格。一切由你做主，请根据自己的实际情况写下你的故事。以下这些提示可能会对你有所帮助：

在故事主线上写下两到三件（如果想到更多也可以）塑造了你或改变了你人生方向的大事——比如，转学、参加考试、初恋男友或女友、父母离婚。

用“+”号“-”号来标记你是如何回应这些事情的——也可以在另外一张纸上说明自己的感受和吸取的教训。

回想一下哪些人对你的行为造成了正面或负面影响——有没有人激励了你？哪些人向你伸出援手？有没有朋友把你引入歧途？有没有人打击了你的信心？把这些人的姓名分别标注在他们对你造成影响的时间点上。

仔细思考你是如何做出人生重大决策的——哪些人以及哪些事影响了你？如果你毫无头绪，可以找一个你信得过的人一起深入探讨。

关注那些逐渐显露出来的关键主题和行为模式——这是否加深了你对自己的了解？

突出你认为重要的部分——例如，你的个性或经历中有哪些因素是你引以为傲或你认为真正能定义你的？

> **友情提醒：**尽管你希望手头有足够的信息，以便做出一些推论，但注意不要“过度推理”。你的目标是以一种探寻

意义、促进成长的方式来审视自己的故事。如果你花太多时间对信息进行过度的推理，可能会适得其反。

空白的故事主线

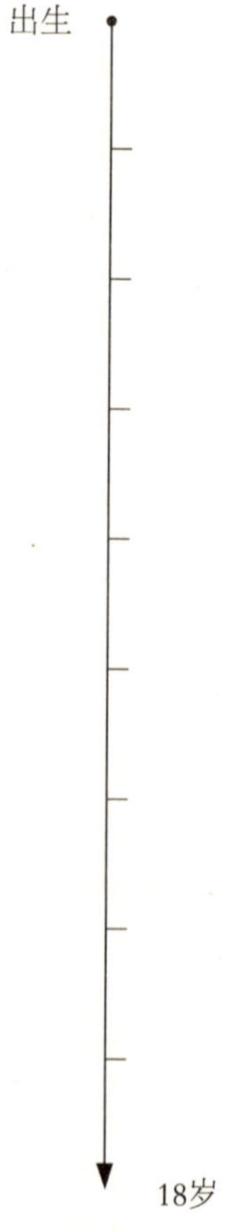

图2.1

以我自己的故事主线为例

出生

7 岁
父母离异，母亲再婚
和母亲一起生活
第一次滑雪旅行

8 岁
搬家，转学

10 岁
父亲再婚

11 岁
转学
加入运动队
绰号叫“话匣子”
遭遇校园霸凌一年，直到霸凌者离开学校

13 岁
搬家
不再学跳舞
转学
专心读书，不屑与同学打成一片
拥有校内外的好朋友
和以前学校的朋友保持友谊
兼职

15 岁
决定学心理学
被物理老师说服，决定去读医学

16 岁
中学毕业考试，成绩优异
自己做出转学的选择
不再学单簧管

16—18 岁

选择医学要求的 A-level 课程

做两份兼职

能逃课的时候就逃课

结交校内外的好朋友

参加各种派对

有了男朋友

弹钢琴

加入乐队

担任学校乐队队长

参加了很多自行车项目

17 岁

决定不读医学

最后一刻决定攻读心理学学位

选择了声誉好、气场合的大学

18 岁

图2.2

本章结语

现在，你已经回顾了成年之前故事中的核心内容，也了解了这些内容对一生的影响。在继续阅读本书的过程中，你将有更多机会思考如何将成长或发展计划付诸行动。继续反思自己的故事，在处理日常事务时也随手记下冒出来的新想法。

在下一章中，我们将探讨在专业术语里被称为“成年初显期”的阶段。这一阶段既是大脑进化出更多自我意识、情绪管理能力变得越发成熟的时期，也是你开始经历更多挫折并开始懂得如何克服重重困难的时期。

第三章
长大成人

在本章中，我们将一起仔细研究你的成年初显期。基于前一章所收集的信息，你可以进一步勾勒出自己人生故事的全貌。你将从神经学的角度了解到成年初显期是一个人培养自我意识、学习自我管理以及提高控制和疏导情绪的能力的重要阶段。我们还将对你目前的情商水平做个测试，使你了解为什么情商对发展领导力、挖掘潜能和生活的其他方面都很关键，以及应该如何提高情商。你会明白应该如何正确体会自己的情绪，而非压抑情绪，这样才有利于你的身心健康。你还将学会如何以更积极的方式与负面情绪“和谐共处”，以及应该如何克服那些可能长期以来一直在误导你的心理障碍。

成年初显期

我们把18—29 岁的年龄段称为“成年初显期”。心理学、人类学、法律、哲学等多个学科目前都针对这一独特的人生发展阶段进行了深入研究。心理学教授杰弗瑞·阿内特（Jeffrey Arnett）在2000年的《美国心理学家》杂志中首次使用了这个概念。他对300名18—29岁的年轻人进行了为期五年的研究后，把这个年龄段定义为与童年或成年后期有着显著差异的一个人生阶段。[1]

在人生的这个阶段，你非常容易受到外界的左右，心理上也比较脆弱，由于大脑的基本构造还在不断发育中，社会和文化环境的因素对你内在人格的形成会产生明显影响。就像童年的印记不可磨灭一样，这段岁月也在今天的你身上打下了深深的烙印，而且说不定比你以为的还要深刻。如果你还处在这个年龄阶段，那么很有必要去了解形形色色的事物会对你产生怎么样的影响。

成年初显期和大脑的发育

神经科学研究支持了阿内特的调研结果。人们过去曾认为，虽然大脑在青春期无时无刻不在发育，但当我们年近20时，大脑的发育基本定型。然而，最近的研究表明，大脑的核心区域在我们20多岁甚至快30岁时仍在不断变化。

与童年时期发育成型的多个大脑区域不同，成年初显期的大脑发育任务主要是加强前额叶和大脑情感中枢之间的联系。前额叶负责管理情绪，这块（“理性脑”）区域有选择地“执行”情绪传递的信息。前额叶和情感中枢之间的纽带越强，就能更好地控制（来自“本能脑”的）冲动。也是在这一阶段，我们开始逐步提高自己读懂他人和环境的能力，这些都是情绪能力的关键方面。[2]

遗憾的是，我们的社会并没有足够重视情绪能力的发展以及大脑各区域之间的纽带。社会宣扬的是结果导向，鼓励人们把注意力都放在如何取得优异的学习成绩等具体的有形指标上，忽视了激活大脑的连接纽带。因此，那些被社会公认为“人生赢家”的年轻人往往缺乏基本的自我洞察能力，这会对他们后期的职业生涯产生负面的影响。他们可以在学习和工作上24小时全情投入，却没有注意到应该加强培养自己的情绪觉察能力，也没有注重提高为人处世方面的能力。

其实，与那些有形的结果相比，情绪管理能力对于有效提升领导力、发挥潜能、提高生活满意度的作用同样非常重要。

以理服人，但并未以情动人

我曾为正在应聘一家跨国公司高管职位的奥马尔做过测评。他在学业和工作上都取得了非常出色的成绩：从英国剑桥大学获得一等荣誉学位后，任职于一家世界一流的战略咨询公司，并在公司的资助下攻读了MBA学位。奥马尔在公司中屡屡得到提拔，在几个服务主要客户的关键项目中发挥了重要作用，还担任了其他咨询顾问团队的负责人，直到猎头为了这个新的职位主动联系上了他。

20多岁时，奥马尔简直是个工作狂，从他的事业成就中也可以窥见一斑。和别的同学不同，奥马尔在大学期间无暇社交——学业占据了他太多时间——实际上他和大学时期的许多朋友都失联了。工作中，他废寝忘食，刻苦钻研业务。结果，尽管奥马尔在知识、经验和智力方面都显得游刃有余，但在情商方面却总感到力不从心。

情商方面的不足，让他在与很多人打交道时困难重重，包括那些业务一线出身的同事，那些不仅需要晓之以理，还需要动之以情才能管理好的下属，还有那些凭借劳苦功高才跻身高位的同侪。不仅如此，情商能力对于有效地管理多样化的团队也是至关重要的。

尽管奥马尔在情商方面有所欠缺，新公司还是向他抛出了橄榄枝，因为他具备培养这些能力的基础。他天生平易近人，乐于接受反馈，能认识到自己能力上的差距，也渴望有所改进。测评完成后，我辅导他把重心放在多留意人际交往中的细节上，观察别人是如何回应他的，他对此有什么感受，他觉得对方有什么感受，以及他应该如何相应地调整自己的行为。功夫不负有心人，这样的做法大大提升了奥马尔的情绪能力，也使他成为一名更加卓有成效的管理者。

如果你认为自己在20多岁时错过了发展情绪能力的机会，别为此感到担心。奥马尔的例子表明不管你年龄多大都可以找到培养情商的方法。大脑是可塑的。因此，只要能够意识到差距，通过不懈的努力，你是完全有可能进一步提升自己的。

情 商

奥马尔所欠缺的情绪能力通常被称为“情商”(emotional intelligence)。关于情商的定义，学术界的观点并不一致，各有各的合理之处。这个概念由耶鲁大学的约翰·梅耶（John D. Mayer）和彼得·萨洛维（Peter Salovey）在1990年首次提出，[3]并通过心理学家丹尼尔·戈尔曼（Daniel Goleman）的《情商》一书广为人知。[4]

情绪智力还是情绪智慧?

我将“情商”理解为“情绪智慧”而不是“情绪智力”，因为智力通常是指那些要么生下来就会，要么就永远都不会的东西。然而，解读和管理情绪的能力是可能，也的确可以获得提升的。当我们能更好地控制情绪时，我们也变得更加聪明睿智。

戈尔曼的方法最值得我们探索，因为这一方法把情商置于社会和工作环境的背景下考虑。戈尔曼把情商的概念分成了四个维度：

- **自我意识**——能够识别自己的情绪，并理解它是如何影响想法和行为的。这包括了解自己的优势和短板、知道自己何时何地需要帮助、吃一堑长一智、识别自己需要改进的地方。
- **自我管理**——能够用对自己有益的方式管理冲动的情绪和行为。这也意味着你能够先发制人，分清轻重缓急，言必信、行必果，有效地管理情绪反应。
- **社会意识或同理心**——能够察言观色，而不是冲动或负面地回应他人的情感诉求，以及能够觉察并妥当地回应情绪线索。
- **社交能力**——能够有效地与他人沟通及互动、建立并维持长期的友谊。

其中，自我意识是关键，其他三项能力都是以此为基础进行构建的。在本书中，我们会探讨情商及其相关技能，因为这部分构成了自我认同、自我解读以及外界如何评价你的核心内容。

拥有越高的情商水平，你就越能有效地开展沟通，与他人建立更真诚的关系，说服别人接受你的观点，提高自己的影响力，扩大社交人脉。[5]尤其是对领导者而言，还有助于更好地驾驭局势和缓解冲突。[6]良好的情商也能让你更有效地管理压力和焦虑，为“理性脑”松一松紧绷着的弦，使其做出的判断更清晰，从而更有效地实现你的目标。

情商不仅仅对迈向成功的过程中那些更柔性和抽象的因素有影响，研究显示情商对财务结果也有积极的影响。例如，美国组织行为学教授理查德·博亚特兹（Richard Boyatzis）从戈尔曼定义的四个方面考量了多家金融服务机构合伙人创造的利润。他发现其中三个方面对净利润影响巨大：良好的自我意识为增量利润贡献了78%，社交能力贡献了110%，自我管理则贡献了令人咋舌的390%。[7]另一项由心理学家戴维·麦克利兰（David McClelland）[8]开展的研究对来自不同行业三十多家公司的管理职位进行了调查，发现情商总是成为把优秀员工和普通员工区别开来的关键因素。

情商对被领导者的影响也不可小觑。例如，研究员海·麦克伯（Hay McBer）对英国42所学校的校长进行了一项研究。[9]结果发现，情商较高的校长改善了校园氛围，使学生们的学习成绩都得到了显著的提高。这同样适用于其他环境，不管是学校、家庭、职场，还是社区。总之，做一个高情商的人很有价值，尽管我们通常从成年初显期就开始发展情商，但其实不管在什么年龄我们都可以培养这项技能。

测评工具

提高你的情商

提高情商的第一步就是了解自己目前的水平。你的情商有多高？请看下面的一组问题，做到心中有数。

情商量表

填写说明：根据你的实际感受和行为习惯，对下面的表述进行客观评分。请尽可能依据事实做出诚实的回答，而不是考虑哪个答案是正确的。仔细阅读每条陈述，然后圈出合适的答案。

1——非常不准确

2——比较不准确

3——中等

4——比较准确

5——非常准确

1. 我能让别人觉得很有趣。	1 2 3 4 5
2. 我善于觉察别人的感受。	1 2 3 4 5
3. 我在陌生的社交场合会不知所措。	1 2 3 4 5
4. 我知道什么时候该说什么话。	1 2 3 4 5
5. 我和新认识的人能处得不错。	1 2 3 4 5
6. 我看得出是什么让别人动力十足。	1 2 3 4 5
7. 我能适应任何环境。	1 2 3 4 5

把每行的分数加总，务必记得转换一下第三题的分数，如果你选了1，就得5分，如果选了2，就得4分。最后，在方框中填入总分数。☐

资料来源：L. R. 戈德伯格、J. A. 约翰逊、H. W. 埃伯等，2006，“国际性格项目库与公共领域性格测试的未来”，《性格研究杂志》，第 40 期，84—96 页。公开资料。

小贴士：评估自己的情商不是一件容易的事，所以一个有效的做法是找一位你信任的、不会感到尴尬的人分享这一练习，让他做一遍题目，根据他们认为你和每条陈述的相符程度来打分。这会提高结果的准确性。

结果解读

看看你的总分位于表3.1三个级别中的哪一级。

表3.1 情商的三个级别

总分	级别	定义
7—15	较低	你能通过自己的身体感受来识别情绪，比如，焦虑让你感到胃痉挛。 你能识别自己想法中蕴含的情绪，比如，你知道自己是否感到高兴、难过或愤怒，并能清楚地表达你对这些感受的想法。 你能识别某人的情绪诚实与否，或是否准确反映了他们的实际感受。
16—26	普通	你对往事的情绪反应记忆犹新。 遇到沮丧或乐观的事情时，你的观点会受到影响。 当你的心情不同时，工作成果会受到影响，例如，开心时你变得创意十足，悲伤时你变得多愁善感。
27—35	高	你能坦然面对自己的感受，不管是愉悦的还是糟糕的。 你能根据情绪所蕴含的信息，决定让自己沉浸在这种情绪里还是从这种情绪中走出来（即“好好观察，别急着回应”，参见第一章）。 你能察觉与自己或他人有关的情绪，认识到情绪的力量，分析其是否事出有因（即“好好观察，别急着回应”，参见第一章）。 你能通过缓解负面情绪并增强愉悦情绪来管理自己和他人的情绪，不会让自己的情绪失控。

注：假设结果呈正态分布。

资料来源：根据 J. D. 梅耶和 P. 萨洛维，1997，《什么是情商？》一文，D. J. 斯鲁特编，《情绪发展和情商：教育意义》，纽约：基本图书出版社，3—34 页。经许可转载。

情商从高到低程度不同，情况也比较复杂，因为这涉及大脑不同区域之间错综的关系。大多数人位于2级和3级之间。如果你位于1级，别担心：本书的意义就在于帮助你培养情商。即使你得分较高，也仍有提升的空间。我们会在下一部分探讨如何进一步提高情商。

接纳情绪

你有多大的意愿提高情商？虽然没有捷径可走，但不管你现在的情商高低或年龄大小，你都有提高的空间。现在，我们会着重关注如何培养自我管理能力。

从小我们就被教导，我们能够（也应该）控制自己的情绪，但实际上做不到，因为情绪是由本能脑在一瞬间触发的，根本来不及控制住。但我们能做到的，是学会更娴熟地从情绪中后退一步，决定是否要按照情绪所传递的信息来行动。

面对情绪，你是回避还是接纳？回避情绪——尤其是那些失败带来的挫败感——会让你裹足不前，不敢尝试新事物。同时，如果你无法体会情绪，你就不能健康发展。这不是说你应该立马放声大哭，逢人就诉说自己的感受。这是一件非常私人的事情，关乎你应该如何在内心体会自己的情绪。如果你能以一种富有成效的方式体会情绪，你就能更有效地面对和处理它，并从别人那里获得更多的反馈信息。对于管理者来说，这不仅有益于身心，而且对你实现自己的抱负来说也是极为重要的，无论你选择在哪个领域发展。

所以，如果你目前总是回避自己的情绪，你可以做些什么让自己更好地体会情绪呢？有一个非常有效且久经检验的方法可以帮到你，但需要付出有意识的努力和练习。只要肯投入时间，你不仅会在原本选择逃避的情况下主动出击，还会接纳负面情绪，避免它们成为你工作表现的绊脚石。这种方法叫作“情绪冲浪”（emotion surfing）。它涉及接纳情绪，并根据情况决定做或者不做某件事（比如，你会变得乐于尝试新事物，而不是出于对失败的恐惧而踯躅不前；或者你会拒绝沾染一个坏的习惯）。

测评工具

情绪冲浪

阅读以下段落，然后进行练习。

> 静坐片刻，闭上眼睛，想想你最近一次感受到的负面情绪。在脑海中回想一下，你是在哪种情况下体会到那种情绪的。试着重温你的感觉，并确定身体的哪个部位感受到了这些感觉。通过重温一遍经历，看看你是否注意到随着时间的流逝，感觉产生了怎样的变化。深吸一口气，带着情绪静坐，不要与之对抗或纠缠，顺其自然。有规律地深呼吸，在情绪的海洋中乘风破浪，就好像你真的在冲浪一样，在每波浪潮涌来时静心感受，无须回应，也不必试图压抑或逃避，只需乘上情绪的波浪，直至浪潮退去。

这确实需要坚持，这就是为什么连僧人都需要日日修行。学会接纳负面情绪，不回避或纠结于情绪，你对生活的满意度以及获得成功的可能性都会显著提高。无论在哪行哪业，那些能表达积极情绪并主动管理负面情绪的人，往往在说服、影响、激励和吸引他人方面更加得心应手。他们在化解负面事件时也更加有备无患。这些负面事件对他们来说就好比颠簸的路途，而不是阻碍他们到达目的地的路障。我们将在本章稍后部分讨论另一个能有效实现这点的方法。

情绪障碍、不确定感和情绪不稳定性

应对挫折是成年初显期的一大主题。人生这一阶段呈现的是接二连三的环境转换，在此期间各种变数不断发生。二十多岁的你在学习理解和管理情绪的过程中，免不了会经历一些不尽如人意的事情。从好的一面看，这些情况为你提供了练习的机会和成长的可能性，但是反过来也带来了不够确定、不够安全和不够稳定的感觉。阿内特将其形容为一种“深刻变化的时期，在此期间，个人通常会探索各种各样的可能方案”，并“开始第一次以成年人的身份对事业、生活方式、爱情、闲暇时间、道德、价值观、政治和宗教等方面做出郑重的选择。在这一时期，一个人所培养起来的行为模式，往往会一直延续一生”。[10]

在这个年龄段，你比任何时候都特立独行，不再依赖社会规范或期望来指导自己“应该”怎样为人处世、“应该”成为怎样的人，让自己可以打开心扉探索周围的世界，学会如何融入其中（也许你会发现在故事主线上标注这些内容很有用）。与此同时，在十几岁的尾巴和二十岁出头的时候，你会面临更多的风险，因为你开始远离家庭的庇护，以及家人提供的物质和情感保障。虽然这种对未知的探索提供了成长的可能性，但也会导致一定程度的情绪不稳定、情绪障碍，并且不可避免地会导致某种失败。这固然可以培养情商和适应力，但也可能产生挥之不去的消极反应和负面情绪，比如选择逃避。

学会从坎坷的人生中得到历练

索菲亚在20岁出头的时候遭遇了一场人生大变故，她的哥哥在一次事故中丧生。不久之后，她的父亲也自杀了，她将所发生的一切归咎于自己。紧随其后的是索菲亚的职场处境变得越发艰难，一名老员工抢了她的功劳，阻断了她的晋升之路。与此同时，针对她哥哥死因的调查仍在进行，媒体大量的关注令她不胜其扰。她好不容易才渡过了这段难关，在自己的事业发展中小有成就。

去见索菲亚时，起初我只是为了助她一臂之力，走向事业巅峰。我们首先是做了一个测评，但在测评的过程中我渐渐发现，索菲亚必须得跨过一些坎，才能取得进一步的发展。这些坎无关她的能力，而关乎那些她自己也一下子难以觉察的情绪障碍，那是她在成年初显期经历极端压力后产生的后遗症。这些因素正不知不觉地削弱她的领导力，虽然目前还不明显，但随着她逐步走向更高层的领导岗位，这很可能会演变成一个大麻烦。因为身处高管职位更容易暴露你的软肋，你也更容易为其所累。

说到底，索菲亚一直在尘封某些情绪并通过有意疏远别人来避免自己受到伤害。这意味着她形成了一种防御型的领导风格，在过往工作中无法用自己真实的一面与下属建立关系。通过理解和解开这些心结——我们为此花了大约一年的时间——索菲亚终于找到了治愈的方法。首先，我的任务是让索菲亚认识到现状确实存在问题，然后让她同意自己必须对此做出改变，最后，是帮助她获得克服障碍的动力。一旦她意识到被自己尘封的情绪，我们就把精力放在帮助她正确地体会这些情绪，不让它们成为困扰她的问题或让她产生失控感。做到这一点后，身边的人开始被真实的索菲亚所吸引，她也了解了如何体会感受而又不任由情绪失控，并且学会了自如地表达自己的积极情绪，而不是一味地压抑情绪反应。最终，她得以用更艺术的“感情牌”来管理，管理风格也变得富有感召力，甚至能说服团队中最顽固的反对派也接受她的观点。

希望你在成年初显期不会经历像索菲亚那样的痛苦，但你免不了也会遭遇一些不快之事，因为当我们迈入人生的这一阶段，遇到干扰和烦心的事情也会变得更加频繁。例如，专门研究成人发展的临床心理学家梅格·杰伊（Meg Jay）指出，人生中最重要的事情80%都发生在35岁之前。[11]也正是在这一时期，你将要明确（或正在明确）自己对这些事情的应对方式，你是否以及如何体会到一些相关的情绪，还是你完全压抑或回避了这些情绪。虽然回避情绪在某种程度上可以帮助你渡过难关，像索菲亚那样把生活继续过下去，但在某一刻它们终究会将你绊倒，大到阻碍你实现人生抱负，小到让你缺乏对生活的满意度。重要的是要认识到管理情绪不是一蹴而就的，只要你坚持不懈地运用以下介绍的工具和方法，最终就能克服自身的局限。

测评工具

克服障碍

情绪冲浪是一种帮助你回应即时情绪的方法，但当你要对付日积月累的问题时，就要使用一种叫作“认知重塑”（cognitive reframing）的策略，这样更为有效。重塑认知会让你对记忆和往事的态度产生更持久的转变，将它们从埋伏在你前进道路上的拦路虎，转变成帮助你继续向前实现自我目标的通行证。研究表明，通过“重塑”你对人生的认知，可以让往事更加具有启迪意义，这种方法所产生的效果非常强大，甚至可以积极地改变大脑运作的方式。[12]

回顾你的故事主线，想想哪些挫折或往事形成了你消极的认知体系。然后想想如何换一个角度思考。比方说：

- **想法**：“我考试没及格，因为我不够聪明。”
  结果：失控感和消极意义。
- **想法**：“我考试没及格，因为我学习不够努力。”
  结果：掌控感以及积极意义——“这是一次很好的人生教训，正因如此，之后再遇到对我来说很重要的事情时，我会更加努力。”

如果你觉得自己一无是处，或者你在童年或青少年时期就被灌输这类观念，并且自此之后你就始终抱着这样的认知无法释怀，那么你必将错失无数的良机。因此，不妨以回顾你的故事为契机，提醒自己注意那些需要重塑的方面。

写下你从18岁至今的故事

现在可以把你的故事主线延伸到当下。和前面的问题类似，这次请根据你18岁之后的真实情况，写下你的答案。

- 写下 2—4 件自 18 岁以来塑造你或改变你人生方向的大事——试着包含 1—2 件负面事件，比如亲戚去世、车祸、考试不及格，以及 1—2 件正面事件，比如结婚、购买第一套房子。

· 你是如何回应这些人生大事的——你对每件事的感受如何？你从每个人身上学到了什么？你的思维方式是如何受到影响的？描述这些内容，记录下你人生中的大事件。

· 写下 2—4 位自 18 岁以来对你造成影响的人——试着包含 1—2 位对你有积极影响的人（那些启迪你或支持你的人）和 1—2 位对你有负面影响的人（例如，打击你自信心的上司、让你误入歧途的朋友）。

如果你记起了更早时候的事情——比如，你回忆起16岁时发生的某件大事改变了你的思考方式——把这些记下来。想到更多往事、影响等都可以写下来。但请记住，尽管你希望有足够多的信息来做出一些推论，但要注意避免“过度推理”。

空白的故事主线

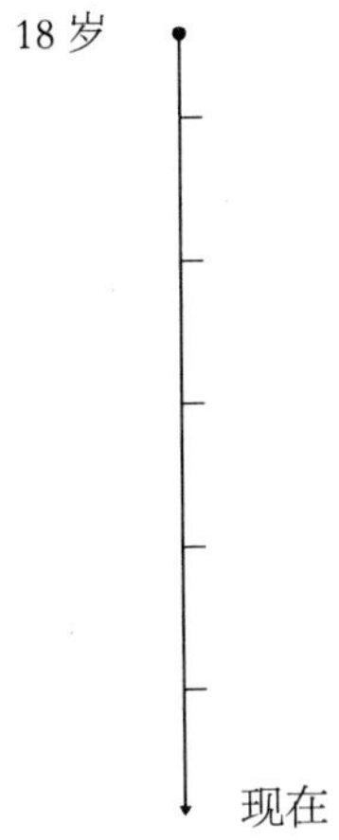

图3.1

重塑故事

现在，你已经将18岁至今的故事主线填写完整了，现在就可以开始重新描述那些你人生中遇到的绊脚石：

1. 看着故事主线，找出那些你觉得无能为力或毫无意义的负面事件，那些至今都拖累你的事情。

2. 一旦你找出了这些往事，不妨想想你对某件事的固有思维模式或想法产生了什么后果。这种想法对你的个人叙事和自我认同有什么影响？这是你所期望的，还是你希望能够做出改变的？

3. 如果你希望能够做出改变，那么就需要有意识地重塑过去发生的事情。思绪就像一组连贯的对话，听上去似乎合情合理，关键在于我们要学会按下暂停键，并质疑其合理性。这么做能让你免于一遍遍地重蹈覆辙，改变你的想法和行为模式。

重塑负面事件

选择盘踞在你心头的某件事或某个想法，并回答以下问题（每个标题下都有示例，但也留有空间便于你梳理自己的经历）。请在第一行根据事实做出陈述，而不要带有任何感情色彩。

- **往事：**

  第一次参加公开演讲，结果不尽如人意。

- **我对此事的一贯看法：**

  我的演讲能力太差劲，每次都会把一切搞砸。

· **这种思考的方式能否让我掌控事情的结果？**

不能，我的公开演讲能力很烂，唯一可控的办法就是不再参加任何演讲。

· **这种思考的方式能否让事情具有启迪意义？**

不能，这只不过说明我不擅长公开演讲。

重塑往事

这里，我列了一些问题，和上面的几个问题一样，或许会有助于你重塑自己的往事。仔细思考这些问题，剖析你的真实想法，逐一进行质疑，为什么是这样或为什么不是这样。请在另一张纸上写下你的问题和答案，不要过于仓促地完成此项练习。

· **往事：（请填入自己的例子）**

第一次参加公开演讲，结果不尽如人意。

· 我可以怎样思考这件事，才能把握事情的结局？
· 哪些证据支持了我原先的想法，哪些证据反驳了原先的想法？
· 我是考虑了所有证据，还是仅仅关注支持我现有信念的证据？
· 同样的情况其他人会怎样解读，他们的解释又是什么？
· 这种想法是否过于非黑即白，现实中是否还存在某种灰色地带？
· 我是否曲解了事实？我的想法中是否隐含了任何假设？
· 有没有可能我夸大了事实？有没有可能我在虚张声势？
· 我产生这样的想法是习惯使然，还是事实确凿？
· 是否有人将这样的想法、信念潜移默化地传给了我？如果回答是肯定的，他们是否值得信赖？

· **重塑想法**

我的演讲不尽如人意，因为我没有好好地花时间准备，对场地的布置也一无所知，所以我显得慌乱无措。别人说我演讲得还算不错，但是并没有发挥出我应有的水平。

· **我应该怎样思考这件事情，才能让失败变得有意义？**

通过这件事，我吸取了教训，必须得花更多的时间准备演讲，也要提前了解场地、其他演讲者、观众等信息，了解得越多越好，这样才不会临阵乱了手脚。

4. 当你重塑了自己的想法或往事，想一想通过改变描述往事的方式，你看到了哪些不同？这些变化会如何改变你自省的方式以及你的个人叙事？对下一步有哪些积极的影响？想明白这点，能激励你做出改变，朝着正确的方向前进。务必记得做好笔记，今后可以作为回顾的参考。

5. 时刻提醒自己要用新的方式进行思考。你可以把经过重塑的想法写在索引卡里或手机备忘录里，每天时不时地看一下。你的脑回路目前仍与原有的观念紧紧绑定着，你需要建立起更强的脑回路，才能通往新的观念，并让新的观念深深地印在脑海里。这需要坚持不懈的努力。不过，你也不必有心理负担，只要做到持之以恒就行了。慢慢地把自己的思想从原有的观念中解放出来，毕竟对自己过于苛责反而会适得其反。

6. 当你读到本书后面关于个人发展计划部分的时候，请记得要制订必要的行动计划颠覆你原有的观念，向自己证明那些事情再也不会让你犹豫不前了。

这只是你重塑整个叙事的第一步，通过这种方法，你能卸下很多人生中不再想背的包袱，轻装上阵。慢慢来，不着急，每次关注一件事，在解决了第一件事之后，再继续反思其他的事情。

注意：在本书后面的部分，我们还将关注你在故事主线上所描述的积极因素和个人优势，思考它们对自我认知及自我实现的影响。

本章结语

我们已经研究了一些与成年初显期相关的关键问题，尽管它们在这个年龄段最常见，但这些问题并不仅仅局限于成年初显期。在任何时候我们都可能会经历这类问题，也必然会对其进行反思。人生道路或许有一以贯之的模式，但是人的发展并不是线性上升的。人生的高低起落会影响生命中不同时期的旅程和叙事。不断反思你的故事，找出深层次的行为模式并记录你的全部想法。重点是，你不必因为赶阅读进度而倍感压力。花一些时间，去思考你学到的内容，然后付诸实践。我们已经探讨了很多内容，你需要慢慢吸收消化。你也可以先往下读，等有空反思时再回到本章。

在下一章中，我们将探讨你可以怎样尝试将一些技能付诸实践，包括：情商、同理心、好奇心、开动你的理性脑等。我们还将挖掘你所热衷的爱好和兴趣，审视你的价值观，并找出对你而言真正有意义的是什么——究竟是什么定义了你。

第四章
人生的意义

你已经研究了自己成长至今的人生故事，但这还远没有达到我们想要实现的最终目的。现在，你正处于一个十字路口，寻求进一步的成长和发展，想要更深入地理解自己以及人生的意义——这也正是你抽出时间阅读本书的原因。也许，你会觉得自己追求的不只是以下这些选项：在工作中表现出色，买一套新衣服，或奖励自己一部最新款的智能手机。你很有可能已经意识到，虽然这些也能给你带来短暂的好心情，却并不会令你产生持久的幸福感或满足感。因为你不仅希望认识自己是谁，更希望能找到人生的意义，而这正是我们从本章开始会讨论的内容。想要找到人生的意义，对你而言不是一件容易的事情。为了做到这一点，我们会将意义分解成几个部分，然后在后面的章节中将它们逐一联系起来，直至找出你想要的答案。

尽管意义对每个人来说都不一样，但也有一些共性。人生的意义通常具有以下特点：

- 由你的价值观和热衷的事物所构成；
- 通过发挥你的优势和兴趣才能获得；
- 通过与人沟通、回馈他人，以及持续学习才能发现。

在本章开篇，我们将研究为什么意义对于一个人的大脑和人生都很重要。随后，我们将帮助你明确自己的价值观和热衷的事物是什么，从而开始构建你的人生意义。这样，不仅会让你更清晰地理解“我是谁”，还会有助于你从现在开始就认识到意义在你一生中的作用。一旦确定了人生的意义，你就可以基于自己的价值观和热衷的事物，构建起人生的理想和目标。关于这点，我们在后面的章节中会继续讨论。

在本章的第二部分，我们会一起研究为什么与他人沟通对找到人生的意义也很重要。我们也会探讨一些方法，让你可以与身边的人进行更深入的交流。你可以尝试通过不同方法，进行更有效的沟通，并根据实际情况，找到最适合自己的方法。这样，你就能从现在开始过一种更有意义感的生活，并找到自己的人生终极目标。

通过这种方式定义你自己，将使你以一种更有意义的方式推动人生朝着正确的方向前进，明确目标并进行全盘考虑。重点在于结合你自己的实际情况。你可以发挥自己的所长，去做那些让你内心雀跃的事情，真正发挥出你的潜能。

为什么意义很重要？

当我们静下心来反思时，会发现人生总是希望可以得到更多东西。在追求幸福的过程中，我们总会不自觉地被外部因素牵着鼻子走，去追求短期的和物质方面的利益。问题在于，我们内心深处的真正需求并不会因此得到满足。我见过许多领导者，他们拥有豪宅豪车，位高权重，但他们发现这些东西带来的成就感都是暂时的。真正的满足感并不来自及时行乐，而是来自找到个人的意义感。事实上研究表明，只有10%的幸福感与收入和社会地位之类生活境况有关。[1]

大脑和意义

人类大脑中确保生存的区域（即本能脑），并不知道我们生活的世界距其进化适应的时代已经过去了五万年。因此，在潜意识层面上，我们不断地追求“更多东西”，实际上是出于生存的本能需要。举个简单的例子，想多吃一块巧克力蛋糕或再喝一杯，只是因为大脑的本能反应是一有机会就要满足口腹之欲（为了活命），因为我们的老祖宗总是吃了上顿没下顿。本能脑还通过繁衍（基因遗传）和群居（有蔽身之处）等方式，帮助我们更好地生存下来。在当今世界，这些原始冲动表现为以下方面：

· 拥有更多—— 更大的房子、更好的汽车、更聪慧的孩子、更漂亮的衣服；

· 争取更多——更好的工作、更高的职位、更大的影响力；

· 变得更瘦、更漂亮、更年轻、更酷、更聪明。

这当然无可厚非—— 这些都会带来乐趣，乐趣是人生不可或缺的一部分，但并不能提供持久的幸福感。相反，它们还往往会滋生出许多不满—— 毕竟总有人比我们拥有更多、成就更高或者更优秀。追求这些乐趣，就好比在追逐水中月、镜中花。

当我们的祖先在休息和安全的环境中时，大脑就会切换到著名心理学家丹尼尔·卡尼曼（Daniel Kahneman）[2]所说的慢思考即理性脑。这是负责寻找意义和目的的大脑区域。

问题在于，这个快节奏的世界并没有给慢思考留有多少余地—— 大脑仍无时无刻不在应对各种威胁。不过，现在这些威胁的形式变成了看似无害的事情，比如要回的信息、生怕错过的新闻、要赶的最后期限、约定的会面——而且这些事情没完没了。这样，能够开动理性脑的“安全时间”就所剩无几了。

我们不想完全无视求生本能：这些本能保护了我们（比如避免透支身体），也令我们乐趣多多。虽然我们无法屏蔽生活环境带来的干扰——例如，电子邮件、交通堵塞、人山人海、熬夜加班——但我们应该了解如何才能降低因大脑和环境的错配而产生的负面影响。你可以在下列方法中找出最适合你的方式，为理性脑留出思考的空间：

· 拥抱大自然[3]

· 散步、跑步、骑自行车、各种运动（最好在户外）

· 冥想

· 阅读

· 做瑜伽

· 与朋友聊天（当你想放松时，别找那些过于优秀的朋友）

· 独处

然后启动理性脑进入慢思考模式，发挥它通过进化而形成的功能：找到意义和目的，和他人建立更深入的联结，回馈他人，持续学习。

意义感是你每天早上起床的动力。人生的意义如此强大以至于会对身心健康产生许多积极的影响，包括：预防心脏病[4]，延缓老年痴呆症[5]，增强对痛苦的耐受能力[6]，缓解抑郁[7]，抑制焦虑[8]，延长寿命等[9]。除此之外，意义感也是幸福感和生活满意度的重要组成部分。

神经科学家、精神病医生、犹太人大屠杀幸存者维克多·弗兰克尔（Viktor Frankl）在其著作《活出生命的意义》[10]中，有力地证明了意义感的重要性。他讲述了自己在集中营的经历，在惨绝人寰的折磨中，他是如何通过寻找意义让自己挺过来并找到了活下去的理由。他还采访了数百名获释的狱友，发现那些在虐待中幸存下来并战胜病痛的人通常都拥有深刻的意义感或目标感，以此作为自己的精神支柱。弗兰克尔有一个著名的论断：在平凡的生活中，那些缺乏意义的人只能用享乐主义的快乐来填补所谓的“空虚”。追求权力、物质享受、上瘾和欲望，这些都是本能脑追求的及时行乐，但它们却无法令你获得持久的满足感。

过去，人们依靠宗教和文化来定义人生的意义。在实践中，宗教和文化确实能为人类提供思维框架和宏观视野。然而，随着世事变迁，许多人不再强烈地认同宗教和传统文化。因此，意义对于我们来说不再是唾手可得的了——我们必须为自己设定人生的意义。这当然不是一件容易的事情，但本书，特别是本章的目的就是助你一臂之力，让你不仅活得更加健康，而且活得更加精彩。

我们的目标是活得成功，但真正的成功是找到意义

最近，我和一家合作公司的CEO阿尔文讨论了幸福问题。我们都认识一些非常“成功”的人士，并且想探究一下为什么最幸福的人往往并不是那些挣钱最多或职位最高的人，而是那些找到人生意义的人。阿尔文举了一个他朋友的例子，尽管他的这位朋友整个职业生涯都在努力赚钱，现在身价也已经高达1.8亿英镑（约2.5亿美元），但他仍然觉得非常郁闷。还有一位阿尔文的女

性朋友，她辞去了高薪工作，创办了一家慈善机构，专注于她热爱的事业，从此她的人生发生了翻天覆地的变化。我还认识两位CEO，他们自愿捐出自己的收入，不是为了摆什么高姿态，而仅仅是为了传递出一种真挚的想法，即：金钱并不能给他们创造意义感。其中一个人把自己的奖金分给了其他员工；另一位通过不懈的努力实现公司扭亏为盈之后，却给自己大幅减薪，因为他觉得已经不需要那么多钱了。你可能会想，“好吧，这对CEO来说很容易做到，他们闲钱多得很”。你说对了，没有基本的物质保障，一个人是很难做出这种行为的。而一旦我们拥有足够多的金钱，生活已然无忧，就应该为自己腾出时间去探索人生的意义。

更重要的是，有些人尽管经济上也不富裕，却也发现了这一道理，例如，特蕾莎修女和圣雄甘地。电影制作人罗科·贝利克（Roko Belic）周游世界并拍摄了一部获奖纪录片《快乐》（2011），通过访谈找寻是什么给人们的生活带来满足感。从加尔各答的贫民窟到日本的离岛，再到不丹和丹麦，共同的答案是那些真正感到快乐的人并不一定要有钱有地位，但都找到了生活的意义。所有这些地方的人都生活在社区关系密切的地方，人情味很浓，也能提供个人成长的机会（与他们的价值观、热衷的兴趣和爱好相符）。

你的人生意义是什么?

在本节中，我将帮助你审视自己的价值观，然后通过一项练习来发掘你的兴趣和爱好所在，以此为基础探索你的人生意义。

价值观

价值观是人生的支点，决定了我们所做的许多选择和人生的方向。《幸福的陷阱》一书的作者路斯·哈里斯（Russ Harris）非常重视价值观，他将价值观表述为：

> 内心最深处关于如何做人的原始动力。价值观无关你想得到什么或实现什么；而是关于你想要如何一以贯之地为人处事。[11]

我们往往会采纳童年时身边人的价值观，因此价值观很大程度上取决于父母和家庭，也取决于我们成长的文化和环境。这些因素对我们的身份认同或“自我标签”有着显著的影响，进而决定了我们的行为和选择。

通过以下练习，你可以重新审视自己的价值观。尽管价值观会被一些外在因素比如成长环境所左右，但这次需要你反思自己真正认同的是什么。价值观没有对错；不要去想你的价值观“应该”是什么样子，而是真正唤醒你内心深处的原动力，做出诚实的回答。

测评工具

确定你的五大价值观

步骤一

浏览一遍下面的清单，在你认为重要的词语旁边打勾。除了这里列出来的内容，你也可以补充其他方面的价值观。毕竟，这些词语只是作为抛砖引玉，希望能启发你的思考。

然后一一查看你勾选（或补充）的价值观，根据其共性特点进

行分组，并按照自己的理解给它们起一个小标题。例如，

- **追求乐趣和冒险：**快乐、喜悦、乐趣、兴奋、冒险、探索
- **思维活跃：**创造力、好奇心、想象力、创新、与众不同
- **关注健康和幸福：**接纳、均衡、泰然自若、豁达、自我意识、生命力、成长、健身

这些词语对你来说可能另有含义，你的分组也可能完全不同，这都没关系。你可能会发现一组里只有一两个词语或很多个词语。有些词语甚至可能无法归入任何一组，那就将它们单独作为一类。你只需要用自己的方式来定义你的价值观。

安全感
安宁
爱心
彬彬有礼
表达
创造力
创新
创意
创造
成就
成熟
成长
诚实
接纳
均衡
交流沟通
决断力
决心
纪律
精力
精通
精神性
积极
经验
家庭
健壮
求知欲
亲密关系
潜力
仁爱
热爱
适应能力
舒适
胜任力
胜利
善良
思想开放
生产力
生命力
消遣
性感
娴熟
娱乐
勇敢
勇气
一致性
有效性
优秀
优势能力
预见性
友谊
优雅

沉默
沉着冷静
彻底性
才能
承诺
常识
残忍
传统
持之以恒
道德规范
独立自主
洞察力
奉献
赋权
繁荣
反思
风险
归属感
关联
关爱
贡献
鼓励
公平
感受
感恩

健康
节制
结果导向
敬畏
坚韧
可靠性
可持续性
快乐
宽恕
宽容
慷慨
克制
利他主义
乐趣
乐观主义
灵感
灵活
领导力
逻辑
理智
理解
浪漫
冒险
冒失
名誉

身份地位
深思熟虑
时效性
坦诚
挑战
同情心
同理心
探索
探究
天赋
条理
体系
团队精神
团结
透明
无所畏惧
无私
玩世不恭
稳定
温和
雄心壮志
细心
信念
信誉
信任

幽默
严谨
与众不同
愿景
责任心
责任
准确性
真实性
真诚
真相
遵守规则
尊严
尊重
忠诚
专注
正直
正义
智慧
智力
直觉
知识
知足
忠诚
正念
秩序

感性	满足感	献身精神	专业精神
感谢	敏锐	效率	赞誉
个性	耐心	兴奋	自我意识
孤独	平等	幸福	自理
好奇心	平稳	下苦功	自我发展
回馈	品质	希望	自力更生
和谐	朴素	想象力	自发性
和平	确定性	喜悦	自信
活力	清晰明确	学习能力	自由
合法性	驱动力	心胸开阔	支持
合作	谦逊	现实主义	

步骤二

将词组根据重要程度排序，请尽量将你的核心价值观缩减至5—6类或者更少。也许你需要仔细思考以下问题：

- 回想一下因别人不尊重你的核心价值观，你感到非常生气或沮丧的情况。那是什么事情？与什么价值观有关？
- 你最自豪的时刻是什么？与什么价值观有关？
- 你最有成就感的时刻是什么？与什么价值观有关？

步骤三

如果你还剩5—6个类别以上核心价值观，那就再进一步缩减。

好好思索一番，对照问题回顾你的清单，如果有必要就重新做一下排序。弄明白这点很重要，因为这是你人生的重中之重，价值观会引导你在人生路上做出正确的决策。

不妨问问自己：这些价值观是否让我觉得自己很棒？我是否引以为傲？它们是否能代表我是谁？即使我的观点与他人不一致甚至相反，我也会坚持这些价值观吗？

你热衷的兴趣和爱好，以及成长至今的故事

接下来你要做的是审视你的兴趣和爱好，这也是理解人生意义的关键。通过重温你成长至今的故事来反思自己的兴趣和爱好，你就能在故事的转折起伏中更好地理解这些兴趣和爱好，从而真正找出让你感到热血沸腾的事情。

步骤一

将以下要点写在你的故事主线上，相关的详细描述可以写在另一张纸上：

- 写出你最喜欢和最讨厌的 2—4 项活动。
- 写出你最喜欢和最讨厌的 2—4 份工作和职责。
- 写出你从何时开始培养你最热衷的兴趣和爱好，以及你在人生中的哪个阶段对此投入最多精力。

回顾童年时的兴趣和爱好，以及第二章中你对相关问题的答案。根据上述内容，请思考以下问题：

- 你还热爱童年时令你废寝忘食的事情吗？也许你已经多年没有再碰它们了，或者你现在只是以不同的方式运用它们。
- 在目前的生活和事业中，哪些方面进展顺利？哪些令你感到充实、

有意义、快乐和重要？哪些令你感到精疲力竭、压力山大、焦虑不安或浪费时间？

· 如果不考虑收入，你会做什么工作？

留意一下你的回答中是否有特定的主题和行为模式，喜欢或讨厌的事情都要考虑。两者都透露出你真正内在的动机。列出5—10个主要的兴趣和爱好。

步骤二

思考一下，你可以如何利用自己热衷的事情，并让自己的兴趣和爱好有用武之地？你可以加入当地的兴趣社团，或者备好相关素材以便在家就可以摆弄自己的兴趣和爱好（比如，你喜欢烹饪，但好久没有下厨了，那么不妨买好食材，准备来做一顿大餐）。每个周末或只要有机会就留出时间，尝试去做各种各样你热衷的事情。

步骤三

思考一下，你可以如何把热衷的事情融入你的生活。无论是作为业余爱好，还是参加相关的志愿者活动，或者你也可以想办法把热衷的事情融入长期的职业生涯。你甚至可以考虑转行，让你的兴趣和爱好成为生活的中心。

保存好这些内容，因为我们在本书后面还会用到。

沟 通

沟通是人类区别于其他动物的重要方面，也是找到意义感和目标感的关键所在。原始形式的沟通需求来自本能脑，这种需求会引发一系列行为，比如：想要给人留下深刻印象，维护社会地位，使自己的想法与周围的人保持一致。然而，理性脑所追求的是一种更深层次的人际沟通，这是一种更高层次的需求。

沟通创造了一种正反馈循环，加州斯坦福大学的研究员艾玛·塞帕拉（Emma Seppala）将其称为社会幸福感。塞帕拉解释道，拥有更多高质量社会关系的人自尊心更高、同理心更强、更信任他人，也更具备合作精神。[12]别人与他们打交道时，也更愿意回报以信任和合作，从而形成持续不断的良性循环。通过这样的沟通，自然就形成了人脉关系。人脉关系有助于增加就业和其他的人生机会，有助于获得有用的指导和建议，并能够提升个人的形象。当然，这些因素还可以提高你的领导力，为你在各行各业中赢得先机。此外，研究结果反复表明，沟通对我们身心健康指标的益处良多，[13]比如：增强免疫力、降低血压、减少患病风险、[14]缓解焦虑和抑郁，[15]甚至延长寿命。[16]无论是工作上，还是生活上，良好的沟通都有助于我们赢得更多机会，发挥出自己的潜能，让人生变得更有价值。

当我们经历过成年初显期或已经“长大成人”，人际关系也开始发生本质的变化。矛盾在于，一方面我们学会了更加重视人际关系，人生阅历的增加让我们明白了有意义的人际关系极为重要，但同时，我们常常无法把很多时间放在维护同事关系、朋友关系，甚至家庭关系上。原因很简单，随着我们在工作和家庭中承担的责任越来越多，我们倍感生活的压力（例如，升职、创业、出差、寻找人生伴侣、组建小家庭、照顾年迈的父母等）。我们还有很多亟须处理的事项，甚至社交媒体也会对我们产生干扰，在纷繁复杂的世界中，我们恨不得自己有三头六臂。因此，即便是最亲密的关系也会遭受重创：

因为很忙，我们就没有时间与另一半或孩子进行有效的沟通，也没有时间与好朋友聊天。要是我们连与生命中最重要的人沟通都觉得力不从心，那就更别提与其他人进行深入的沟通了。事实上，我们陷入忙碌的生活无法自拔，几乎忘记了什么是正确的沟通方式。

与他人进行有意义的沟通，重点并不在于有多频繁，而在于有多投入。沟通的形式可以是陪伴他人，分享观点，表示尊重、信任、关注、体谅，给予彼此心理空间。正如宾夕法尼亚大学沃顿商学院管理学教授亚当·格兰特（Adam Grant）在他的《付出与索取》[17]一书中所说的，付出的一方更有可能成为人生赢家。① 简单来说，在合适的环境下，大脑天生就有沟通的需要，并且可以从沟通中获得益处。但遗憾的是，我们今天所处的环境在很大程度上都不太利于沟通。

因此，尽管大脑天生就有沟通的需求，我们还得给它创造一个合适的环境，才能发挥其沟通的本能，包括远离那些让我们感到无所适从，以至于无法用理性脑思考的环境，同时要给理性脑留出时间和空间，让它能够运转起来。我们在本章中会探讨一些有用的方法，帮助你为理性脑留出“时间和空间”，在本书后面的章节中也会进一步探讨应该如何找到最适合你的环境。

用尊重的态度做出艰难的决定

我对诺姆进行了测评，他应聘的是一家公司的CEO职位。他知道自己在新工作中将不得不做一些棘手的决定，并需要对管理层进行重大人事调整。然而，他绝不是那种“刽子手”型的管

① 注意，这并不是说你可以盲目地相信别人——你需要表现得更聪明些，避免被别人“占便宜”。

理者，也不是一个能够铁面无情做决策的人。他真正的过人之处，是他一向秉持这样的价值观，即就算你不得已要做出两难的决定，你也可以而且应该以体贴、尊重和理解的态度对待每一个人。不难理解，许多管理者尽量避免和他们要裁掉的员工走得太近，结果往往是表现得很不留情面。但诺姆不是这样的人。

尽管如此，公司董事长和招聘委员会仍对我关于诺姆的报告感到担忧，报告中写得明明白白，诺姆总是发自内心地去了解别人，周到甚至感性地考虑人事决策。这是否意味着他无法胜任公司要求的变革？我解释说，只要满足一定条件，一个真正关心员工利益并努力去理解员工的人，是能把裁员这件事做得更好的。

诺姆拿到并接受了这个工作机会。我和他一直保持联系，因此我可以看到他的后续表现。鉴于诺姆还要同时解决其他的紧迫问题，董事会对诺姆能在短时间内迅速完成管理层的调整感到大为吃惊。不仅如此，诺姆的做法丝毫没有造成负面影响。原因很简单，他耐心地与员工沟通，倾听并理解员工的心声，在做思想工作的过程中，能够尊重每一位员工。因此，他不是以伤害别人自尊心的方式来裁员，而是通过和员工一起协商解除雇佣关系的方案。结果，这些被裁的员工没有表现出愤怒或不安，没人投诉或抗议，也没有引发在这种情况下常见的其他各种问题。后来，诺姆继续以我闻所未闻的速度和效率成功组建了新的管理团队。

测评工具

如何更好地进行沟通

接下来，我将描述五种不同的“沟通要点”，为你示范如何在日常生活中与他人进行更好的沟通。把所有方法读一遍，然后按照“操作指南”的提示，每周尝试一种方法。一周结束后，给这种方法打分，满分是10分。写下你的观察结果，便于以后需要的时候可以随时回顾。在尝试了所有五种方法后，设法把得分最高的那种方法融入你的日常生活。如果觉得一周太长，就先试一天。如果你没有时间或动力尝试所有方法，请通读本节，想想哪种方法看起来对你最管用，然后坚持尝试那种方法，使之成为你的一种习惯。这样做有利于你更好地与周围的人沟通，还会带来许多心理、生理和职业方面的益处。

沟通要点1：抽出时间，专心致志地沟通

我见过的那些最高效的管理者往往是公司高管或时间最紧迫的人，他们在和你交谈时似乎有用不完的时间。这并不是说他们会任由你滔滔不绝或在会议上发言超时，但当他们在场时，他们会把时间专门留给你，做到心无旁骛，不会被电话或其他任何琐事打断。关键点在于，我们应该努力摆脱这样的错误观念——忙碌显得我们很重要或很有价值。在和别人沟通的时候，不管有什么其他事情，都可以等一等。

操作指南：

- 专门抽出时间和他人相处，沟通时不要看手表、手机或其他电子设备。如果你的时间不多，那么一开始就要和对方说清楚你有多少时间，到点就结束。当你和别人共处时，务必做到专心致志。
- 沟通过程中如果出现停顿和沉默，顺其自然就好，不要匆匆接话。这是尊重对方的表现，也能让对方进一步打开心扉。
- 在接下来的三天里，至少在三次沟通对话中这样做，并记录你的观察和感受。

试验周（日期）：　　　　　　　　得分：　　/10

观察结果：

小贴士：神经科学家塔尼亚·辛格（Tania Singer）发现，大脑中与同理心有关的区域位于更高级的理性脑中。[18]该区域具有自动修正功能，让我们不只是关注某件事中自己的感受，还能换位思考。然而，当我们必须当机立断或条件反射式地做出决定时，就丧失了这种能力——实际上，这是本能脑压制了同理心。这一例子说明了让大脑有充裕的时间在最佳状态下运作至关重要。

沟通要点2：好好观察，别急着回应

在与他人沟通的过程中，尽量让本能脑安静下来，与交谈对象共享时光，并保持全神贯注。在谈话过程中，本能脑会冒出各种各样的想法和情绪，比如决定接下来你要说什么，想打断对方、生怕忘记自己刚刚想到的话，在对方谈到某个话题时武断地下结论，自作主张地认为对方是哪类人，决定晚餐吃什么，想知道他们的鞋子是在哪里买的……努力观察这些想法，但不要深陷这些想法中或者急着做出回应，不要让本能脑信马由缰，留给对方时间来恰当地表达自己。

操作指南：

- 好好观察你的交谈对象，不仅要观察他们说什么，还要观察他们的语气、语调、语速、肢体语言，甚至是停顿的地方和方式。思考其中透露出哪些信息。全身心地与他们共享时光，不带主观色彩地倾听他们所说的话。

· 当发现自己走神时，把注意力慢慢转回到谈话上来。

· 在接下来的三天里，至少在三次沟通对话中这样做，并记录你的观察和感受。

试验周（日期）：　　　　　　　得分：　　/10

观察结果：

沟通要点3：像一名侦探一样，善于观察和发现各种蛛丝马迹

你要抱着学习的目的去和各种各样的人沟通。不懂就问，别自以为知道答案。每个人都是复杂且独一无二的个体，也就是说他人经历的每一个瞬间都与你不尽相同。所以关键在于，你要认真倾听，了解各种新信息。

操作指南：

· 关注探索性问题：当话题转变时，他们看上去是否松了一口气，但随后又显得更焦虑？从中透露出关于这个话题他们有哪些感受？他们是否一聊到某个话题就特别来劲？从中透露出关于他们兴趣和爱好的哪些信息？你说的话是否影响到了他们的行为或心情？对你的沟通方式有什么启发？

· 将目标牢记在心：不管是跟谁聊天—— 店员也好，朋友也罢——在每次沟通中要学到一个新知识。

· 与更多人打交道，织起一张知识网络，从不同角度整合信息。
· 记录你和谁交谈过，以及一周中你学到了什么，在七天结束时回顾一下。记下你的观察结果。

试验周（日期）：　　　　　　得分：　　/10

观察结果：

小贴士： 这种沟通要点，能够让你与那些相处并不融洽、产生挫败感或觉得毫无共同点的人更好地进行沟通交流。尽量多去了解并理解他们的为人及处境。

沟通要点4：换位思考

试着真正理解对方的人生经历，带着理解和尊重向他们提问。你要想办法设身处地地进行换位思考。

操作指南：

· 尽可能多地收集沟通对象及其处境的信息（运用上述沟通要点）。这有利于你更好地体会换位思考的感觉。
· 与他人分享相似经历，但要注意分寸。如果方法得当，分享共同点可以建立情感联系，特别是当你分享自己的感受或展现自己脆弱的一面时。
· 去做志愿者或花时间去了解不同的人和经历。为慈善机构服务。如果你是公司的管理层或高层，不妨花一天时间深入基层，亲自体验一下最基层员工做的工作。这有助于你抛开成见和主观评判，对那些与你截然不同的人产生更深的理解、同理心和耐心。

· 记录你和哪些人交流过，以及这一周中你学到了什么。

试验周（日期）：　　　　　　得分：　　/10

观察结果：

友情提醒：将他人与自己做比较可能会无意中显得争强好胜或打击对方。例如，如果有人告诉你他们刚跑完了人生第一个10千米，你在兴奋之余向他们讲述了自己跑过的第五次马拉松。甚至，这样做在有些情况下会显得失礼。例如，如果有人刚刚经历了丧亲之痛，不要告诉他们你的祖父母、朋友或亲戚去年过世了。每个人对私事的感受都是不同的，贸然相提并论可能会让人感到难受和不妥。正确的做法是，你应该表现出同理心、关心和支持。

沟通要点5：成为值得打交道的人

伦敦大学学院商学院教授托马斯·查莫罗·普雷姆兹克（Tomas Chamorro Premuzic）有这样一个观点："在职业生涯中更受雇主欢迎和更成功的人往往更值得打交道"。[19]我经常对有招聘需求的客户说，虽然我们在评估候选人时应该尽力消除偏见，但说到底，评分者难免会偏向那些招人喜欢的人。所以，努力成为更受欢迎、更有协作精神、更乐于助人的人，对他人抱有更多的恻隐之心，表现得更友善、更信任、更慷慨。务必做到认真倾听，让对方觉得你听到了他们的心声。如果你真的用心倾听，对方会感到被理解、被重视。机会的大门也会因此向你敞开。你越是多尝试这样做，与不同的人开展互动，就越能提升自己的社交技能。

操作指南：

- 制订计划，每天至少对五个陌生人微笑并打招呼。
- 每天都以某种方式帮助别人。
- 给予别人你希望得到的关注：直视对方的眼睛，用心倾听。
- 记录你和哪些人交谈过，以及这一周中你学到了什么。

试验周（日期）： **得分：** /10

观察结果：

将这五种沟通要点按照你的理解进行排序。然后，仔细思考你应该如何把你认为排名第一的方法融入日常生活。把你的思考写下来，这将有助于你执行计划，也能让你在评估进展或提醒自己想做的事时，做到有据可循。

我对沟通要点的排名：

1.

2.

3.

4.

5.

我会在日常生活中实践排第一位的沟通要点，从这里开始：____

________________________。

不管对你来说哪种沟通要点最管用，关键在于务必要腾出时间，管住自己的本能脑。通过倾听，去学习、理解和感受。把握自己的节奏，让你的理性脑在最佳状态下运转。我相信，你会看到奇迹的发生。

测评工具

付诸实践

尽管通过上述练习，你对自己能否更好地与人沟通有了大致的了解，但沟通是双向的，想要完全理解对方并知道从哪里开始改进，唯一的办法就是寻求反馈。尝试上面的方法，并通过向对方提出以下问题，对你的表现做一个评估：

- 当我和你说话时，你觉得我在用心听吗？
- 我能做到有效地倾听吗？
- 当你尝试上述某种技巧时，是否与平常的交流有所不同？区别在哪里？
- 我在谈话中哪些方面做得较好？哪些方面还可以做得更好？你可以找出最适合自己的方法来扬长避短。

本章结语

在本章中，我们探讨了人生的意义。这是一个很大的话题，为此你开始反思自己的价值观、兴趣和爱好，以及成长至今的故事。这些内容基本勾勒出了你人生的意义，在本书的第二部分我们还会深入探讨这个话题。同时，我们还知道了沟通的重要性，以及沟通在创造人生意义中的作用。你学会了应该如何改善与他人的沟通，腾出时间来屏蔽快节奏世界带来的干扰，让你的大脑在最佳状态下工作。

在下一章中，我们将探讨如何从那些经常与你互动的人那里收集对自我行为的洞见，思考他们对你日常处事的方式有何影响，包括你在哪些方面做得不错，哪些方面需要多加留意，哪些方面你可能想要调整。别人的反馈还会为你提供第六章将要用到的信息素材。在第六章中，你会把性格、价值观、爱好等核心要素，以及你希望重点培养的其他方面等内容综合在一起，从而进一步发现人生的意义，更好地实现目标和愿景。

第二部分——洞察

第五章
兼听则明

到目前为止，你已经通过梳理自己的过去，探寻了你故事中的行为模式和意义，分析了自己在各方面的能力，并在此基础上竭力去更好地理解自己。希望通过前面的学习，能让你从中获得更深层次的洞察力和自我意识。下一步你要做的是学会跳出自己的看法，洞察他人的观点。

为了真正公平客观地看待自己，更准确地认知自我，你需要知道别人眼中的你是怎么样的。通过寻求反馈，你从向内自省转为向外求索。乍一听上去有点令人生畏，但你很可能会发现，在许多方面，别人对你的看法比你对自己的看法要积极得多。你需要对自己更有信心，发现自己有哪些长处。另一方面，他人的反馈中也许会有一些信息能照亮你的盲点——那些你没有觉察或根本没有意识到的行为。比如，你不经意间的一个小动作可能会打击另一个人的信心。知道这些之后，你就可以采取恰当的措施。

理解他人如何看待你之所以很重要，主要是为了让自我认知与外在评价保持一致，从而提高自我意识，帮助你进一步发挥优势，并了解如何改进自己的不足之处。更强的自我意识也为培养情商提供了有利条件，进而可以大幅提高自身的影响力，因为准确的自我认知能让你更轻松有效地驾驭各种社交场合，反过来也会对你提升领导力，甚至获得人生的成功都产生积极的影响。我来举个例子说明吧。

关于我自己

当我的理性脑控制住本能脑时，我很擅长看出别人的心思，毕竟我就是靠这本事吃饭的。但当我和朋友聚会时，本能脑可能是受到氛围影响，会变得有点过度兴奋（毕竟我不是在工作，这是我的休闲时间）。我是那种热情高昂、兴致勃勃的人，从朋友们的反馈中我得知，我在聊天时会无意中打断别人，然后自己说个没完。要是我从来没有得到这方面的反馈，我可能仍对这个习惯毫无知觉，但因为意识到了这一点，在这些场合我就可以努力让理性脑管住我。如果我一不留神又说多了，它至少会提醒我为自己的坏习惯道歉，这样比自顾自地说个没完要好得多。

你在本章中收集的信息也许意味着你需要调整个人叙事的方式，或改变自己的行为，这样，他人对你的看法就会和你的自我认知更加相符。不过从上述例子中你也可以看出，这些信息更多的是优化调整，而不是完全颠覆你过往的认知。研究表明，我们看待自己的方式与其他人看待我们的方式总体上是相符的，但根据具体情况和对象的不同，两者会在视角或细节上存在一些差异。

我们会进一步探讨为什么你应该征询他人的反馈意见，然后介绍一些小贴士帮助你通过恰当的方式收集到具有建设性的反馈信息。询问别人对你的看法听上去很可怕，但有一些方法可以让你更容易开口，也能让你尽量避免收到自己难以接受的信息。我们将探讨你应该如何寻求他人的反馈，并就此与你信任的人开展讨论。这些方法能让你更好地理解别人对你的看法，这对你来说会是终身受用的技巧。

为什么需要反馈?

简单来说，如果得不到反馈，你就不知道自己是否正朝着实现目标的正确方向前进。这个目标可以是任何事情，小到从地板上捡起一件脏兮兮的上衣，大到成为一家公司的管理层。团建工作坊中常常使用的一个经典实验充分证明了反馈是实现目标的必要条件。志愿者们被蒙上双眼，分别站在不同的篮筐前。然后他们会被要求转几个圈，直至失去方向感。接下来，每位志愿者有三次投篮机会。房间里的其他人不可以用语言或其他提示来帮助他们。通常情况下，三次投掷都不会命中。一旦志愿者被蒙上眼睛并转圈，他们就搞不清楚篮筐在哪里了。第二次重复这个实验的时候，团队中的其他成员可以向志愿者发出口头指令。在第二次投篮实验中，每人通常会至少投中一个球，甚至三个球全部命中。这个简单的实验表明我们不能在没有反馈的情况下盲目行动。当别人针对我们的目标和行为给出了反馈，我们才知道怎样改变或在哪些方面需要做出改变才能把事情做好，取得理想的成果，或成为自己想要成为的人。

反馈对于各行各业来说都不可或缺，从体育（例如，比赛中的得分、对比赛视频的分析）到商业（例如，公司的市场表现、老板对员工工作的评价），再到个人生活（例如，对外貌的评价，和另一半讨论对这段关系的期望）。反馈对生活幸福、工作业绩，以及取得任何方面的成功而言，都是至关重要的。

反馈、绩效和大脑

我们把针对反馈的研究称为控制论，这一术语来源于希腊语中的“引导”一词（想想上述例子中引导志愿者把球投入篮筐的情形就很好理解了）。诺伯特·维纳（Norbert Wiener）因在现代社会中首次引入了控制论的概念而闻名。他在1948年写了一本书，题为《控制论：关于在动物和机器中控制和通信的科学》。[1]书中断言，我们可以通过反馈（或机器学习中通过人工智能）来控制结果以实现预期目标。反馈可以促进学习，这种学习能够通过控制某种行为来达到某个具体目标。

说到行为反馈，情况就不像仅仅引导某人把球投进篮筐那么显而易见了。从神经科学的研究中我们可以看到哪类反馈有效，而哪类反馈无效。例如，现在人们已经知道，企业中传统的绩效管理方式与大脑的工作机制会产生冲突。将员工一一进行排名和评级对大脑中原始的反应区域来说是一种威胁，让人们做出逃避或反抗的反应。在体育比赛中，这样的机制可以提高肌肉反应能力和身体反应，但在身体的应激要素无法得到释放的环境中（例如坐在办公桌前），同样的机制则会增加压力水平，导致血液从有用的理性脑区域里流出，削弱大脑的判断力，阻碍行为的改变，而行为的改变正是改善绩效的必要条件，这都是由于负责行为改变的大脑区域失去了对大脑的掌控权。[2]

许多现有绩效管理体系的另一个问题在于，它们是基于天赋和智力恒定不变这个出发点来看待个人行为的，但事实并非如此。只要有正确的动机和认识，我们都能在一定的范围内有所成长和改变。斯坦福大学心理学家卡罗尔·德韦克（Carol Dweck）提出了一个著名的概念叫作“成长型思维模式”（growth mindset），采用这种思维看待反馈能对我们产生积极影响。[3]德韦克借用神经科学研究解释了两种思维模式：固定型思维模式和成长型思维模式。在固定型思维模式下，我们看待反馈时坚信绩效表现取决于智力和天赋，能力与生俱来而且是一成不变的（即传统绩效管理体系的观点）。我们担心会被拿来与别人做比较，担心会因为自己不够优秀而被集体排斥在外（这样的想法会在原始的本能脑中产生一种受到威胁时的反应），也担心会控制不住自己。用这种思维模式对待反馈时，我们会处在一种求生模式下，大脑会想尽方法保护我们，学习的意愿甚至学习的能力都会降低，因为此刻我们运用的是本能脑而不是理性脑。

反之，如果我们认可无论年龄多大，大脑都是可改变或可塑的，我们就可以采用成长型思维模式。从这个角度来看，绩效结果取决于你的勤劳苦干、经验积累和不懈努力，而不是其他力所不能及的事情。这样我们就能用理性脑来对待反馈，虚心接受建议并从中吸取教训，调整自己的行为；也不再畏惧冒险和犯错，这两样对成长来说都是很关键的因素。在思考你收集到的反馈信息时，也请牢记这一点。此外，我们还会介绍一种收集信息的有效方法，帮助你更习惯采用成长型思维模式做出回应。

属于我的反馈时刻

几年前，我组织了一场约三十人的工作坊，要求每个人向大家做报告，然后开展分组讨论。在一个开放式的空间里，听众散开坐成三排，面向前方，听取汇报。在某个人报告之后，我们分成几个小组，互相之间寻求一些反馈。我本人也亲身参与了小组讨论，证明即使陌生人之间也可以给出或接受反馈，这件事并不像大家以为的那么可怕。

好几个人都向我反馈了同样的信息，尽管很简单却非常有帮助：在工作坊的整个过程中，我一直对着房间右手边的听众做报告，完全没有与坐在左手边的人进行任何眼神交流。我对这个新发现略感惊讶，在此之前我对此毫无觉察。

再次进行汇报时，我开始有意识地对左手和右手边的听众给予同等关照。有意思的是，改变自己的习惯确实并不简单，需要一定的努力。这说明我养成这个习惯也不是一时半会儿的事了，可能多年来我在演讲的时候一直是这样，但之前没有人告诉我。要是我没有寻求反馈，说不定到现在我都毫不自知，但通过征询他人的看法，我自那以后已经有所改观。

备注：如果你看到我在演讲，注意到我只跟房间右手边的听众互动，请随时告诉我！

测评工具

寻求反馈

寻求反馈的方法多种多样，但是前不久我发现了一种简单有效的方法可以用来寻求建设性反馈。这个方法出自杰克·坎菲尔德（Jack Canfield）和珍妮特·斯威策（Janet Switzer）所著的《成功法则》一书。[4]我向一位我辅导的CEO推荐了这个方法，他已经将其用于公司的股东、非执行董事、直接下属以及公司中所有员工。他觉得这个方法简单又非常有用。

从1分到10分，你给上周打几分?

不管你希望得到哪方面的反馈，都可以写下来。例如我为你提供的服务，我向董事会汇报的方式，我给客户留下的印象，我作为家长的表现。你也可以根据你想要得到反馈的时间段来做这项练习。抑

或改变这些问题，把重点放在希望获得反馈的地方，例如，

- 从 1 分到 10 分，你给我们刚刚的会面打几分？
- 从 1 分到 10 分，上次述职以来，你给作为经理的我打几分？
- 从 1 分到 10 分，你给作为父母的我打几分？
- 从 1 分到 10 分，今年你给作为老师的我打几分？
- 从 1 分到 10 分，你给这笔交易打几分？
- 从 1 分到 10 分，目前为止你给这本书打几分？

对每个低于10分的回答，询问对方：**要怎样做你才会打10分？**

这样别人就有机会解释为什么他们没有打10分，并提供有建设性的意见，而不用担心可能会冒犯到你。

比如，某个星期天的早上，当我正在写这本书的时候，问了我丈夫如下问题："从1分到10分，目前为止你给这个早晨打几分？"他的回答是6.5分。所以我的下一个问题是："要怎样做你才会打10分？"他的回答是：

- 一起吃早餐；
- 你能多睡一会儿，这样就不会那么累了；
- 割草机没有坏就好了。

这是非常有用的信息。第一点，我不知道我丈夫希望我们能一起吃早餐；第二点让我意识到他看出我很累，而且对此很在意；第三点，好吧，尽管我也帮不上什么忙，但至少我能理解他的沮丧。

在寻求反馈前，寻找合适人选

仔细思考你可以向哪些人寻求反馈，直至你完全弄清状况。真正合适的人选不会因为你的请求而感到局促不安，也不会不假思索地给你打出10分（虽然能让你自我感觉良好，但对你毫无帮助），而是会理解你希望从他们那里得到什么样的反馈，也愿意帮助你的人。

做好准备工作

跟他们解释清楚你为什么向他们寻求反馈，以及你希望根据反馈结果做些什么。比如你可以说：

> 我正在寻找方法提升自我，如果我能得到一些真诚的反馈，告诉我应该如何改进做事的方式，对我来说将是莫大的帮助。你介意我问你一些问题吗？我对你的看法很感兴趣，如果你能尽量诚实地给予我一些反馈意见，我将不胜感激。

开动理性脑

尽量克制自己争论或辩驳的冲动。有些反馈信息可能感觉像人身攻击，但其实并非如此。提醒自己，你征询他人的看法是有你的目的的：争论或辩驳无益于吸取教训，也会让提供反馈的人感到不愉快，这样他们下次就不愿意开口了。你要做的就是认真倾听，控制住本能脑。如果你不认同他们的话，只需回答："真的很感谢你告诉我这些。"如果你并没有完全理解，也可以请对方解释得更明白一些，不用感到不好意思。但总的来说，最好的回答通常就是简单地说声谢谢（表达感激之情非常重要，因为提供反馈并不是一件容易的事）。

如果你在收到这些反馈信息后依旧摸不着头脑，不妨问问自己：这些信息可以如何帮助我取得进步？我可以怎样利用这些信息来做好我想做的事，或一步步靠近我的既定目标？试着换一种角度理解你收到的反馈信息，让自己有能力根据反馈做出改变。

测评工具

化反馈为行动

对于一些简单的反馈，比如别人给我演讲提的建议，我会立行立改。这样效果往往立竿见影，做出的改变也更有可能固化为新的习惯。如果这是你天天在做的事情，那么就在手机或日历上设置提醒，提醒自己坚持这么去做。

对于那些涉及更深层行为改变的反馈，例如想要在会面时表现得更加稳重，请使用第六章中的发展计划来帮助你先将收集到的信息转化为可操作的行动，再做出改变。

寻求更私人的反馈

到目前为止，如果你觉得本节很有用，也可以进一步寻求反馈，向别人询问更多对你性格特点的看法。比如提出以下问题：

- 你觉得我给人的印象总是愁眉不展吗？
- 在你看来，我是乐观主义者还是悲观主义者？你认为这样的人生观对我周围的人有什么影响？
- 你会用易冲动这个词来形容我吗？你在什么场合见过我冲动的一面？我冲动的时候给你什么感受？

以上练习并不是对所有人都适用，如果这样的练习让你感到不适，就赶紧停止。但如果你下定决心要了解更多关于自己性格的信息，也要小心为妙。原因很简单，这关乎你的隐私，你做这项练习的目的是为了帮助自己改进和成长，而不是让自己在这个过程中崩溃。不然，这样的练习就会变得毫无意义。同样，请记住你需要考虑征询对象的感受：提供反馈并不是一件容易的事情，这就是为什么我们通常不会主动给予别人反馈。

寻求更私人的反馈有两方面好处。首先，你会更了解自己，可以帮助你成长并朝着自我发展的目标靠近。其次，你与询问对象彼此之间的心理距离也变得更近了，因为这说明你很看重他们的意见，很信任他们。事实上，如果你征询对方意见，并通过改变行为这样一种建设性的方式来回应，也会让征询对象树立起自尊心。他们会看到你很把反馈当回事，而且真的付诸实践了。

好好斟酌你寻求反馈的人选，选择你信任的人。但也要注意，尽量排除那些对人生持悲观态度的人，他们反馈的信息很可能会被过分扭曲。同样，你也要考虑征询对象是否打着自己的小算盘：也许他们嫉妒你，或者他们并不太了解你，没有资格做出评价。在做这个练习的时候，对这样的人最好能避则避。

征询他人的反馈

就像你在之前的练习中做的那样，记得做好准备工作并开动理性脑。以下问题可作为征询更私人的反馈意见的实用指南：

· 我擅长什么？
· 我不擅长什么？

· 我最优秀的性格特征可以用哪三个形容词来描述？
· 我最糟糕的性格特征可以用哪三个形容词来描述？
· 我在他人的生活中起到了什么作用？

这些问题引发的对话可能令人不快，还会暴露那些与你自我印象不尽相同的地方。你对此自然会怀有戒心，但记住要尽量控制本能脑，运用理性脑来观察和倾听。最终，你会从这个练习中获益更多。你可以追问更多问题，了解对方是基于哪些具体情况才会对你做出这样的描述。这样，你就会获得更全面的认识，然后（运用理性脑）做出决定，是想努力改变这种行为还是保持现状。

莎拉（SARAH）模型

我有时会用一种模型来帮助人们理解应该如何回应或接受别人给予的反馈，并将这些反馈融入自我认知、个人叙事和自我身份认同。莎拉模型[5]（图5.1）是从“库伯勒–罗斯变化曲线”（Kübler-Ross change curve）①衍生而来的，首字母分别是以下五个阶段的缩写：

震惊（Shock）
愤怒（Anger）
抗拒（Resistance）
接受（Acceptance）
希望（Hope）

① 库伯勒—罗斯变化曲线（Kübler-Ross change curve）：来自瑞士裔美国精神病学家伊丽莎白·库伯勒—罗斯（Elisabeth Kübler-Ross）的著作《论死亡与临终》（*On Death and Dying*），即个体在面对死亡时经历的悲伤的五个阶段，包括否认期、愤怒期、协议期、抑郁期和接受期。

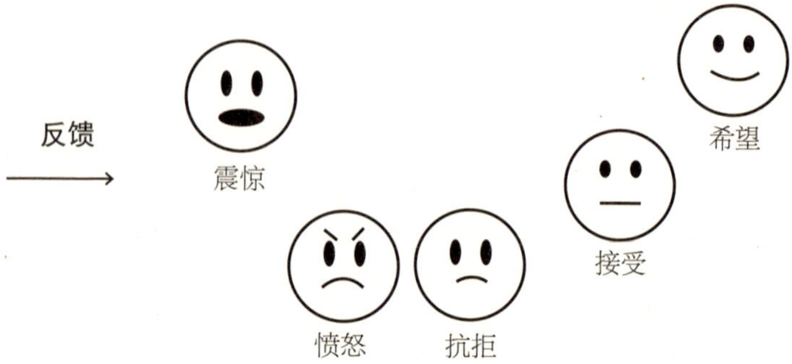

图5.1 莎拉模型：收到反馈后情绪变化的五个阶段

在面对一些令人不安的消息时，人们通常会经历模型中显示的从震惊到希望的不同阶段。但是你可能会在不同的阶段之间来回反复，也可能会跳过某些阶段，甚至会陷入某个阶段无法自拔，或者直接跳到最后两个阶段。

震惊

当你第一次听到与自己内在叙事或个人认知不相符的反馈时，你可能会表现出震惊或矢口否认。

愤怒

一旦震惊感退去，你可能会感到愤怒或不安，对别人的评价耿耿于怀，或觉得自己受到批评了。你需要尽力克服这种情绪。使用第三章中的情绪冲浪技巧，试着冷眼旁观本能脑所产生的各种情绪，而不是陷入这种情绪不能自拔。

抗拒或排斥

你可能会为自己辩护。尽管是你先寻求反馈的，但实际的反馈信息可能令你难以接受。大脑的本能区域想要保护你的自我认知，因此求生机制就占了上风，你受到本能脑的驱使做出抗拒或排斥的回应。理性脑会联合本能脑一起找理由，证明错不在你，并随时准备反驳你听到的反馈信息。但这样的话，你就无法获得进步和成长。因此，你要给自己一点时间去做一些喜欢的事情，最好是体育运动或户外活动，比如散步或跑步。如果这些对你来说没什么吸引力，那就找些其他你喜欢做的事情，比如和朋友小聚，或者重温你最喜欢的电影。把那些反馈信息晾在一边，过几天再好好想想。这样，大脑就有机会从潜意识层面处理反馈信息。当你重新思考的时候，就能站在更客观的角度来看待这些反馈。

接受

一旦你接受了反馈，就会准备好从善如流或安之若素。进入接受阶段后，你开始将反馈信息融入自我认知。你可能会直接跳到这个阶段，而不经过其他任何阶段。

希望

在这个阶段，你能够根据反馈采取行动、勇往直前。但还是务必记住，改变是需要时间的。一旦你接受了别人的反馈，尝试做出一些改变，大脑中的神经通路仍然需要一些时间来调整和适应。你可能一下子改不掉老做法，但没关系，你要做的只是一遍遍地强化新的做法，直到在大脑中建立了新的神经通路。

如何应对反馈

你可能不会情绪化地回应别人的反馈，也可能在回应一些反馈时带有情绪，但在其他情况下就不会这样。不管你如何回应，当你准备好利用这些信息时，请思考以下几个方面。

优势

不要将别人对你优势的评价一扫而过。人们通常非常渴望看到他们可以改进的地方或是做得不对的地方，以至于忽略了自己做得好的方面。个人优势是定义自我中的关键部分；你可以进一步发挥优势来成为更好的自己。所以，花点时间好好想想你有哪些优势，它们对自我认知有何重要意义，你了解了哪些关于自己的信息，是什么让你成为与众不同、值得他人认识的人。

缺点

尽量不要纠结于你需要改进的地方。重点在于不要夸大问题的严重性。这么多年来你可能一直和这些缺点相安无事，我们每个人都有需要改进的地方，如何对待这些不足之处才是关键。同样，尽量不要为自己的行为找借口，否则你将永远无法从反馈中获得成长。

验证

学会平衡。你当然不想对反馈充耳不闻，任由不良行为发展成顽习痼癖。但是否接受反馈，得由你自己下决心。只有你自己才能决定是否采纳别人的意见。如果好几个人都反馈了同样的信息，那么比起只有一个人给你提了某方面的反馈意见，前者很可能是大家的共识。在后一种情况下，你可能更需要了解为什么这个人会这样想，而其他人并不会。是他让你产生了某种感觉或以某种方式回应吗？他看你时所处的情境是否与别人不同？

反思

静下心来反思你收到的反馈，待尘埃落定，这样做对你很有帮助。你会通过潜意识梳理一遍你甚至都没有意识到的事情，在纵观全局后再决定接下来该怎么走。然后，再把反馈搁置几天。不要仓促行动。思考以下几点：

· 你看到哪些表象背后的行为模式？

· 为什么你认为这些事情已经成为你自我认知的一部分？

· 你想要改变哪些部分？

总结你发现的表象背后的行为模式。现在，你的任务是列出接下来六个月里想要努力改进的三个主要方面。例如，“当我没有时间帮忙时，我想更好地学会说‘不’”或“我想更有效地管理时间”。在本书第二部分撰写发展计划时，你可以把细节内容进一步补充完整，现在写这些只是作为供你参考的笔记。

重温反馈

之后，一旦你制订了发展计划，也采取行动做出你想要的改变，记得再次询问那些最初给你反馈的人，与他们再次确认。这表明你很渴望获得真正的成长和发展，更重要的是，也说明你很重视他们的意见，反过来也会为你今后持续成长赢得进一步支持。

本章结语

在本章中，你学习了如何收集反馈信息，包括你对自我的认知，以及别人是如何看待你的。通过这些反馈信息来增进对自我的了解，更明白自己的优势所在，同时意识到可能存在的盲点。

接下来，我们会研究怎样着手把收集到的所有资料汇总起来，重点关注这些信息如何定义了今天的你，以及你希望未来会如何发展。我们将运用之前探讨过的所有内容，包括：你真正的优势、价值观和爱好，并将这些内容与你所追求的人生意义结合起来。如果你仍然没有把自己的人生意义想得很明白，也没关系，我们会通过一个练习帮助你更加明确自己的方向。你可以基于这个方向，思考自己在哪些方面还需要改进，应该如何更好地实现自己的人生目标。在第三部分开篇，为了确保你在心理上已经准备就绪，能够顺利地按照发展计划采取行动、实现既定的目标，我们将探讨如何增强信心、克服心理障碍，否则它们将会成为你发展道路上的绊脚石。

第六章
定义你自己

读到这里，你已经深入地探索了自己的内心世界，真正理解了行为背后的动机。这个章节的题目叫作“定义你自己”，包含了两个小节，你需要把所有探讨过的内容都汇总起来，思考你现在是什么样的人，你想成为怎样的人，以及如何做到这一点。首先你要做的是总结提炼你的核心性格、价值观、热衷的事物以及优势能力等相关内容，并看看如何明确你人生的意义，以上这些都构成了你的自画像。然后，在“个人发展计划”一节，你需要思考如何通过培养你的优势能力，脚踏实地一步步地实现自己的人生目标。最后，为了实现目标，你需要努力克服那些可能成为你前进道路上绊脚石的心理障碍。通过找出这些障碍，并运用恰当的工具克服它们，从而“做自信的自己”，充分发挥你的潜力。

研究表明，把那些你认为能够“定义你自己”的元素和人生的意义结合起来，不仅会让你更快乐，心理更健康，也会让你更有能力去实现自己的目标和抱负。因此，以下几节的内容能帮助你理清思路，也能提高生活的满意度，有助于你在未来获得成功。

第一节
你的自画像

现在，你会通过一个练习，把我们已经讨论过的所有内容都汇总到一个模型中，以便回顾和总结你取得的所有进展。然后，我们会探讨为什么弄明白人生的意义很重要，如何在意义的框架下理解迄今为止你所做的自我探索。你会完成一项练习，叫作“采访未来的自己”，帮助你定义和挖掘自己努力追求的人生真谛，从而清晰地描绘出你人生的意义。

测评工具

汇总信息

在这个练习中，你会从描述自己的核心性格开始，回顾你在之前各章发掘的信息。然后，你要把价值观、热衷的事物和爱好等方面综合在一起。接着，你要收集关于自身优势方面的信息，并进一步探索应该如何发挥好自身优势。毕竟，你的主要优势就决定了你是一个怎么样的人。

在每个步骤中，你需要在由同心圆组成的模型上写下关于你的主要元素（见图6.1）。可以把同心圆画在一张大白纸上。想想应该如何排列这些元素，内圈代表自我认知的核心，其他一切都由此衍生。当这些圆圈从内向外扩展时，自我认知会越来越多地受到人生中重大事件的影响。外圈代表人生的意义，它将所有的自我元素融为一体。从广义上来看，意义在人生的长河中是恒定不变的，但在过程中会因人生机遇、危机和重大事件而不断地变化和调整。你有待改进的不足和具体目标（我们会在下一节中详细讨论）尽管不包含在核心性格范围之内，但仍属于外圈范围之内，也就是包含在你努力实现的人生意义范围之内。

“你”的本质

图6.1中的内圈代表了朋友和家人眼中那些真正属于你的习惯、喜好和性格特征。根据下面的指示，把已经发掘的信息中所有与内圈相关的内容挑选出来。在纸上写下你的想法，然后挑出其中最核心的内容，在图6.2圆圈内的每一行上写下相应的标题。

- 你在第二章中发现了什么信息？你挑出的性格特点中，哪些直到现在都还是这样？你意识到性格中的哪些方面可能更多来自遗传，对自我认知不可或缺？
- 你在第三章中发现了什么信息？你如何应对压力和挫折？哪些人能激励你，哪些人会惹你生气或把你带坏？你从中了解到了哪些关于自己的信息？
- 你在第五章中发现了什么信息？他人的反馈是否让你注意到了自己的某些行为习惯和喜好？在图 6.2 中描述重点。

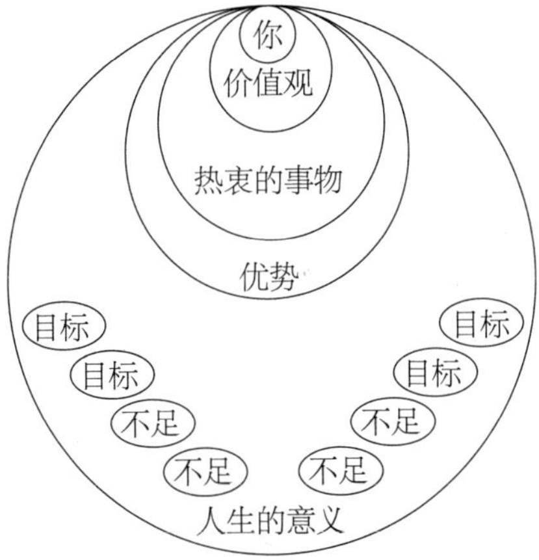

图6.1 定义你自己

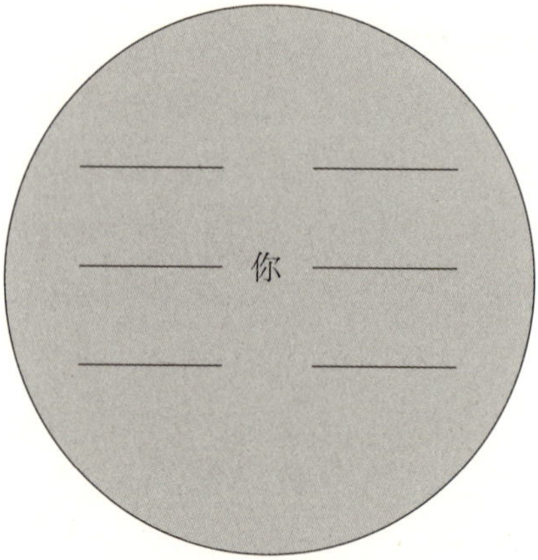

图6.2 你的核心性格和喜好

你的价值观

在图6.3的横线上写下你在第四章中认识到的价值观。你可以趁此机会好好回顾并重新评估所描述的内容，确保这些内容真正反映了你内心深处的价值观。

图6.3 你的价值观

你热衷的事物和爱好

在第四章中，你也探索了自己热衷的事物和爱好。也许你后来又想到了其他深藏在心底的兴趣和爱好。在图6.4的横线上写下那些在你的心目中排在首位的事情。

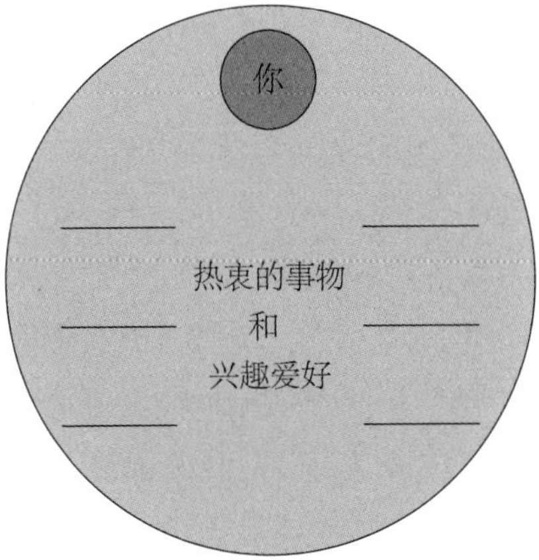

图6.4 你热衷的事物和兴趣爱好

你的优势

你已经梳理了很多关于个人优势的信息，可能很难确定自己“最大的优势”到底是什么。如果你不能一口气完成这个部分，也不用着急。和其他事情一样，你可以先放一放，之后再回到这里。下面有一些提示，可以帮助你明确想要包含的内容。

浏览第一至五章，对照笔记和故事主线，挑选出自己的优势。你可以先列出这些优势，然后再慢慢进行归纳和提炼。

- 你在第一章中发现了什么信息？翻阅“好好观察，别急着回应”的笔记，有没有哪些部分你读到的时候心想“啊，是的，我已经这么做了”？你在好奇心量表的哪些方面得分最高？你在自我意识量表的哪些部分做得最好？

· 你在第二章中发现了什么信息？你小时候擅长做什么？从小到大一直在发挥这项优势吗？也许有些事情你小时候并不擅长，长大后才成为强项。

· 你在第三章中发现了什么信息？你认为自己在情商的哪些方面最突出？从处理人生大事的方式中你看出自己有哪些优势了吗？你在生活中是否曾因具备某项优势而受益？

· 你在第四章中发现了什么信息？你热衷的事物以及价值观是否与优势相符？你善于与人沟通吗？如果是的话，其中的秘诀是什么？

· 你在第五章中发现了什么信息？从他人的反馈中你得知了自己具备哪些优势？

初步列出了你的优势清单后，你就可以好好推敲并精简成关键标题，填到图6.5的横线上。

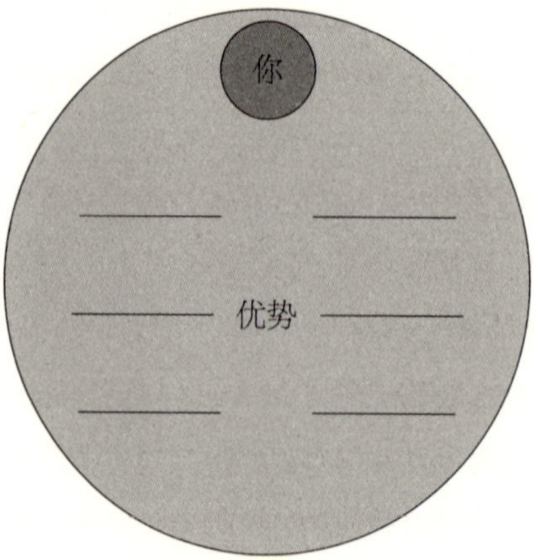

图6.5 你的优势

在梳理自己的优势时，试着想清楚它们的意义。你在生活中是如何因为具备这些优势而受益的，这样有助于你更有效地加以利用。一来是因为你更能意识到自己具备哪些优势，二来是因为如果关注这些优势，你就会顺着这个方向思考问题。

你要明确自己最大的优势是什么，有时也叫作“标示性优势”（signature strength）。显著优势凸显了你最优秀、最独特的一面。你最突出的优势是什么？人们对你的评价中哪些方面你认为很特别？如果你觉得这个问题很难回答，也可以请朋友帮你一起梳理一遍。

一旦明确了最大的优势是什么，就在模型中标高亮或加下划线。当完成这一步后，你就把所有已经掌握的信息都汇总在一起了。

明确人生的意义

现在将你的注意力移到图6.1模型的外圈，基于你的价值观和热衷的事物，思考这些价值观和爱好是如何从广义上构成了你人生的意义。作为第一步，我们将回顾一下在第四章“人生的意义”中的探索和发现，并在此基础上进一步深挖，看看为什么明确意义如此重要。

科罗拉多州立大学的心理学家申珠妍（音译）和迈克尔·斯泰格（Michael Steger）回顾了关于“意义”的研究。他们认为，我们首先必须对自我有一个清晰且自洽的理解：价值观、热衷的事物、优势、劣势、喜好，以及与他人的关系，才能够理解人生的意义。[1]本书中，你一直在找寻各种关于自我认知的碎片内容，现在到了把它们汇总在一起的时候了。接下来，你需要定义和弄清楚自己存在的理由是什么，长远的抱负是什么，人生的真谛是什么。或许你会发现，探寻这些问题的答案就是你一生的终极使命或愿景——不管采用哪种方法，只要你觉得有用就好。一想到要总结自己“存在的理由”，你可能会感到望而却步。虽然这是一个非常宏大的主题，但重点是要明白这不是你非做不可的事，而是你的选择。你可以在继续阅读本书剩余部分的时候，随时重温这个问题，甚至在未来几个月或几年里不断回顾和思考。此外，即使你已经确定了人生的意义，也不代表它在你的一生中永远不会改变。

你可以结合自我探索的实际情况，认真思考以上所有问题。这些问题为你提供了一个有用的思考框架。一旦有了这样一个整体框架，你的所有方向和目标都会逐渐变得清晰起来，这样你在做每件事情的时候都会感到更有意义。乔治·梅森大学的心理学家帕特里克·麦克奈特（Patrick McKnight）和托德·卡什丹（Todd Kashdan）在这个领域进行了广泛研究。他们把“意义”的含义表述如下：

> “意义”是通过引导人们如何分配有限的个人精力，让人们明确自己的人生目标，并做出相应的日常决策。意义是为你指明方向的，而不是控制你的行为。这就像指南针为航海家指明方向一样，究竟是否跟随指南针的方向（即：意义）前进，完全取决于你的自由选择。[2]

研究还表明，理解什么是意义，并在日常生活中不懈地追求这种意义，对你的大脑和身体都极为有益。例如，约翰·霍普金斯医学院神经生长大脑康复中心的马吉德·福图希（Majid Fotuhi）回顾了相关的研究，发现意义感更强的人往往也有更好的认知能力，寿命更长，睡眠质量更高，心血管更健康，心情也更愉悦。福图希还专门引述了一项研究，其结果显示，意义感可以非常有效地减缓老年人的认知能力衰退，减缓程度高达50%。其他多项研究还表明，意义感甚至可以防止大脑萎缩，阻止大脑某些区域的死亡。[3]

意义之所以有助于保护大脑，原因之一在于它能够连接并激活大脑中的高级功能区域，让人的神经网络能够始终处于工作状态，并且保持活跃状态。

意义和你的内在动机有关，它是自我认知的核心，扎根于你的内心，让你不管外界发生什么情况都能坚持到底。因此，意义与地位、职务、他人认可或物质奖励都无关，也无关乎那些你感到不得不做、应该要做，或不这么做就会令他人失望的事情。一旦你找到了意义，它所带来的内在动机和全局视角能够让你经受住人生的各种风雨、坎坷、压力和重负。意义会在前途黯淡或艰难的日子里给你带来希望，也会在事情不尽如人意的时候支撑你永不放弃。意义是一盏指路灯，或者说是心之所向，它是稳定的，而且不受制于外部约束。

社会给我们施加了各种各样的压力：要求我们不断追求学业的进步，还要为了生活甘愿背井离乡，在五光十色的大城市里苦苦寻觅机会。但是，这样的生活并不适合所有人。关键是要记住，成功是让我们感到满足的东西，是我们内在的动力，而不是别人对我们的期望。

大脑有四个核心的高级需求，分别是：与他人沟通、找到意义感、持续学习和回馈社会。除了利用我们的价值观、热衷的事物，以及优势能力，意义也为我们提供了满足大脑第四种高级需求的途径，为比我们自身更重要的事物做贡献。当这种需求得到满足时，我们便会获得深层次的幸福感，生活满意度也会大幅提升。然而，这并不是说你一定要放弃所有的物质财富，去发展中国家工作；也不是说你必须投身慈善事业，成为一名慈善家；或者为更崇高的事业贡献自己的一生。回馈社会的方式可以包括：花更多时间陪伴家人和朋友，给予他们支持，关爱儿童，帮助他人，在社区做志愿者，甚至也包括照顾宠物。满足这一需求的途径很多，你不必拘泥于形式，只要选择最适合自己的途径即可。

所以，意义为你指明了方向，帮助你更有针对性地制订自我规划。意义还为你提供了人生的主框架和主基调，你可以把它当作“人生的指南针”，找到自己成长和发展的方向，从而将自己的潜能发挥到极致。我可以举个实际的例子。

意义如何帮助你认识自我

汤姆是我一位朋友的儿子，他最近刚读完大一，选择了退学。汤姆并不是跟不上学业，只是确实对课程不感兴趣。闲暇时间，他会给我们打一些零工，我们开始聊起他究竟想做什么。他表示自己有些迷茫，似乎什么都不适合他，他也不知道下一步该往哪儿走。

有一天下午，我们坐下来好好讨论了他有哪些可选的方向。估计你已经猜到了，我从他最基本的个人喜好和价值观入手，再聊到他的兴趣和爱好，并重点讨论了他的优势。这种开诚布公的讨论有助于汤姆厘清自己内心的想法。结果发现，他的个人喜好和价值观使得他更乐意与家人待在家里。他希望能有自己的时间和空间。他不愿意和一大群同学一起上课，也不愿意和小组成员们一起做课题，而大学课程中包含了大量令他反感的小组作业。这点就是他觉得大学生活并不快乐的主要原因。

他对大自然和户外活动尤其感兴趣，他曾选修了一门绘图课程。尽管这已经是他能选择的最棒的课程，但他仍旧无法适应这门课程的结构以及需要独自离家在外这两个大问题。这点让他感到十分迷茫和困惑。

一旦汤姆从外部期望的束缚中解脱出来，接受自己的性格、价值观、兴趣爱好和优势所在，我们就开始探讨哪些课程会更适合内向性格的他，可以让他在家学习，比如尽量以远程教学为主，穿插少量的面授课程。

汤姆所追求的人生意义是与自然和谐共处，创造一个更可持续的环境。他也清楚自己理想的生活应该是什么样子，比如，可以在一个志趣相投的工作环境中，为他人提供一对一的咨询服务，而其余时间就可以置身于大自然。明确了这一点之后，他就知道接下来的路应该怎么走。首先，他需要考取必备的资格证书（这是他的目标之一）。其次，还必须培养自己的信心，让自己大胆地走出去，获得相关经验，成功吸引客户（这是他亟待改进之处）。一旦他弄明白了其中的缘由，也想清楚了自己的发展方向，以上这些问题就都变得容易解决了（例如，选一门可以通过远程教学形式授课的课程，或选一门离家近、不包含大量小组作业的课程）。尽管这对他来说是个不小的挑战，但这些目标都与他的核心性格或价值观相契合。找到自己的意义感有助于汤姆克服各种眼下的障碍并达成自己的目标。

也许，你会发现自己要找的“意义”就像汤姆的一样非常直截了当，或是像我的“意义”一样非常野心勃勃：

> 我希望帮助世界各地的人们更好地理解自身的行为，从而改善自己的生活；并提供相关方法，指导人们过上更幸福、更健康、更充实和更成功的生活。

我花了不少时间才找到这个“意义”。18岁，我就开始学习心理学，但老实说，直到差不多去年的时候，我才明确了这样的想法。我在为此不断努力，虽然这个目标可能永远也无法完全达成。但明确自己的目标，为人生赋予意义感，让我有了努力的方向。

找到意义并不是一蹴而就的，你也不应该抱有这样不切实际的期望——毕竟你是在寻找人生的意义——但不妨试试下面的一个练习，然后在自己身上练手。研究表明，你需要经过反复试错和积极尝试，才能真正找到适合自己的事情。关键在于，你所探寻的真爱要能够和你的自我认知及价值观真正产生共鸣。我接下来要分享的是一种非常好玩的方式，我们将采用这种方式开始你的试验和探寻。首先是一些背景介绍。

你会成为什么样的人？

在接下来的练习中，你需要尽情展开自己的想象，设想自己身处未来，想象一下理想情况下你会成为什么样的人。建议你找一个“过来人”作为自己的精神榜样。你或许已经想到了某个合适人选，这个人不一定要很有名。

接下来，我要说的是自然博物学家兼电视台主持人大卫·爱登堡爵士（Sir David Attenborough），他的例子完美地诠释了应该如何根据自己的价值观，利用自己的优势和兴趣爱好，让人生过得更有意义。爱登堡把毕生精力都投入了大自然，乐此不疲地和大众进行交流并分享他的乐趣。

爱登堡现在已经90多岁了，但他仍然活跃在一线，四处奔波，增进社会公众对大自然的认知，理解人类活动对大自然的影响。他曾在世界各地多次接受过采访，包括脱口秀节目、大学讲座，甚至还在贝拉克·奥巴马（Barack Obama）的总统办公室里接受了采访。[4]以下的对话内容真实地反映了他是如何践行毕生所爱的：

> 奥巴马："您是怎样对大自然产生兴趣并想要记录下来的？"
>
> 爱登堡："这么说吧，我还从来没有碰到过对自然历史不感兴趣的孩子……孩子们都热爱大自然。他们了解大自然，被大自然深深吸引。所以问题在于你是如何失去这个爱好的？……人们是如何失去对大自然的兴趣的？……当然，我从来不曾对大自然失去兴趣。"

多年来，爱登堡一直保留着童年时的兴趣和爱好，并且充分利用这些兴趣来追求自己的人生目标。他活出了自己人生的意义，即：和更多的人进行交流，向大众普及大自然的重要和神奇。他还很有效地利用了自己的优势能力和性格特点，例如，

- 天生充满求知欲，乐于探索新事物；
- 对各种新技术持开放态度（设计新颖的演讲内容来讲述他的兴趣爱好）；

· 非常擅长交流和讲故事；
· 诙谐有趣的性格；
· 能够用真诚打动别人；
· 自信又不失谦逊。

正是因为有这些特质，他才能长期致力于把“小我”投身于“大我”，实现自己的人生意义。正如他所说的：“人们一定会把大自然视若珍宝，觉得大自然无比美丽又奇妙，令人惊叹又愉悦。”[5]

然而，年轻的时候爱登堡拿不定主意自己将来要从事什么事业。他只知道自己的爱好是什么，也很有信心追求自己的所爱，在一路走来的过程中努力把握机会甚至创造机会。

不要认为自己早过了尝试新事物的年纪（记住，大脑是可塑的）。研究表明，无论你处于人生的哪个年龄段，找到意义对你而言都是大有裨益的。有时候，当你习惯了某种生活方式，就很难想象开启一段新的旅程或追求一个新的目标，但那些大器晚成的例子不胜枚举：

· 唐纳德 · 费希尔（Donald Fisher）40 岁那年（且零售经验为零）在旧金山开设了第一家 GAP 服装店。
· 乔 · 佩维（Jo Pavey）40 岁时赢得了人生第一枚奥运金牌。
· 王薇薇（Vera Wang）40 岁时成了一名婚纱设计师。
· 塞缪尔 · L. 杰克逊（Samuel L. Jackson）43 岁时才出演了第一个重要的电影角色。
· 查尔斯 · 达尔文（Charles Darwin）50 岁时发表了《物种起源》。
· 朱莉娅 · 查尔德（Julia Child）51 岁时首次参演了电视剧《法国大厨》。

- 丹尼尔·笛福（Daniel Defoe）60 岁时出版了第一部小说《鲁滨逊漂流记》。
- 哈兰德·桑德斯（Harland Sanders）62 岁时创立了肯德基炸鸡连锁店。
- 拉努尔夫·费因斯（Ranulph Fiennes）65 岁时攀登了珠穆朗玛峰。
- 威廉·克鲁克斯爵士（Sir William Crookes）68 岁时发明了最早的研究放射现象的实验仪器。
- 帕默斯顿勋爵（Lord Palmerston）71 岁时成了英国首相。
- 玛丽·威斯利（Mary Wesley）71 岁时出版了她的第一部成人小说。
- 约翰·格伦（John Glenn）77 岁时进入了太空。
- 来自夏威夷的格拉迪斯·伯里尔（Gladys Burrill）86 岁时参加了人生的第一次马拉松比赛。

如果你的抱负和爱登堡或前面提到的这些人完全不能相提并论，也不必担心——这些例子固然很好，但大多数人的一生都是默默无闻的。你的抱负体现的是你追求的人生意义和那些能让你产生成就感的事情，是那些你认为自己应该做的事情。

测评工具

采访未来的自己

在这个练习中，关键在于不要对自我产生怀疑，想象生活中没有什么阻碍或绊脚石，就好像钱不是问题，你也不可能会失败（即想象自己一定会成功），你没有什么生活压力或责任（例如，没有贷款要还，没有年迈的父母或年幼的孩子要照顾）。另外，一定要把注意力放在你真正的梦想上，而不是别人对你的期望。在练习过程中要时刻提醒自己注意这一点，确保你描述的是自己的梦想，而不是他人对你的期望。

想象一下，90高龄的你正在接受一个关于“你一生的故事”的采访。故事的主题并不一定是让地球成为更美好的家园，比如，可以是关于美满幸福的家庭生活，也可以是打造一个和他人共赏美景的庭院，或者是服务回馈你所在的社区。你可以在当地电台接受曾侄女或曾侄子的采访，或是接受一位世界领导人的采访——你爱怎么想就怎么想。想象自己就生活在当下，正在向采访者和听众讲述你的故事，写下你的答案：我是__________，我有__________，我喜欢__________，我会__________。

小贴士：尽情享受这个练习。你越是自由发挥，越是天马行空，效果就越好。好好斟酌你的回答。如果你正在接受采访，你不会只用寥寥数语就把对方打发了，你会耐心地解释并补充更多细节。现在就试着这样做，让想象力自由地驰骋。

步骤一

好好想想你希望别人如何向他人介绍你自己。以下几个例子是别人对大卫·爱登堡的介绍：

“我们邀请到了丛林、沙漠、海洋、南极，乃至整个自然界实至名归的王者……女士们、先生们，我实在难以按捺激动的心情，我一想到他答应来参加这个节目就激动得语无伦次，万分荣幸能坐下来和他聊聊，听听他有哪些想要说的。‘电视台主持人’和‘博物学家’这两个词远不足以概括他的生平，或许只能用‘国民宝藏’这个词来形容他。请大家用热烈的掌声欢迎大卫·爱登堡爵士。”（乔纳森·罗斯[6]）

“大卫·爱登堡爵士，我是您的忠实铁粉之一。有句话我一定得告诉您，当我听说您在首次潜入大堡礁深海的60年后再次故地重游时，我被深深地震撼了。”（贝拉克·奥巴马[7]）

步骤二

思考下面的问题。你不必回答所有的问题，只要选择你觉得最容易回答的就行。想到什么就写什么，能写多少就写多少（你答得上来的问题越多，就越容易确定人生的意义何在）。记得要像90岁回首往事的时候那样回答。

- 哪些人激励了你？你把谁视为自己的榜样？为什么？
- 迄今为止的人生中你感到最快乐的事情是什么？你人生中的巅峰时刻是什么？
- 你如何定义“成功的人生”？
- 你认为自己对社会做过的最大贡献是什么？
- 你最引以为豪的成就是什么？
- 你在业余时间喜欢做什么？你怎样给自己找乐子？
- 你现在对自己的看法和几年前相比是否有所不同？有哪些不同？
- 你获得过的最高荣誉或奖项是什么？有什么感受？
- 你受到过的最棒的赞美是什么？
- 你收到过的最难忘的来电、邮件或短信是什么？

- 你认为自己人生的转折点是什么？为什么？
- 你有自己的人生哲学吗？能和我们分享一下吗？
- 对于人生刚刚起步、希望最大限度活出精彩的年轻人，你有什么建议？
- 假如你明天中了彩票，你会用那笔钱做什么？你的人生会因此有什么不同？
- 如果你正好只能够解决一个世界性难题，你会希望解决什么问题？为什么？
- 你对未来最大的希望是什么？
- 你最大的恐惧是什么？
- 你希望你的子女、孙辈或其他亲属能够记住你的哪些方面？
- 你认为家人以外的其他人会以怎样的方式记住你？

步骤三

回顾你对上述问题的回答，换一支不同颜色的笔或用荧光笔标出有关你的核心性格、价值观、兴趣爱好、能力强项和人生意义的内容。你的回答中是否包含了以上所有方面？是否有遗漏或不够重视的地方？如果有的话，请把这些缺失的内容加进去。回答中有没有哪些内容可以作为核心标题补充进前一节的圆圈中？如果有的话，请回到那里并补充相应的内容。

步骤四

请用两到三句话概括你的人生意义，表述上应尽量使用积极的语言，并确保体现了你的本色。你可以参考以下示例：

“充分享受[我的]人生旅程，从[我的]错误中吃一堑长一智。”（维珍集团创始人理查德·布兰森爵士）

“激励我的学生相信天生我材必有用，成为一名有口皆碑的教师。”（奥普拉·温弗瑞电视网，奥普拉·温弗瑞）

“借助自己的聪明才智、人格魅力和乐观的天性来提升全世界女性的自我价值感和意义感。”（Dailyworth.com创始人阿曼达·斯坦伯格）

“帮助别人理解自身的行为，从而改善自己的生活。”（我自己的人生意义）

记住，意义本身不是终点或目标，因为意义也会随着时间的推移而改变。

小贴士：说到人生的意义，我们需要准备好面对可能出现的困难和挫折。关键在于，即使遭受打击，也要能够站起来继续前进。随着我们人生阅历的丰富，需要面对的挫折也会越来越多。以J. K. 罗琳（J. K. Rowling）为例，她在与布鲁姆斯伯里出版社签约之前曾被12家出版商拒之门外。如果她当时选择了放弃，她的《哈利·波特》魔法系列就永远不可能唤醒全世界数百万儿童的想象力。如果我们能以正确的方式和心态对待挫折，就能从中吸取一些非常深刻的教训。

最后，把意义写在你每天都看得见的地方：可以设置成手机或笔记本电脑的屏保，也可以挂在墙上，或者写在一张纸上折叠起来放在钱包里。用什么方式都行，只要确保你每天都能看到并牢记它们。

本节结语

现在，你已经将有关“自我认知”的基本要素都汇总在了一起，完整地定义了你的核心性格、价值观、兴趣爱好、能力优势和人生的意义。在下一节中，我们将探讨如何在意义的框架下充实自己，尤其是关注如何将你的不足之处和发展目标转化为实际行动。然后，我们还会探讨应该如何保持信心，更好地应对个人发展过程中可能遇到的各种挫折和困难。

第二节
个人发展计划

在阅读本书的过程中，你已经形成了很多方面的自我认知。研究表明，通过更好地理解自己的故事，并将其中蕴含的意义串联起来，可以让你对自己的人生有更深的体悟。例如，在一项研究中，社会心理学家罗伊·鲍迈斯特（Roy Baumeister）及其同事发现，当人们感到自己的生活与个人的核心目标或价值观相符时，就会越发觉得自己的人生很有意义。[8]意义还关系到培养自我身份认同，并帮助人们“有意识地将自己的过去、现在和未来融为一体”。这也是阅读本书到现在，你一直在做的事情。

当你弄清楚了哪些关键要素决定了你是什么样的人之后，你还会发现有一些方面是你亟待提高或完善的。也许，你早就知道自己在哪些地方有待改进，只不过还没有着手行动；也可能你是通过自我反省或他人反馈发现了新的不足之处。本节会帮助你制订一份个人发展计划，来努力克服这些缺点。能否克服缺点关系到你能否成为理想中的自己，活出自我，实现价值。你将针对自己的不足之处，制订一份详细的行动计划。研究表明，有些因素对实现你的人生目标不可或缺，而你的计划应该特别关注这些因素。这样，你就会更清晰地认识到应该如何投资自己才能取得更多成就，充分发挥自己的潜力。

有待提高的方面和发展目标

你需要准确地描述自己有待提高的方面和想要达成的发展目标。听上去，这两者似乎差不多，但其实不是如此。有待提高的方面更加注重如何通过学习改变你的行为，提高你的才能和潜能，从而让自己获得成长。它关注的不是最终结果，而是你提高技能、增长见识的过程。而发展目标往往指的是某个具体的结果。在你努力提高自己的过程中，有些发展目标好比阶段性成果，而有些发展目标则需要更长期的努力才能达成，甚至可能超出了你目前所制订的发展计划的范畴。

我们首先要找出你在哪些方面亟待改进。关于培养习惯和改变行为方面，你需要记住一点，大脑的神经通路是可以重新调整的（正如我前面说过的那样，人的大脑是具有可塑性的）。即使看似是很难跨过去的坎，只要集中注意力，通过坚持不懈的努力也是可以克服的。话虽如此，你仍然需要区分哪些行为源自你的天性，是无法改变的，哪些行为并不是你的天性使然，是相对容易改变的。不要试图去改变人性中根深蒂固或者先天遗传的那部分东西，这就好比非要让水往高处流，最终只会让你筋疲力尽甚至可能误入歧途（这绝对不是本书的目的）。而对后一种类型的行为习惯，你需要意识到这些行为习惯的存在，了解它们对你的影响。这样，你就可以学习应该如何调节并降低它们所产生的影响，而不是改变这些行为习惯本身。

例如，如果你天生容易信任别人，甚至有时候会因此被别人利用，你会希望自己可以注意到如何避免这种情况的发生。当然，你也不希望走到另一个极端——变得总是疑神疑鬼，不相信别人——因为这完全不符合你的本性。比较好的做法是，你可以在完全相信别人说的话之前，提醒自己多问些问题，也可以询问其他人的看法。比如，征求那些你相信其判断力的人的意见，或者提醒自己一句不要急于得出结论，而要进一步收集更多的证据。这么做能够帮助你减少因性格弱点而可能产生的负面情绪，而不是简单地去试图改变自己的性格。

测评工具

找出主要的不足之处

主要的不足之处和你的人生意义是相关的，你需要结合自己的人生意义找到适合自己的成长方向。本节会帮助你梳理从各章汇总得到的信息，从而找出你最愿意培养和改进的方面。首先，你只需回答下面这些问题。然后根据你的回答，归纳提炼出三到四个你愿意重点努力提高的方面。

- 你在第一章中发现了什么信息？翻阅“好好观察，别急着回应”的笔记，哪些内容你读完后会觉得“我离目标还有很长的路要走”？在好奇心量表里，哪些方面的得分低？在自我意识量表里，哪些部分的得分低？
- 你在第二章中发现了什么信息？小时候有什么事情让你觉得应付

起来很吃力？长大以后，这种情况是否有所改善，还是你仍然觉得这就是你的薄弱之处？

- 你在第三章中发现了什么信息？你在情商的哪些维度比较薄弱？这是你希望提高的维度吗？如果是的话，你可以采取哪些步骤？你是否从人生的重大事件中学到了什么，比如启发你想要在某个方面好好努力？
- 你在第四章中发现了什么信息？你是否发现那些自己不喜欢的事情恰好反映了你的不足之处？或者你是否非常讨厌这些事情，以致不愿再为此白费力气？你是否能改善与他人沟通的方式？如果是的话，你会采取什么方法？
- 你在第五章中发现了什么信息？从他人的反馈中，你愿意在哪些方面加以改进？

归纳提炼

想必你现在已经收集了许多关于自己的不足之处。再完整地浏览一遍你的回答，归纳提炼出你最愿意改正的缺点。

首先，有些地方是你需要引起注意的（特别是那些构成你天性的核心要素，你认为无法真正改变，但是又希望可以做些调整），而有些地方则是你需要改进的，你必须把这两件事情区分开来。思考你可以采取哪些行动来减轻这些不足之处对自己产生的负面影响，并填在表6.1中。看一看整个故事主线上蕴含的关键主题和行为模式。这些因素构成了你天性的核心要素。如果它们对你或者他人造成了负面影响，你就应该对此加以重视，并且适当做出调整（而不是做出颠覆性的改变）。

表6.1 需要引起注意的地方

需要引起注意的地方	有哪些行为表现	我可以采用什么方法对这类问题多加注意
例如，打断别人说话。	谈兴正浓时，我会打断别人说话并插嘴。	道歉。 提前跟别人解释，说明自己的行为并没有任何恶意。 建议他们在我插嘴时，及时提醒我。 深呼吸，让自己呼吸放慢，驾驭住本能脑。

当你明确了需要引起注意的地方，再看看需要改进的地方。通过回答前面的问题，梳理你收集到的所有信息，然后归纳提炼出三到四个关键标题，从而找出你真正愿意努力改进的方面。将它们写在图6.6中的圆圈中。

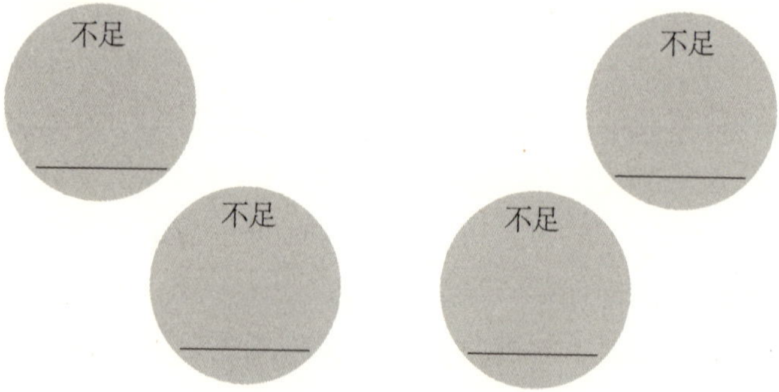

图6.6 需要改进的地方

小贴士：

· 不要试图一次改变太多行为。这是行不通的，结果可能会让你产生挫败感，甚至阻碍你有效地实现自己的目标。

· 你要做出的改变是让自己走出舒适区，逼自己跳一跳，才能摘到你想要的苹果。但是，绝不要把自己逼到极度不适的地步（进入所谓的恐慌区，下一节中会详细介绍）。与其一步到位，不如循序渐进、小步快走。

· 找出那些你觉得真正有内在动力想去做的事情（而不是因为你觉得自己应该做或别人让你去做的），这些事情也会让你更能实现自己的人生意义。

测评工具

写下你的发展计划

你已经找出了想要改进的地方，现在是时候制订一份发展计划了。本章末有一个空白的发展计划，供你使用。我会把发展计划的每个部分都过一遍，逐一向你解释并举例说明应该如何制订你的发展计划。我所举的例子是关于如何“变得更有同理心”。每个问题下方都留有一小块空白地方，供你写下自己希望提高的内容，你也可以把它们写在另一张纸上或记事本里。

有待提高的地方

示例：变得更有同理心。

你把有待提高的地方写得越具体，就越容易填写计划的其余部分。例如，我打算努力提高同理心技能，以便当我感到压力较大时能更好地与他人相处。

背后的深层价值是什么？和我追求的人生意义有什么关系？思考你为何选出这个不足之处，问问自己改掉这个缺点是否与你的价值观相符。例如，

核心价值观：公平公正

目标：成为一名更好的管理者，提高我所在公司的业绩表现和/或改善我周围的人的生活

与价值观不符：同情做错事的人

与价值观相符：当人们不是因为自身过错而感到痛苦时，对他们抱有同理心

与之相符的价值观：公正公平

与之相符的小目标：改善和下属的关系

怎样才算成功，会有哪些成果？

成为一名更有影响力的人，通过建立积极的人际关系并更好地理解平静表面之下的暗流涌动，从而做出更明智的判断。

我可能会遇到哪些障碍？可以采取哪些行动？内在障碍可能包括各种不同的想法和感受（例如，感觉缺乏动力、自我怀疑、恐惧、愤怒、焦虑）。例如，

沮丧和不耐烦。克服障碍的行动：提醒自己想办法置身事外，用理性脑而不是本能脑进行思考，通过练习情绪冲浪等技巧来面对沮丧和不耐烦的情绪。

外在障碍可能包括：金钱、时间、技能，以及身体条件等方面的限制性因素。例如，

外在障碍：人们不理解我想要做的事。我需要提升自己有效沟通、影响他人等方面的能力。

我可以利用哪些优势来帮助自己发展？

表现出对他人的兴趣

倾听能力

渴望成长为一名管理者

社会意识

该如何行动？行动期限是多久？我应该如何将有待提高的方面分成几个小步骤（目标）？每一步该怎么走、该用多长时间？把有待提高的地方视为一个整体。每天努力进步一点点，随着你能力的提升，你会越做越好。将行动计划与你的日常习惯联系起来不失为一种有效的方法。给行动计划设置期限也很重要，你可以设定为一天、某个日期，甚至为每个步骤分别设定一个期限。例如，

1. 确保至少每天一次耐心地倾听别人。从明天起，在当天的第一个会议上就开始这样做并坚持两个月直到4月27日。

2. 表现出同理心和好奇心，真正试着去理解别人的话，并学会换位思考。继续按步骤1做，并从4月27日开始增加步骤2，每天一次，坚持两个月直到6月27日。

3. 在8月15日之前参加一个关于沟通能力和影响力方面的课程。

4. 将课程中的收获运用到日常沟通中—— 继续按步骤1和步骤2做，思考应该如何高效地传递信息，使别人能够产生共鸣，并将学到

的内容运用于8月31日的董事会议和工作汇报会中。

5. 进行更深入的自我反思，思考自己应该如何有效地影响他人，思考获取关键信息对最终决策的影响。继续按步骤1、2、3做，并在10月31日前列出所有学到的要点。

如何建立评价/反思机制？你需要对自己的表现有个正确的评价，这样你才能知晓究竟离实现最终目标还有多少差距。行为的改变是比较难衡量的，但也有一些简单易行的方法，比如：给自己打分、向他人征求反馈意见，或者记录你的进度。

- 检查自己是否在指定日期前完成了上述行动。
- 向同事征求反馈意见，看看自己是否有进步。
- 每天把自己与他人沟通的情况记录在日记里。
- 给自己打分，满分是10分，反思自己的进展。

个人发展计划概述

当你使用本章末的模板制订了详细的个人发展计划之后，你还可以对这份个人发展计划做个概述（表6.2），这样能够使你的发展计划看起来更加简化、一目了然。

小贴士

- **设置提醒**：你可以为具体的行动计划设置一个提醒，放在你经常能看到的地方（例如，写在你的日常备忘录上、日记中，或设置成手机闹钟提醒）。这个方法看似不起眼，却非常关键，它能够确保行动真正得到落实，而不是永远停留在计划里。

- **设置暗示**：将这些行动计划与你每天在做的事情联系起来，暗示自己不要忘记（例如，如果你的行动计划是开始使用牙线，那么就把这件事和刷牙联系在一起，暗示自己该行动起来了）。
- **奖励自己**：每取得一次成功都要奖励自己，无论这种成功是大是小。奖励自己一些真正能带给你满足感的东西。只要你完成了一个小目标，就立刻给自己一个小奖励；当你能长期保持这样的好习惯，就适时给自己一个更大的奖励。
- **争取支持**：请朋友、亲戚、同事，或者社区里的其他成员给予你鼓励和支持。
- **坚持到底**：让行为变成习惯的关键在于不断重复这个行为。研究表明，真正养成一个新的习惯至少需要15天，最多可能需要254天。[9]

在写完一个有待改进的地方之后，如果你觉得要做的事情实在多到令人喘不过气来，那就一步步来。从改进第一个地方开始，在取得满意的进步后，再开始改进第二个地方。没必要毕其功于一役（事实上，这也无济于事）。

一段时间之后，你需要及时做个回顾，适时增加一些新的改进内容，并评估自己在改正老毛病上的进展。如果你试图改变某个行为，但发现效果不佳，那么你可以暂时将它搁置在需要引起注意的事项里。然后再思考是否有其他的方法，能更好地应对自己性格中的这方面问题。

表6.2 发展计划概述

<table>
<tr><td colspan="2">有待提高的地方：
背后的价值观：
怎样才算成功：</td></tr>
<tr><td>行动计划</td><td>行动期限</td></tr>
<tr><td></td><td></td></tr>
<tr><td></td><td></td></tr>
<tr><td></td><td></td></tr>
<tr><td></td><td></td></tr>
<tr><td colspan="2">如何应对困难</td></tr>
</table>

确定你的长期目标

你在发展计划中已经描述了你的短期目标（在你决定将有待改进的地方分解成几个小目标的时候），但你也应该借此机会思考自己的长期目标是什么？这个目标是超越你的个人发展计划，且更接近你所探寻的人生意义的某个长远方向。换言之，你希望在未来三年、五年和十年内实现什么样的目标？你需要对这些目标做出一些思考和规划，可能包括完成大学课程或创业等。

看看你在“采访未来的自己”中写的内容，想想哪些目标有助于你实现人生的意义。这样，你就可以想象十年后的自己是什么样的，并逐步往前倒推。你还可以思考以下这些问题，依次分解每个阶段你想要达成的愿景：

- 你未来想在哪里生活？
- 你想从事什么职业或事业？
- 你想怎样度过你的休闲时光？
- 你希望与家人和朋友的关系是什么样的？
- 你希望和谁共度一生？

你对每个问题的回答越详细，你所制定的目标就能越具体，也越有针对性。

将你的总体目标写在表6.3中。如果你已经对上述的问题给出了详细的回答，那么就把这些细节内容写在相应的位置上。你可能需要根据问题的语境，调整你的表述方式。别指望一步到位（就算你能够做到）——考虑这类长期的人生目标需要慢慢来。

表6.3 长期目标

我的三年目标是：
我的五年目标是：
我的十年目标是：
我的人生目标是：

务必记得及时回顾这些长期目标，并不断地进行更新和完善。一开始，也许你不能完全看清自己的目标，但随着一步步往前走，你的目标会逐渐变得清晰起来。实现任何长期目标都需要持之以恒，你需要不断地提醒自己你的终极目标是什么。这样对你而言，克服前进道路上的困难也许就会变得更加容易。

本节结语

现在，你已经了解了如何利用收集到的所有个人信息来制订你的行动计划。在下一章开篇，我们会探讨应该如何怀揣信心、奋力前行。信心对你究竟意味着什么？应该如何培养自信心？增强自信必然会有助于你不断地取得成长和进步，并以真正符合你价值观的方式与周遭世界打交道。

个人发展计划模板

有待提高的方面

这些不足之处背后体现了什么样的价值观？它们与我实现自己的人生意义有什么关系？

怎样才算成功，会有哪些成果？

我会遇到哪些障碍？应该如何应对？

我可以利用哪些优势来帮助自己更好地进步？

我将制订怎样的行动计划？行动期限是多久？我应该如何将有待提高的地方分解成几个小步骤（或小目标）？应该如何执行这些步骤，期限分别是多久？

应该怎样建立评价、回顾机制？

第三部分——行动

第七章
做自信的自己

现在，你已经学会了如何把自己的价值观、热衷的事物、优势和人生的意义结合起来，找到主要的发展方向和目标。接下来，你自然是希望能够满怀信心地学有所用。尽管你已经对自身的能力、素质和判断力有了较为清晰的认识，但这并不意味着你完全相信自己具备这样的实力。即使你进行心理暗示：我一定能够无所畏惧地勇往直前，但实际上，你和其他人一样，难免会在努力的过程中产生一些自我怀疑，也会遇到一些阻碍。这时自信心就有用武之地了。

在本章中，我们会探讨关于信心的两个主要方面：自信和自尊，并解释清楚两者之间的区别。然后，我们会讨论你应该如何建立起自信和自尊，踌躇满志地追求人生的意义。我们还将探讨你可以怎样以更自信的方式向周围的人展示自我，以及怎样用积极生动的方式将你的故事讲给认识或不认识的人。做到这些将有助于你在实现目标的过程中赢得他人支持，让别人接受你的观点，并与他们建立起更好的社交关系。

信心是什么？

信心这个概念不太好解释。大多数人都在一定程度上缺乏信心，而且每个人都希望自己能够变得更自信。但谈到应该如何培养信心，人们都会感到一筹莫展。拥有自信可以让我们摆脱焦虑和怀疑，避免错失良机。信心不仅让我们自我感觉变得更好，还有助于我们取得更多成就，并使他人对我们的能力深信不疑。

信心很重要，但过于自信可不是一件好事。表现在领导力上，“咄咄逼人的”自信会导致所谓的“傲慢症候群”（hubris syndrome）。这种行为就走向了另外一个极端，带来的结果就是英国前议会成员、精神病学家大卫·欧文勋爵（Lord David Owen）所说的“糟糕透顶的领导力”（disastrous leadership），可能“造成大规模的破坏性”。典型行为包括“不耐烦，拒绝听取或接受建议，以及因冲动、鲁莽、漫不经心而表现出的不称职行为”。[1]同样的行为也会发生在那些过于镇定的人身上。因此，虽然你希望能够树立自信，从而更好地发挥自己的潜力，但也要切记过犹不及。

理想的结果是能够达到一个“最佳平衡点”，既拥有足够的自信，又能客观地认清风险，可以有效地做出决策，也可以积极地影响他人，朝着人生意义所指的方向大步流星地前进。本章中我们会探讨如何达到这个平衡点，了解它所代表的含义以及如何从你目前的情况出发，不断调整、改善自己的信心水平。

心理学家认为，广义上的信心包含两个方面：自信（专业术语上称之为自我效能感）和自尊。自信是指你对自己在某种情况下，实现某个目标的能力有多大程度的把握。尽管自信是因事而异的，但有些人总体的自信水平会比其他人更高一些。自信心高的人会以更直率的方式来应对所有新的挑战。例如，他们在学习滑雪时，会更大胆地从山上滑下来，自信能掌握动作要领。在应对另一项挑战，比如第一次潜水时，他们也会以同样的胆量去尝试。如果换成另一个不太自信的人，可能对任何全新的挑战都会感到很害怕。在本章中，你要下功夫提高自己总体的自信水平。

与自信有所不同，自尊源自你的内心。自尊与是否成功完成一项任务或挑战无关，而是取决于你重视自己、喜欢自己和接纳自己的程度。衡量自尊水平的高低有一个简易方法，就是倾听你的内心世界。想一想，你的内心对话是怎么样的：你对自己宽容吗，接纳和欣赏自己吗（例如，总对自己说“干得漂亮，你完成得很出色”），还是对自己十分严厉、刻薄和挑剔（例如，总对自己说“你这个白痴，为什么又犯同样的错误？你什么时候才能长长记性”）。

人们总是试图通过追求与自信相关的、看得见的成果——比如：荣誉奖项、学术成就或体育成绩这样的外在回报——来让自己感觉更好，却忽视了如何提高自尊。很多明星就属于这一类人，他们向外界寻求对自我价值的肯定，并通过获得公众认可、赢得奖项，甚至靠博眼球来引起他人注意。然而，他们往往是最孤独的人，精神世界非常空虚，因为那些更高层次的需求并没有得到满足，比如：认可并接纳自我的能力。这会导致一些破罐子破摔的行为，如吸毒、酗酒和暴饮暴食。

自信和自尊对于获得幸福、追求人生目标、活出自我而言都是很重要的方面，两者缺一不可。即使你已经建立了初步的自信和自尊，你仍需要不断地提升自信和自尊，才能让自己表现出最好状态。

自信心

自信心在很大程度上取决于你应对不确定性的能力。对于那些你从未做过的事情，尽管无从得知自己能否顺利完成，但你必须要相信自己一定能做到。否则，你连试都不会试。不确定性让人感到害怕，因为不管是什么样的失败，都会令人在身体或精神上感到很痛苦。而人类在进化过程中已经学会了如何避免这些痛苦的事情。因此，你的本能脑会立马采取措施，试图保护你免遭痛苦，告诉你不要去尝试任何新的事物，那样会更安全、更舒适，也不会有坏事发生。

待在舒适区的确很安全，但问题在于，你将无法满足更高层次的成长和发展的需求。为了把事情做得更好，能够有所成就，面对不确定性时你必须放胆一试。迈出第一步确实需要勇气：你需要勇气来战胜本能脑，接受你可能会失败的事实，做好在前进道路上遭遇挫折的心理准备。

克服害羞

在我十几岁、二十几岁的时候，我的自尊心很低，但我对自己做好某些事情的能力还是有信心的。我知道，只要我全身心地投入某件事之中，最终我一定能做成，并且在过程中有所成长。每当尝试新事物的时候，我都必须放手一搏：对自尊心较低的人而言，失败的打击会让我感到更加痛苦，带来更多精神上的挫折。然而，我会逼着自己不断尝试（这点得感谢我的父母赋予了我坚韧的品质）。

16岁的时候，我非常腼腆，所以我参加了学校乐队队长的竞选。当时我需要在陌生的新校园里向四百名同学"推销自己"，向他们说明为什么应该把票投给我。我选择这么做，就是想让自己克服害怕和别人说话的问题。为了更好地成长，我必须让自己摆脱舒适区。

到我上大学时，我已经不那么反感在公众面前抛头露面了。但一想到要当着一大群人的面唱歌，我心里仍然会觉得很别扭。不过，当有人让我在乐队里唱歌时，我（经过一番深思熟虑后）还是答应了。我不变的目标仍然是：克服害羞的心理。久而久之，通过逼迫自己参加这些表演，我对在公众面前露面，甚至面向数百人做演讲都感到游刃有余。自此，我再也不是那个害羞的小女孩了。

要建立自信，你必须冒一些风险。你得有勇气迈出第一步并做好失败的准备。否则，你将永远无法发挥出潜力或活出人生的意义。精神病学家、哲学家和作家尼尔·伯顿（Neel Burton）说过：

> 在缺乏信心的时候，勇气就显得十分重要。信心能够在已知的事情上发挥作用，而勇气则是在未知的、不确定的、令人生畏的事情上发挥作用。我不可能有信心完成10米高台跳水，除非我曾经有勇气做过这件事。[2]

不管你自信与否，你都要培养自己具备迈出第一步所需的勇气。

测评工具

测测你的勇气

你的勇气有多大？你有多大的意愿，敢于向未知的领域迈出第一步？通过下面的勇气量表，测试一下你目前的状况。

每项表述在多大程度上与你的实际情况相符？根据你的实际情况选择相应的答案，而不要考虑你认为自己应该怎么做。最后，把分数汇总起来，对照表7.1中的内容，看看你的勇气级别究竟如何。

勇气量表

填写说明：根据你的实际感受和行为习惯，对下面的表述进行客观评分，圈出最合适的答案。请尽可能依据事实做出诚实的回答，而不是考虑哪个答案是正确的。

1——非常不准确

2——比较不准确

3——中等

4——比较准确

5——非常准确

1. 在面对强烈反对的时候，我经常坚持自己的立场。	1 2 3 4 5
2. 我避免处理不愉快的情绪。	1 2 3 4 5
3. 在表达不受待见的观点时，我总是毫不犹豫。	1 2 3 4 5
4. 我可以直面自己的恐惧。	1 2 3 4 5
5. 我避免处理尴尬的局面。	1 2 3 4 5
6. 当听到有人说尖酸刻薄的话时，我会大声提出抗议。	1 2 3 4 5
7. 我不会坚持自己的信仰。	1 2 3 4 5
8. 我是一个勇敢的人。	1 2 3 4 5
9. 当有可能产生不利的影响时，我就不会畅所欲言。	1 2 3 4 5
10. 当别人夸夸其谈的时候，我会呼吁采取行动。	1 2 3 4 5

在汇总每行分数之前，请务必转换一下第2、5、7、9项表述的分数。如果你选了1，就把分数换成5；如果选了2，就把分数换成4。

在旁边的方框中填入你的总分。□

资料来源： L. R. 戈德伯格、J. A. 约翰逊、H. W. 埃伯等，2006，“国际性格项目库与公共领域性格测试的未来”，《性格研究杂志》，第 40 期，84—96 页。公开资料。

表7.1 勇气的三个级别

总分	级别	定义
10—21	低	当你开始探索新事物时，你可能难以迈出第一步，并且发现很难走出舒适区。 如果你踏入未知领域或尝试新事物，你可能会感到畏惧。 你可能害怕承担新问题或新挑战带来的后果。 你不会挺身而出，担心这么做可能会产生不利的影响。
22—36	普通	你会尝试新事物，跨出舒适区，但你并不会在所有的情况下都这样做。 你很可能会为他人和自己的想法据理力争，但这取决于具体情况和你的心理舒适度。你在一定程度上会害怕未知和不确定性。
37—50	偏高	你将新机遇视为挑战和成长的机会，并喜欢这种新鲜的刺激感。 当你与别人意见相左时，你会直抒胸臆，乐于陈述自己的观点和想法。 你不太可能会因为走出舒适区而产生负面情绪。 你会非常享受这个过程，甚至丝毫不会感到痛苦。

迈出第一步

一旦你迈出了行动的第一步，你会建立新的自信：“我曾成功过一次，所以这次我同样也能做到。”但在跨出第一步之前，你需要做好准备，面对可能产生的不适情绪，以及可能遭遇的各种挫折和失败。

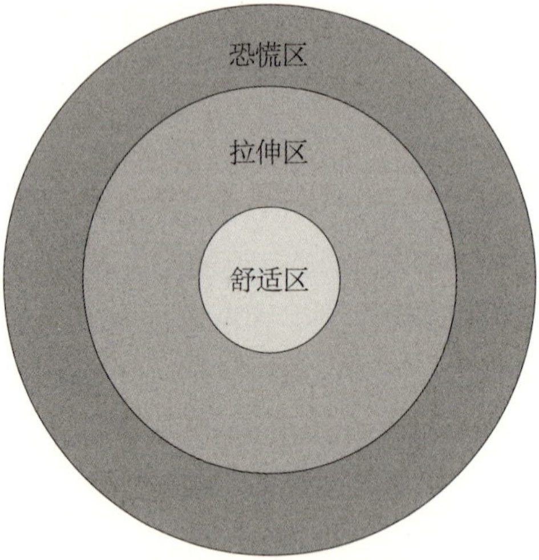

图7.1 学习区模型

资料来源：J. L. 卢克纳和 R. S. 纳德勒，1991，《应对冒险经历：理论与实践》，艾奥瓦州杜布克：肯德尔 / 亨特出版商。

约翰·卢克纳（John Luckner）（研究方向是特殊教育）和心理学家雷尔丹·纳德勒（Reldan Nadler）共同开发的学习区模型（图7.1）是一种非常有用的方法，可以用来解释和理解走出舒适区所面临的挑战。

当你处于舒适区时，你不必冒任何风险，你知道接下来会发生什么，心理上有安全感。但为了学习和成长，你必须迈入拉伸区（stretch zone），追求那些会造成一定程度心理不适的事情，当然这需要勇气。在拉伸区，你会体验到情绪上，甚至是身体上的不适。我们把进入拉伸区的过程称为“临界体验”，因为此时你正处于能力和极限的临界点。在这个点上，你不仅会直面挑战，而且有机会满足你的好奇心，发现新的机遇，培养新的能力。拉伸区是能让你感受到“积极压力”的地方，积极压力是一种有益的压力，使你提高认知水平，并获得竞争优势。

然而，拥有勇气并不意味着你应该始终在舒适区之外活动。在尝试新事物之后要回到舒适区，这对你而言是很重要的。舒适区为你提供了一个安全的避风港，让你的身心得到放松，也让大脑有机会喘口气来反思和吸收学到的新事物。同理，拥有勇气也不是说你必须跨入恐慌区（panic zone），这是卢克纳和纳德勒定义的第三个区域。虽然偶尔进入恐慌区可以有效地助推你尝试一些新鲜刺激的事物（例如，第一次完成10米高台跳水或在一大群人面前唱歌），但你不应该在恐慌区里逗留太久。因为，恐慌区会令人感到精疲力竭，压力感和恐惧感倍增，身体上也会感到负担很重，（在剧烈运动时）还会导致受伤的风险。处于恐慌区也会妨碍你进行理性的思考，让你进入求生模式，阻碍你获得学习和成长的机会。

因此，为了活出自我并获得长期的满足感，你需要逼迫自己走出舒适区。你应该深吸一口气，大胆地放手一搏，勇于尝试新事物，这样才能获得成长和发展。但同时也要小心，不要走向极端。

也许你会发现，利用你在第六章第一节中整理的信息，从自我认知的角度来看待这个模型很有用处。你和你的价值观、热衷的事物、优势能力都在舒适区内（图7.2），这些内容都很明确。你需要改进的地方和成长的机会都位于拉伸区内，偶尔它们也会延伸到恐慌区，但很快又会回到拉伸区。你的人生意义既包含了舒适区，也包含了拉伸区里的内容。

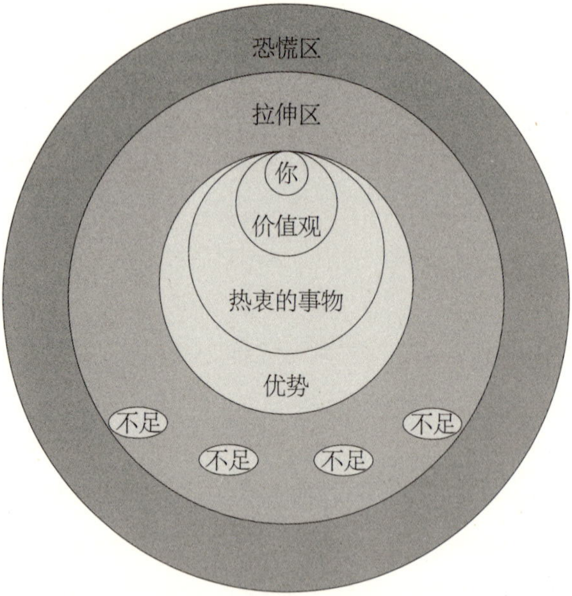

图7.2 学习区模型中的“你”

测评工具

建立自信

如果你在勇气量表中级别较低，或者你想在做某件事时增强自信，这项练习将帮助你迈出第一步。

想一想你由于担心而一直不敢直面的挑战、任务或目标，或者你知道会把你拉入拉伸区，让你产生一定程度焦虑的事情。牢记这件事情，逐一思考以下几点。

1. 当你想到这件事，想象自己置身于舒适区之外，你会有什么感觉（例如，身体反应——心跳加速、出汗等；心理反应——恐惧、恐慌、焦虑、兴奋等）？

2. 当你思考应该如何进入拉伸区，尝试完成这件事情的时候，采用“情绪冲浪”这个方法来应对自己的身体或心理反应。尽量不要陷入情绪或与情绪对抗，而是观察情绪是如何在你身体里传递的，慢慢适应，直至不再感到很不舒服。

3. 坚持每天练习这个方法，几天之后再尝试做这件事情，迈出你一直不敢迈出的第一步。当你迈出这一步时，采用情绪冲浪，做好心理上的准备。有必要的话你也可以寻求他人帮助，请他们和你一起尝试并讨论进展情况。

4. 即使第一次尝试的结果并不如意，你也值得为此庆贺，庆祝自己敢于迈出第一步，以及所付出的各种努力。你需要意识到，自己已经成功克服了不少障碍。如果有别人在身边支持你，也请他们一起庆祝。

5. 重复重复再重复，直到曾经令你畏惧的这件事落入舒适区。

别期望自己能做到十全十美：在拉伸区，失败和挫折是不可避免的，但这对你的成长和学习而言至关重要。把注意力放在这个曲折的过程上，而不是去担心别人对你的看法。另外，你需要关注自己的人生意义，因为把重要的意义牢记于心会有助于你更好地渡过难关。

你需要认识到，自信并不等同于你从来不会感到无能为力或紧张焦虑。相反，自信关乎你应该如何应对这些情绪。如果你能驾驭情绪而不是深陷情绪，那么你将进入一个崭新的世界。

测评工具

调整有待改进的地方

接下来，根据勇气量表的测试结果和你对学习区模型的理解，重新回顾之前制定的有待改进的地方和个人发展目标。这些目标是否延伸得足够远，摆脱了你的舒适区？或是否延伸得过于离谱，把你带到了恐慌区？有必要的话就适当做一些调整，使你的目标在具有挑战性和不切实际之间取得适当的平衡，这样将有助于你获得能力提升并增强自信。

自尊

自尊就是自信的内在一面，是自我认知、价值观和个人叙事的基础。自尊与这些内在的因素关系密切，而较少受到外界的影响。从这点上来说，建立自尊比建立自信更加困难，因为，这需要你具备反思能力和自我信念，并不像完成某个具体目标或任务那样容易衡量。你需要去做一些专注于自我发展的事情——比如阅读本书并反思人生的旅程——这样会有助于你建立自尊。

自尊的天敌

英国德比市金斯威医院的保罗·吉尔伯特（Paul Gilbert）及其同事的研究表明，自尊、自我批评和自我关怀来源于大脑中三个相互作用的情感机制。[3]人类的祖先经过不断的进化，学会了保护自己免受任何形式的伤害，也包括不让自尊受到伤害。当他们因为某个障碍而偏离前进路线，或者觉得另一个更优秀的部落成员威胁到自己的地位时，大脑中的或战或逃机制就会被激活。这样的神经反应机制直至今天依然存在于现代人的头脑之中。

吉尔伯特解释说，当我们觉得自己受到威胁（并以战斗模式回应）时，我们会口头攻击自己或对我们产生威胁的人（尽管我们可能并不会大声说出来）。假如有人在公众场合让你出洋相了，你也许就会批评自己：“没错，我就是个不折不扣的大白痴，我为什么要说那些话呢？”或者你会回击对方：“你还真是什么话都敢说！”此外，你也可以选择逃避问题，拒绝承认自己的错误：“好吧，那简直是鬼话连篇，我不用理会就好了。”这些回应方式都无益于你的成长：第一种方式会有损你的自尊；第二种方式会破坏你的社交关系；第三种方式会导致你的自我认知产生偏差。然而，大脑还提供了另外一种机制，也可以作为或战或逃机制的替代方案。吉尔伯特称之为触发“满足、慰藉和社交安全感”的机制。

当我们没有受到威胁时，会进入一种心满意足的状态，感到镇静、平和，以及幸福快乐。从进化的角度来看，当人类祖先没有进入或战或逃的状态时，这种机制就会被触发，确保部落里的儿童和其他成员能够得到爱护和照顾。在人类的大脑中，这种机制表现为与战斗或逃跑截然不同的另一种反应形式，会触发大脑中完全不同的神经网络，使我们跳出自我批评的思维模式。因而，这也是一种建立自尊的途径。

我们继续探讨上面的这个例子，触发“满足、慰藉和社交安全感”的机制就引出了我们的第四种回应方式：“即使他们这样想也没关系，并不代表我就是这样的人，我只需关注自己究竟做了什么事情才会让他们产生这样的反应。”大量研究表明，我们有能力触发这一机制，取代战斗模式中自我贬低的做法。但是，要真正做到这一点，我们需要有意识地去体察自己的想法，并运用自我关怀的方法，人们对此可能会感到很不适应。

心理学家克里斯汀·内夫（Kristin Neff）对自我关怀领域的研究处于世界领先水平，她与哈佛医学院开展了一个合作研究项目。她解释说，关怀自己与关怀他人并无二致。当我们识别出他人的痛苦并伸出援手时，其经历的过程和我们关怀自己是一样的。把自我关怀理解为对他人的感受有助于区分清楚这个概念：自我关怀不是自我怜悯或自我纵容。内夫概括了关怀他人（也适用于关怀自己）的三个要素。

- 注意到别人正饱受痛苦折磨（你可以将此等同于注意到自己内心的消极声音）。
- 被他们的痛苦触动，产生同理心，理解痛苦，并回以温暖和体贴。
- 理解痛苦、失败或不完美是“人类共同体验”的一部分；每个人都曾经历过。[4]

在大众的印象中，自我关怀带有一些柔软、软弱甚至自私的含义。最主要的一点就是，自我关怀在大脑中触发的神经网络与自我批评完全不同。当我们责备自己时，自我批评会激活一个处理错误的神经网络，向大脑表明可能存在危险。结果，它为了保护我们免受伤害，就会阻断那些与自我关怀相关的神经网络，进而产生恶性循环。例如，当有人说你应该友善地告诉自己，“我是一个可爱、有爱心、善良的人”，你的反应却是，“这纯粹是胡说八道，我一个字都不会相信”。这会自动将大脑中的信号切换成战斗反应模式，并阻断自我关怀的神经网络。因此，如果你想学习应该怎样利用自我关怀的神经网络，你就需要全力克服这种负面的情绪。这么做会非常有价值，因为大量证据都表明，自我关怀的益处良多，包括让自己成为一名更好的管理者，充分地发挥潜力，或者是让自己变得更快乐。

测评工具

培养自我关怀和自尊

接下来的两个练习摘自克里斯汀·内夫的著作。

你会如何对待朋友？

拿出一张纸，回答以下问题：

· 回想一下，当一位好朋友告诉你，他觉得自己一无是处或总是被莫名的情绪深深困扰时，你是如何回应他的？你认为你能做到的最好的回应方式是怎么样的（或者换一种说法，应该如何表现得像一个很会自我关怀的人）？写下你会做些什么、说些什么，并注意你和朋友说话的语气。

· 现在再想一想，当你觉得自己很糟糕或被情绪困扰的时候，你通常会如何回应自己？写下你通常会做些什么、说些什么，并注意你和自己说话的语气。

· 你注意到两者有什么不同吗？在你看来，为什么两种回应方式会有所不同？是出于什么因素或出于哪些担忧，导致你对待自己和对待他人的方式如此不同？

· 当你饱受痛苦折磨时，你认为如果用回应好朋友的方式回应自己，情况是否会有所变化？把你的想法写下来。试着把自己当作一个好朋友，看看会发生什么。

确定我们真正想要的是什么

反思一下你用自我批评的方式来激励自己的做法。你是否批评过自己的长相或性格特点（太胖、太懒、太冲动等），并认为对自己要求苛刻会有助于你做出改变？如果是这样，请试着去理解自我批评所引起的痛苦情绪，体会一下自己被如此评判的感受，给予自己充分的关怀。

接下来，看看你是否能想出一种更友善、更体贴的方式来激励自己做出改变。比如，一位睿智又循循善诱的朋友、家长、老师或导师会用什么样的语言和颜悦色地指出你做的是无用功，同时鼓励你去尝试一些不同的事情？你能想到哪些最温暖人心的话，击中了你希望获得健康快乐的心愿？

今后，每当你发现自己在评判一些不好的自我特征或性格特点的时候，**首先要察觉自我评判所带来的痛苦，然后，给予自己关怀**。试着重新组织内心的对话，使之更加鼓舞人心和温暖人心。记住，如果你真的想激励自己，关爱比恐惧更有力量。恐惧只会让理性脑失去功效，妨碍我们的成长、学习以及理性思考。

测评工具

牢记在心！

做练习是一回事，而真正改变陈年旧习（和神经通路）则是另外一回事。下面的这个练习可以帮助你让这些改变在头脑中牢牢扎根。这个练习方法是我根据前面提到的临床心理学教授保罗·吉尔伯特书中的内容进行改编的。

被窝中的关怀

理想的情况是，你应该每天抽空练习“关怀自己”，从而确保自己养成习惯，并重新训练大脑。如果你的生活很忙碌（我敢肯定是这样），你可以从吉尔伯特所说的“被窝中的关怀”着手练习。当你早上醒来还没起床时，听听内心的声音和你的自言自语，并以热情和体贴的态度进行回应。想一想这一天会发生的事，用宽慰的话语给自己讲一遍，就好像你在鼓励朋友或你爱的人一样。吉尔伯特还建议可以利用其他碎片时间进行练习。每次就花几分钟，比如等公交车或淋浴时。即使一天只花两分钟，如果每天坚持下去，就会对大脑的神经通路产生作用。

贵在实践

另一个有助于培养思维模式转变的方法就是改变你的行为。即使你并不怎么愿意，每天也要尽量为自己和别人做一件有爱心的事。内心到底想不想这么做，其实无关紧要。例如，即使你特别想偷懒，但只要坚持锻炼，你仍然会变得身强体健，因为通过锻炼，你会用到并增强身上的肌肉，也包括增强心脏功能。养成习惯和强化大脑神经通路，同样也是这个道理。看到这里，你可能会说：“但要是我不觉得自己有爱心，行为就不是发自内心的。”其实，即使我们并不想表现得有爱心，但只要实际行为是有爱心的，整件事就会变得十分暖心。关键在于，在大脑的神经通路完全建立之前，你是怎么感知这一切的？例如，你可以：

- 为别人扶着门，即便你赶时间或那个人看上去很暴躁。
- 载别人一程，即便你更享受自己一个人开车时的安静。
- 赞美某人，即便他们只会批评别人。

通过这个练习，你可以变得更像你希望成为的那种人。想一想，你应该如何为大脑中不同的神经通路提供“养分”，通过练习体察内心的想法，及时阻止自己的想法变得过于自我苛责。

小贴士：要记住的一点是，在原始社会中，大脑为了保护我们的安全，常常会产生很多负面情绪，但是，由于我们早就脱离了原始社会，这些负面情绪会令我们感到非常沮丧。当然这也不能怪我们，这就是大脑进化的方式而已。实际上，你一直在学习的就是应该如何应对一个还没有完全适应现代社会的器官。

练习日记

练习日记可以用来记录你的练习情况，也可以帮助你了解自己的进展情况。至于你在本书中所做的其他记录（例如，在故事主线上的记录、回答问题时的记录，以及描述自己时的记录），都可以作为参考，供你静下心来进行反思。而练习日记则是专门用于培养自我关怀的方法。这种方法可以训练大脑每天以不同的方式进行思考，比如，关注那些你心怀感恩的事情。练习日记还有一个额外的好处是能让你获得更高的自尊，从而帮助你完善其他有待改进的方面。甚至，你也可以用练习日记记录下你对个人发展计划的一些想法。例如，“当我没能完成发展计划中的某项行动时，我就会关怀自己。”然后，在“观察”栏中写道，“我意识到今天把自己逼得太厉害，把关注点都放在错的事情上，以至于无暇按照自己的价值观生活”。人们常常通过写日记，进行深入的思考和反思，并把这些想法记录下来。无论成果大小，你都应该保留好相关记录，并庆祝自己所取得的进展。无论是进行自我关怀，还是完成个人发展计划，这样做都能帮助你更好地保持专注力和动力，从而实现自己的目标。

以下是练习日记的模板：

练习日记模板示例

练习日记日期：

今天让我内心平静的五件事是：

我觉得最开心的一刻是：

我觉得自己最棒的一刻是：

今天最美好的时光是：

今天我心怀感恩的三件事是：

我对自己很关心，尤其是当：

我对别人很关心，尤其是当：

对今天的观察结果：

自信地展现自己

我们前面已经讨论了你如何建立自信以及如何自信地把事情做成。但是，其他人会如何看待你呢？建立自信和自尊会有助于你发挥自己的潜力。当你需要向外界展示自己的时候，这一优势的作用就会显现出来。

展现自信对领导人来说尤为重要；要是没有自信，他们很快就会失去支持者的追随和信任。而对其他人来说，以下这些也很重要：传达你真正想分享的信息，向外界展示你是谁，准确地描述自己，而不是想到什么就说什么，事后又觉得懊悔不已。你对自己的定位就是你的一张“名片”。你对外展示的“名片”对你能否实现自己的人生意义发挥着至关重要的作用。虽然这看似很不公平，但你要认识到，你遇到的每个人都会对你做出自己的评判，而且非常迅速。

普林斯顿大学的心理学家简尼·威尔斯（Janine Willis）和亚历山大·托多罗夫（Alexander Todorov）进行的研究表明，当遇到陌生人时，我们只需十分之一秒就能对他们形成初步看法。[5]由于本能脑主导了这一反应，因此这个过程几乎不涉及任何理性的判断。但是，这并不影响第一印象会深深地“印在脑海”之中。在碰到具体情况时，大多数人脑子里不会想着“好好观察，别急着回应”，大脑会不知不觉地找到一些信息，支持我们非理性、闪电般快速的判断。这就意味着，我们会迅速地根据其他人给我们的第一印象，给他们贴上标签。同样，其他人也会迅速地给我们贴上标签。因此，你心里必须清楚地知道自己是谁，想明白应该给别人留下怎样的印象。即便是在电光石火之间，你也要努力确保已经把“正确版本”的自我形象清晰地展现给了你遇到的每一个人。

想一想你在本书中所反思的各种内容，这些都是自我认知的一部分，但是你并不会逢人就重复一遍这些内容，尤其是对那些只有一面之交的人。你可以自由地选取一些片段来讲述自己的故事，可是如果脱离了整个背景，孤立的片段无法说明任何问题。举个例子，假设你告诉别人，自己在21岁时遭遇了一场车祸，之后又经历了一段时期的焦虑症和神经紊乱，人们得出的要点就是——你是一个紧张且焦虑的人。从这段信息中，他们会用其他假设来填补空白（因为大脑就是这样做的）：也许跟你这个人交往没什么意思，你对他们做的事情不感兴趣，焦虑症使你的人生也没什么建树，等等。但反过来，要是你只告诉他们大学期间你每晚都出去参加派对、跳各种夸张的桌上舞、凌晨两点才睡觉的经历。那么，他们对你的印象就会大为不同。以上两种叙事都是你真实的一面，但孤立地来看，它们讲述的却是截然不同的故事。

当你认真读完本书，提高了自我意识之后，现在很有必要思考一下你希望和他人分享自己哪些方面的故事，以及应该怎样做这种分享。这并不是说你要用弄虚作假的方式推销自己；而是说，你可以通过展示一幅真实、不偏不倚的画面，让别人看到你是谁，你在做什么，传达你做得好的事情（不过分吹嘘），以及你觉得疲于应付的事情（不过分夸大）。

这种关于自我认知的展示有时也称作“个人品牌”。这个标签可能带有自我推销的负面含义。但是，正如权威专家休伯特·K. 兰佩萨德（Hubert K. Rampersad）所解释的：

> 你的个人品牌应该始终反映自己的真实性格，并且建立在个人价值观、优势、独特之处和天赋的基础上。如果你能够用

这种鲜活、真实、整体的方式树立品牌，你的个人品牌将是深刻、清晰、完整的，对其他人来说也是有价值的。[6]

个人品牌取决于你能否仔细考虑自己带给他人的感受（例如，通过社交媒体、面试、简历、电子邮件和当面交流），你如何表明自己的立场，以及如何让别人真正认识你。个人品牌还取决于你如何对待别人的正面反馈，并将此更自信地传达给你身边的人。这么一来，新机会的大门将向你敞开，从而帮助你更有效地实现自己的目标。

测评工具
分享你的故事

每个人都需要向别人讲述自己的故事，所以你不妨用一种好的方式来讲述。以下步骤可以帮助你思考如何讲好自己的故事：

- 确定你想要分享的内容：浏览你在第六章第一节的圆圈中写下的要点，标出你想要与他人分享的方面，哪些事情真正讲述了你是怎么样的人。
- 回到“采访未来的自己”，用同样的问题采访现在的自己，思考你希望传递给别人哪些信息，为什么是这些信息，以及用什么方式传递。要是你觉得这个任务过于艰巨，也可以继续做下一个步骤。之后可以随时回到这个步骤。
- 写下个人品牌宣言：用一段话概括你是谁、你的价值观是什么。你可能需要再三斟酌。不妨先写一版较长的宣言，或者“清空”大脑，先把能想到的东西都记下来。然后通读一遍内容，把那些感觉不太相关的部分删掉。你也可以与朋友一起讨论，这样做会既有效又有趣。不管用什么方式，你最终完成的宣言必须要能够准确无误地代表你，既不妄自尊大，也不妄自菲薄。

· 检验个人品牌宣言，念给你认识的和信赖的人听，向他们征求反馈意见。宣言是否足够简洁？是否陈述了你希望传递的信息？是否能引起他们的共鸣？

· 当你在和别人聊天时，或者在泛泛地谈论自己时，练习使用个人品牌宣言，反复打磨你的宣言。你务必再三斟酌你说了哪些内容，是怎么说的，你的站姿如何，语调是怎么样的，你想传递的信息是什么。邀请你的朋友做听众，并征求他们的反馈意见，也可以录下自己的视频，再通过回看视频，不断地进行修改和调整。

你给别人的印象是怎么样的

为了产生更好的效果，请好好思考以下这些简单实用的原则：

· **微笑**——微笑会对对方的大脑产生直接、显著、积极的影响，对方看待你的眼光会变得更加积极。

· **驾驭自我意识**——如果你很容易感到紧张，当你和别人初次见面时，尽量调动理性脑来控制自己的紧张情绪。

· **沟通**——使用我们在本书中探讨的技巧，确保自己真诚地与他人沟通，给他人留下积极、难忘的印象。

· **回想一下肢体语言**——例如，你是否会不自觉地交叉双臂或眼睛向下看？推荐你观看哈佛商学院社会心理学副教授埃米·卡迪（Amy Cuddy）的 TED 演讲“想自信，先从改善肢体语言开始”。[7]

· **寻找正面例子**—— 回想一下那些你尊敬和欣赏的人，他们给人的印象是怎么样的，上网搜索并浏览他们的视频片段。对于他们说的话，以及说话的方式，哪些你深有同感？其中哪些部分对你也适用，可以完美复刻到你身上？

本章结语

在本章中，我们了解了如何建立自信和自尊；我还给出了一些小贴士，指导你今后如何将这些能力内化为本能，从而更好地实现之前所列出的人生目标和有待改进的地方；并通过不断优化完善，让它们始终位于你的拉伸区内。我们还探讨了应该如何自信地向外界展示自己，使得第一印象所传达的信息能够如实地反映你是怎么样的人。

在下一章中，我们将探索“职场中的你”，结合你的价值观、热衷的事物和优势能力，找到适合你成长的环境；我们还将讨论应该如何找到导师来帮你铺路，以及如何借助榜样的力量，找到正确的方式和方法，从而更好地发挥你的潜力。

第八章 职场中的你

为了全面分析一个人，我们不仅要了解他们是什么样的人，还有一个重要步骤是观察他们和所处的环境是否契合，包括工作环境、企业文化、同事之间的关系，或公司的价值观。你已经下了很多功夫来定义自己，已经很清楚自己是谁，目标是什么（即使还在逐步形成的过程中），以及该如何朝着目标方向前进。但究竟什么样的环境最适合你呢？你不是生活在与世隔绝的环境中，需要尽可能确保自己身处的日常环境能够让你践行价值观并追求人生的目标。

本章包括了三个部分，章节之所以取名为“职场中的你”，是因为用到了你迄今为止开展的所有反思和计划，并将这些反思和计划融入职场环境中（“找到你的立足之地”），思考如何寻求实现目标所需的帮助（“导师和人脉”）以及如何借助“榜样的力量”指引你看到未来。

第一节 找到你的立足之地

对于管理者来说，你会发现从简历中挑选出来的最佳候选人，在某个时间点未必就是最佳人选，对某个团队而言也未必就是最佳成员。每个人要发挥自己的最大作用，都离不开合适的环境和需求。我经常会用温斯顿·丘吉尔（Winston Churchill）的例子来说明。由于在二战期间担任首相时的卓越表现，丘吉尔被公认为是史上最伟大的领导人之一。然而，他在二战之前犯了不少政治错误，包括一战时他在担任英国海军大臣期间做出的错误决策，直接导致他被内阁和作战委员会开除。就在他因为二战期间的杰出领导而获得83%的民调支持率之后，他却在下一届大选中失利了。众所周知，丘吉尔是一个坚定而固执的人，这样的性格一方面帮助他带领英国赢得了战争，但另一方面让他听不进别人的意见，导致他在战前犯了错误。之后，同样是因为固执，导致他的政党没能及时做出调整和改变，以跟上当时正在发生的社会剧变。这个例子表明，只有在合适的环境和时机，你才能发挥出最好的才华。尽管你不太可能像丘吉尔那样参与到各种重大的战略决策中，但无论你是谁，你都能找到一个让自己如鱼得水的环境。通过找到适合自己的地方，并远离不符合自己价值观和目标的环境，你能更好地实现自我成长。现在你可以迈出第一步，因为你已经对自己是谁、想要实现什么目标有了更清晰的认识。

在本章中，你将会了解怎样的环境最适合于你。你也会学习如何区分积极和有害的工作环境，以及不同的环境对大脑产生的影响。此外，我们还会探讨应该如何应对有害的环境，并尽可能让自己远离有害的环境。尽管你应该努力去找到一个最能发挥潜力的环境，但因现实条件的限制，这并不是一件容易的事情。理论上，最适合你的环境是存在的，但并不存在所谓最完美环境。因此，你绝无必要穷尽自己的一生去寻找永远无法实现的东西。

最佳的工作环境

所谓“人与环境相匹配”，就是指你所工作的环境在多大程度上与你的个性特点相契合。在匹配的工作环境下，你可以充分地施展自己的才华。[1]

通常我们是从四个方面来衡量人与环境是否相匹配，包括你和工作之间的匹配度；你和公司之间的匹配度；你和老板之间的匹配度；你和同事或团队之间的匹配度。在评估某个职位的人选时，我会在与候选人见面之前，了解所有这些要素（即工作、公司、主管和团队）。这些是你在承担新工作、入职新公司、加入新团队，甚至是接受无薪职位之前都需要权衡的因素。针对这些要素，你需要从以下几个方面来考量什么是你“最佳的工作环境”：

- **你和工作或职务**——该工作或职务在多大程度上满足了你的需求和偏好。
- **你和公司**——你的价值观与公司的企业文化是否匹配。
- **你和老板**——你们是否有共同的目标、合得来的性格和一致的价值观。
- **你和团队**——同样，你们是否有共同的目标、合得来的性格和一致的价值观。

按照本书的指引，你通过对自我的探索，已经明确了自己的价值观和目标。你也了解了自己的个性，以及与什么类型的人相处得最融洽。你还认识到了哪种环境能充分施展自己的才华，而哪种环境则令你倍受煎熬。这些都可以帮助你更全面地认识到什么适合你、什么又不适合你。

伦敦商学院组织行为学教授罗布·戈菲（Rob Goffee）及其同事加雷斯·琼斯（Gareth Jones）为了找出一般意义上最佳工作环境应具

备的要素，在四年时间里收集了多位企业管理者的相关信息。[2]他们的研究成果（已经考虑个体差异对人与环境相匹配造成的影响）可以归纳为一个好记的单词——“梦想”（DREAMS），概括了最佳工作环境的六大方面，也可以称之为拥有“健康文化”的企业。这六个方面具体是指：

- 尊重差异（Difference），允许员工做真实的自己，充分表达个性。
- 完全坦诚（Radical honesty），这是公司内部普遍认可的原则，员工能够知道关于企业的真实情况，相关信息不会被隐瞒或歪曲。
- 通过提供个人发展机会让员工的价值得到额外提升（Extra value）。
- 知行合一（Authenticity），公司以实际行动践行其使命和愿景。
- 有意义的工作（Meaningful work）是标配，即工作内容本身是有意义的。
- 公司内部的规则是简明的（Simple）。

在《哈佛商业评论》一篇题为“打造梦幻职场”的文章中，戈菲和琼斯概述了每个要素的具体含义。[3]为了说清楚你应该从哪些方面对工作环境进行考量，我把相关要点做了归纳。

尊重差异

差异性并不意味着极端的个人主义，而是让人们有机会在一个更加注重合作文化的企业里自由地表达观点。戈菲和琼斯举了一个例子来说明什么是差异性——当人们在时尚业工作时穿西装，或者在金融业工作时穿短裤和人字拖，这时他们是否会被接受呢？当你在考虑加入某家企业的时候，要注意观察其是否有太多从众的迹象。如果你很热衷于表达自我个性的话，那么尤其要关注这点。反之，如果你本人就喜欢这种随大流的文化，那对你而言没什么影响。

完全坦诚

透明的企业文化可以让你在最佳状态下工作。反之，有害的环境是不透明的，人们无法知道身边在发生什么，甚至会接收到误导性的信息，这反过来会让人们感到泄气。例如，当你想出售自己的房产时，房产中介在看房后不给你任何反馈，你会感到一头雾水，无从得知房子何时才能卖出，也不能确定是否可以先购入另一套房产。这样，你不仅很难实现搬家的目标，还会感到十分沮丧。因为，模棱两可很容易令人产生不舒服、有压力的感觉。你在研究一家企业的文化时，要想办法去搞清楚企业内部究竟有多少信息是共享的，人们是否会被错误的信息所误导，企业文化是否透明，对正在发生的事情是否完全坦诚。你可以通过询问企业的内部员工来弄明白这些问题。

发展空间

员工有机会获得成长和发展，企业能够从资金和时间两方面投入资源，帮助个体实现发展。这种企业文化可以促进员工获得成长机会，允许员工试错并从中吸取教训。你可以询问雇主，企业对员工个体发展是什么态度，并通过询问在职员工核实情况，确保企业能够说到做到。

知行合一

知行合一是指一家企业不仅对外宣传自己的价值观，而且还能够在内部践行这种价值观。关于这点，我们不能被表象所迷惑，而是要深入观察。我想到曾经合作过的一家公司，给客户的印象是公平、开放、灵活、与时俱进，但其内部文化实际却是古板、官僚、守旧、固执的。

工作的意义

工作本身对你个人而言应该是有意义的，并且与你的价值观和目标是一致的。毕竟，没有任何一家企业能够与你的需求完全契合——因为你是一个独特的个体，本书的目的就是为了帮助你定义自己。但是，你需要尽可能地去寻找一家和你相匹配的公司。举个例子，我毕业后加入了一家咨询公司。这家公司激发了我的求知欲、自驱力。但它改变世界的方式和我想要做的事情并不完全一致。这是一家优秀的企业，致力于给客户带来前沿、创新的解决方案，而我想要做的是能够彻底地改善人们的生活。我在那里待了四年，因为我能够和一群志同道合的同事们共事。但如果从更长远的角度来看，这点理由就显得不够充分了。在你选择加入一家公司之前，你必须花点时间认真思考这家公司的价值观是否和你的价值观相匹配。以我的经验来看，这是你应该考虑的首要因素，因为你不可能每天都用一种违背自己内心的方式来工作。即使同事们的个性和偏好和你全然不同，至少要确保他们的价值观和你的一致。拥有共同的价值观是构建良好工作关系的基础。

规则简明

随着公司规模的扩大，规则的数量也往往会增加，由此产生的烦琐流程令人感到束手束脚。规则存在的唯一意义是规范员工如何正确地开展工作，保障员工安全。确保你想加入的公司没有过多的规则，过于繁杂的规则只会影响工作进度。理想的状态是，规则能给人们带来清晰的目标和行动方向，并且允许人们在规则框架内自如地实现这些目标。

测评工具

了解适合你的工作环境

回顾一下你在第二章和第三章中创作的故事主线，并回答以下问题，填在表8.1中。

表8.1 了解适合你的工作环境

我和工作的匹配度
我和公司的匹配度
我和老板的匹配度
我和团队的匹配度

你和工作的匹配度

回顾你的故事，想一想你做过的最喜欢的工作。请尽量将工作和公司、老板、团队等因素区分开来考虑。你对工作的哪个方面感到最满意？例如，是工作带来的责任感，还是能够直接接触客户？是有机会开展研究，还是在工作上有较大的自由度？请在表8.1中“我和工作的匹配度”下面列出这些方面。

你和公司的匹配度

在你工作过的机构中，哪一个和你的价值观最为匹配？可以是全职工作，也可以是你上学时做的一份兼职，或是在大学校园里做的工作。这个机构的价值观是什么？请在表格“我和公司的匹配度”下面列出来。你会发现这些价值观同样也出现在了第六章你所描述的核心价值观之中。如果不是这样，请你思考一下你对这个机构的什么地方感到满意？为什么会感到满意？工作环境是怎么样的？你是否能在职场中找到这些元素呢？

你和老板的匹配度

哪一个老板你认为最好？哪一个你认为最坏？他们拥有什么样的价值观？为人处事的方式是怎么样的？这些问题有助于你列出理想老板的价值观、个性和处事方式。请将答案写在表格中“我和老板的匹配度”下面。

你和团队的匹配度

你和哪个团队合作最愉快？不一定是工作中的同事，也可以是在大学里遇到的同学、你曾经参加过的运动队，或其他任何团队。

团队的价值观是什么？每个成员的个性是怎样的？你们一起做了什么（例如，你们是否为了一个共同的目标而努力）？请在表格中“我和团队的匹配度”下面列出你希望团队能具备的因素，包括：个体的性格、价值观、处事方式等。

找到未来最匹配的工作

现在，你已经列出了“最佳工作环境”的要素。尽管很难在找工作时一次性考虑所有因素，但你可以使用这些要素作为指南，尽可能地找到一份最匹配的工作。下一步，你需要思考在决定接受一份新工作或换到一个新工作环境时，应该从哪些方面做功课。除了“工作的意义”以外，你还需要比照DREAMS模型中的其他要素，即尊重差异、完全透明、发展空间、知行合一、规则简明等，对你想要加入的公司进行调查分析。在做调查的时候，你应该表现得很感兴趣和充满好奇心。雇主通常喜欢看到求职者对目标职位态度认真，但也要注意不要让人觉得提问过于尖锐，那样对方是不会聘用你的。

你和工作的匹配度

你需要根据自己列的“我和工作的匹配度”清单，对照职位描述及招聘人员向你介绍的内容进行对比分析。同时，认真分析自己对这份工作最关注的方面，例如，你希望能够比上一份工作承担更大的责任或更宽的职责范围。对这些方面，你应该进一步询问，了解清楚实际情况。毕竟，有时职位描述中写的内容和实际工作的内容并不完全一致。

你和公司的匹配度

你要根据自己列的清单内容，对照公司向你透露的信息进行对比分析。对于别人的话，你不仅要听字面意思，还要听懂话外之音。你可以询问面试官或这家公司的在职员工。要记住，你或许找不到与你的价值观完美契合的公司，但重要的是尽可能找到最匹配的一家。

你和老板的匹配度

根据你列出的“我和老板的匹配度”清单，对比分析你从未来老板身上看到的情况。你们的价值观是否一致（这是最重要的因素）？性格脾气是否合得来？他们身上是否有你觉得比较烦人、担心或讨厌的地方（多花些时间想一想，这些地方可能会成为你今后工作的障碍）？他们是否会让你做自己想做的事情（例如，给你空间并支持你开展工作，肯定你的工作成绩，及时给你反馈，鼓励你的个人发展）？在工作上你们是否有共同的目标愿景？

你和团队的匹配度

在接受一份新的工作之前，你可以要求认识一下新的团队成员。和新同事们见面之后，根据你列出的“我和团队的匹配度”条件标准，对照你对他们的印象进行比较分析。尽管这一步很重要，却不是最关键的因素，因为团队成员很可能会发生变化，而企业的价值观和你的老板通常不太容易改变。

不匹配的工作环境

一个匹配的工作环境，可以更好地发挥你的才智，使得你可以把精力聚焦在工作目标上，而不是把时间浪费在处理很多不必要的麻烦上。但是，有时候你所在的工作环境并不是很理想，甚至可以说是“有害”的。

人类的大脑还没有进化到能够适应快节奏、体系化、流程化、高科技的现代生活。大脑还很“古老”，只能适应原始的环境。在原始的环境中，人的一生大约只与100—150个人产生交集，大部分的时间都与家人待在一起，生活在邻里关系亲密的社区里。[4]我们的祖辈在宁静的大自然中安家，日落而息，日出而作，生存和保护家人是他们的头等大事。而如今，许多机构的组织环境与人类原始的生存环境是大相径庭的，大脑并不适应当代的这种环境。因此，在许多方面我们从一开始就处于不利的地位。当你发现自己身处恶劣甚至是有害的环境时，应该尽可能想办法脱身。尽管听起来有些消极，但你只有明白这一点，才能意识到工作环境是否对你的表现产生了负面影响，或是哪些因素会对身心健康有不利影响，并且想方设法去寻找更好的新环境。

形成有害的环境有两大因素，一是消极的组织文化（导致不良的团队规范），二是糟糕的领导力或很善于散布负面情绪的团队成员。人力资源管理和组织发展教授夏明·哈特（Charmine Härtel）对组织文化进行了深入的研究。在2008年的一篇论文中，她阐述了健康的工作环境和有害的工作环境的核心特征，并指出健康的企业文化可以满足人类对归属感和自我实现等方面的高层次需求，而且这些需求都与心理健康密切相关。[5]健康的文化营造了一种支持性的氛围，能够增强员工的心理安全感，使他们更好地应对不确定性。有害的环境则会破坏这些积极的效应。

哈特教授概括了两种类型的有害文化，一种是极端的集体主义文化，另一种是极端的个人主义文化，这两种文化都与人的基本情感需求不匹配。她解释说，在鼓励极端集体主义的文化中，员工会为了迎合主流而压抑自己的个性，从而失去个体的自主性。这样的环境不仅会剥夺人们对自我的身份认知，还会阻碍个体的成长和发展。更糟糕的是，这种文化会使员工抑制自己的情绪，反过来损害员工的自信心和心理健康，严重的话还会导致心脏病和免疫功能紊乱等疾病。

文化问题的另一头是极端的个人主义。尽管这种文化允许人们表达自己的个性，然而一旦员工无法认同工作或公司，他们就会觉得孤立无助。这会导致他们感到不受重视、孤立无援、孤独、脆弱、恐惧和沮丧。同时，强调个人主义的文化也会减少员工建立积极工作关系的机会，从而导致彼此之间的不信任。这不仅会使得企业的效率严重降低，还会损害员工的心理健康和个人绩效表现。

尽管不存在一种企业文化恰好能满足一个人的所有需求，但最好能避免那些很极端的企业文化。健康的企业文化是在这两种极端之间找到某种平衡点，既能允许人们有机会展示个性，表达真实的自我，获得个人成长，也能鼓励同事之间通力合作。同时，这种文化也不会使员工迫于从众的要求而感到压抑。哈特教授将这种文化的理念描述为“每个人作为独特的个体被接纳，在统一的社会团体下保持自己的鲜明个性和发展潜力”。

除了文化以外，有些个人也会造成有害的环境，这些人往往就是职场霸凌者。虽然欺凌行为最开始是发生在一个人身上，但很快就会深入整个企业文化中，使人们会在不经意间对新员工或职级较低的员工表现出消极或侮辱性的行为。那些仗势欺人的霸凌者可能没有意识到自己的行为，将其视为一种常态。他们也可能会想："既然这种事情曾经发生在我身上，为什么就不能发生在他们身上呢？"

要使自己摆脱这种有害的环境，最主要的一点是认清你身处的环境。例如，公司的职场文化是否和前面描述的极端集体主义或极端个人主义很相似？或是你的工作环境中是否有霸凌者，欺凌行为是否被大家默许？如果真的是这样，你就应该认真考虑换份新工作了，因为这些问题都不是你靠个人力量可以改变的。

有害的工作环境

尽管我个人致力于开发积极的行为，比如提高绩效，但在过去的职业生涯中，我也遭遇过一些不同类型的、有害的工作环境。我遇到过一家公司，既存在极端集体主义的文化，也会发生一些无意的欺凌行为。尽管我并不是去那儿解决这类问题的，我也会对自己感到沮丧，因为我根本无力改变现状，除了给那里的员工一些对策或建议他们离开之外，也无法提供更好的帮助。

我作为这家公司的外部顾问，和高管团队一起共事。这些高管成员自己也被权力结构所束缚，受到来自更高权力层的欺凌（通过一种复杂的权力体系深深地扎根于企业）。这家企业的文化就是"命令与控制"，即使高管也要按时打卡上下班。公司希望员工不是在办公室里工作、就是在来办公室工作的路上，而不是把时间"浪费"在外出吃午餐或和同事一起喝咖啡，更不希望员工在家远程办公。员工被要求效忠公司，而管理者并不会对员工有任何回馈。每天要工作很长时间，然而即使工作出色也几乎不会得到任何认可。

管理者在这家公司"学乖了"，他们也学会了用轻蔑的态度来对待下属，指望下属服从命令。颇具讽刺意味的是，他们还会因为下属中没有人表现出工作积极性或提出不同观点而感到失望。这又进一步助长他们对下属的轻蔑和不满，形成恶性循环。

尽管我的职责是与高管团队共事，我还是认识了不同层级的人，听到了一个又一个真实的故事，人们感到缺乏工作能力和工作动力，也看不到任何希望。在这种文化的影响下，员工们认为自己"不够好"，深信自己无法在别的地方找到更好的工作，因为别人根本不会雇用他们。这种文化的影响力是如此强大，以至于即使是有多年经验、具备优秀能力的资深管理者，也会在这家企业里感到无助、无力和无用。

如果你正处于这种情况，你要么为自己找到某种形式的意义，保护自己免受消极文化的影响（详见下文"应对有害的工作环境"），要么尽快想办法离开。

测评工具

你的工作环境是否有害

工作环境中的某些方面可能已经让你觉得是有问题的，但还没有到完全不能接受的地步。我们必须学会和他人相处，才能在这个世界上生存下去。例如，即使我们产生了一些与众不同的念头，也不得不服从既定的规矩，不然就没法和团队一起合作。但要是你觉得对规矩的服从程度已经违背了自己的初衷，阻碍了你的自我实现或成长，那么就需要好好思考你该怎么办了。加州克莱蒙特·麦肯纳学院领导力与组织心理学教授罗纳德·里吉奥（Ronald Riggio）指出，有五个危险信号表明你所处的环境是有问题的。[6]对照以下列表看看是否存在这些情况：

- **你得避免引起别人注意**——不管是犯错误还是提建议，你都尽量不引人注目，否则很有可能会被枪打出头鸟。
- **仗势欺人、小人得志**——公司存在一种贬低和轻视他人的文化。
- **完成任何事情都得听天由命**——做任何事情看起来都困难重重。
- **无论你做什么，都无法取得进展**——无论你的工作表现有多好，都得不到认可。
- **企业不会关怀员工，只会压榨**——公司只关注金钱、利润、削减成本等，而不会认真对待员工对企业的贡献。

如果你发现存在其中任何一种情形，说明有害的环境很有可能已经对你产生了负面的影响。有时，你也没办法一下子让自己从有害的环境中脱身。你需要花一点时间来做调整：比如，也许你暂时还没有获得跳槽机会。在此期间，如果你发现自己确实处在一个有害的环境中，或觉得这样的环境并不是自己应该去的地方，下面的练习可以帮助到你。

测评工具

应对有害的工作环境

要认识到错不在你—— 由于有害的环境会伤害员工的自尊和自

信，因此深受折磨的员工通常会认为自己或多或少也有错。关键在于，你必须认识到自己并没有错，你是有能力的。

重新获得自我认同——有一个很有用的方法可以保护你的自尊心不受伤害。你可以看看能否在工作之外实现自己的目标和价值观，比如做志愿者、学习一门课程、参与社区活动、花更多时间陪伴家人和朋友，或者你从内心深处认同并能让你发挥优势的其他事情。

找到疏导负面情绪的方式——每天找一些既能缓解压力、你也有兴趣或热情去做的事。例如，可以上瑜伽课、去健身房锻炼、侍弄花花草草、散步、做烘焙、听音乐、开车兜风。只要是你觉得能够令你放松的事情都可以。

了解自己能做什么——通过梳理自己的故事主线，你可以反思自己在过往挫折中有哪些学习和成长收获。人们总是可以从反面教训中获得学习和成长的机会。你要主动思考在这种情况下能学到什么：你不想让自己变成什么样的老板？如果你是负责人，你会怎么做？如果将来你打算自己创业，应该如何确保员工不会产生你现在所感受到的消极情绪？如果你与团队成员互动，你希望如何影响这个团队？

与正能量的人交往——远离那些散播负能量的同事，那些消极、牢骚满腹、爱说闲话或一问三不知的人。这些人只会让工作的氛围变得更差，也会让你感觉更糟糕，所以试着找一些正能量的人来聊天、合作和交往。

在工作之外获得支持——确保你可以找到合适的人倾诉心中的不痛快，为你排忧解难，给予你心理上的慰藉。

释放情绪——当你确实感到挫败、愤怒、沮丧，或无法摆脱某个总是让你产生消极情绪的人或事时，试试情绪冲浪的方法，可能不会立竿见影，但只要坚持下去就会看到效果。

做好离职的打算—— 如果你感到无法从现有工作中学到任何东西，并且情况看起来也不会有所改善，那么你最好做好离职的打算。更新简历，和别人聊聊新的工作机会，并想好下一步要怎么做。

对付霸凌者

职场霸凌是一个不容忽视的严重问题。然而，你必须认识到仅仅靠正面对峙无法一次性解决问题。职场霸凌是一个很复杂的问题，常常与企业里所谓的宏观层面、中观层面、微观层面的问题交织在一起。简单地“头痛医头，脚痛医脚”并不能彻底地解决霸凌问题，甚至可能会让你的处境变得更糟。因此，你需要使用一些组织流程来帮助自己：

向你信任的人倾诉—— 和工作中你觉得聊得来也信得过的同事聊一聊，但是请他们不要向他人透露具体的敏感信息。

征求意见—— 可以将情况反馈给人力资源部或员工代表，如果你的老板或上级不是问题当事人的话，也可以和他们讨论。

写日记—— 记录下每件令你感到被贬低或害怕的事情，如果事发时还有其他人在场，把他们的名字也记下来。这个做法叫作同期记录。当你今后打算采取行动的时候，日记会变得非常有用。

提出正式投诉—— 如果你与霸凌者沟通无果，采取人力资源部的建议也无效，那你就不得不提出正式的投诉。为此，你必须遵循企业的申诉程序。

注意：如果霸凌行为已经影响到了你的身心健康，请尽快预约医生，向医生求助。

本节结语

在本节中，我们探讨了决定人和工作之间高匹配度的关键性因素，既包括和你个人相关的因素，也包括和健康的工作环境相关的更全局性的因素。这些内容可以帮助你找到一个最适合你成长和发展、并且和你的价值观相符的工作环境。你还了解了有害的工作环境包含哪些特征，并且掌握了一些实用的方法，必要的时候可以用来应付问题和保护自己。另外，本节的行动指南也告诉你在遭遇职场欺凌的时候可以如何有效地对付霸凌者。

第二节
导师和人脉

要真正充分发挥潜能、施展才华，你不仅需要关注自己的身心健康，还要有别人来帮助你。要做成任何事，都离不开别人的支持。只有与外界保持联系，才能打开机会的大门，你也可以不断地检视自己做得怎样。这包括建立人脉关系和找到好的导师两方面。

建立人脉关系

招聘公司里德（Reed）这样描述社交：

> 社交就是与相关的专业人士进行沟通并分享信息的过程。社交可以是正式的，也可以是非正式的，形式多种多样，包括在公司活动中与客户交换名片，也包括在某个活动中无意间听到别人聊起你的行业，于是主动上前搭讪。[7]

社交为你另辟蹊径，可以帮助你把自己的事业目标提升到一个新的高度。[8]研究表明，社交能够打通个人和专业领域的人脉资源，促进个人成长、技能提升和职业发展。凯洛格商学院的布莱恩·乌兹（Brian Uzzi）和夏伦·邓莱普（Shannon Dunlap) 专门针对社交如何促进创新的问题进行了研究，他们举了不少颠覆式思维的例子，认为正是社交促成了这些创新，包括精神分析学家西格蒙德·弗洛伊德（Sigmund Freud）、艺术家巴勃罗·毕加索（Pablo Picasso）、科学家詹姆斯·沃森（James Watson）和弗朗西斯·克里克（Francis Crick），甚至希腊哲学家毕达哥拉斯（Pythagoras）所取得的成就。[9]

我经常向别人解释，社交是如何改善他们的决策能力的。通过与各行各业的人进行沟通交流，你可以收集更多的信息来源，从而获得更“睿智”的洞察力，时刻把握“行业的脉搏”，获悉其他地方并未记载或官方并未公布的事情。这样你就能更完整地了解世界上正在发生的事情的全貌，听到来自多方的声音，并采取更加公正公平的视角，最终让你的见解变得更有说服力。

因此，社交是你应该掌握的一种重要工具。问题在于人们常常用负面的眼光看待社交，把社交误解成是做作、浅薄、推不掉的应酬或者是利益交换。《管理科学季刊》中的一篇文章在标题中就给出了这个观点：“建立工具性人脉关系的腐蚀作用：社交是如何让我们蒙羞的。”[10]这篇文章的作者认为社交是个人利益驱动下的关系，因此“对个人道德会产生意想不到的有害后果”。在我看来，有人经常会把社交与“玩政治把戏”混为一谈，并认为自己不适合做那样的事情。然而，社交也可以用一种更为“道德”的方式进行，还能够助力你的成功。[11]

在前面的章节中，我们讨论了如何通过与他人沟通来满足更高层次的需求。这里我们所倡导的沟通方法是一种付出，不仅仅是索取和利益的交换，而是形成一种更有意义的关系。我们所倡导的社交方法同样如此，即通过真正关心你遇到的每一个人—— 尊重他们的个性，了解他们的为人，发掘他们的故事（你需要拥有一颗好奇和善于发现的心），认真聆听，富有同理心，并且乐善好施，对他们表现出真正的兴趣和关心，抛开自己的想法和目的，与他们建立起真诚的关系。在那一刻，你回馈了对方，自己也会觉得很快乐。这并不是说你必须和你遇到的每一个人都建立起一种深入、持久的关系，但无论你们之间的关系多么短暂，都不会是浅薄的，而是具有深刻的意义。

如果你曾经在服务行业工作过，你就会很容易明白短暂的互动寒暄和纯粹的交易关系之间是存在差别的。我在攻读研究生期间，曾在伦敦市中心的一家店里打工。当你整天都忙着为店里的顾客服务的时候，人们往往会在不知不觉中就把你当作一台“机器”，他们不关心你是什么样的人，你支持什么或关心什么。来来往往的客人都有自己的事情要忙，来到店里只是为了进行交易，从你这里买走他们需要的东西。但偶尔也会有一两个顾客把你真正当成一个人来看待，和你攀谈，看着你的眼睛，看得出是真正有兴趣了解你，而不是把你看成公司的一部分。他们虽然不会和你聊太久，但那一刻他们的行为会让你感到被重视，这种感觉给我留下了很深刻的印象。

测评工具

梳理你的人脉

这个练习能帮助你梳理自己的人脉。首先检视一下你目前的人脉，找出可能存在的问题，然后想办法开始弥补这些差距。

在图8.1的圆圈中，将联系人、朋友、同事的姓名缩写分别填在相应的圆圈中，通过“我”和这些人之间连接线的长短来表示关系的远近。在填写弱关系时，你不必把所有人的名字都记录下来，因此只需关注那些你一下子就想到或对你而言很重要的人。你可以通过阅读以下定义来确定谁应该归入哪个圈。

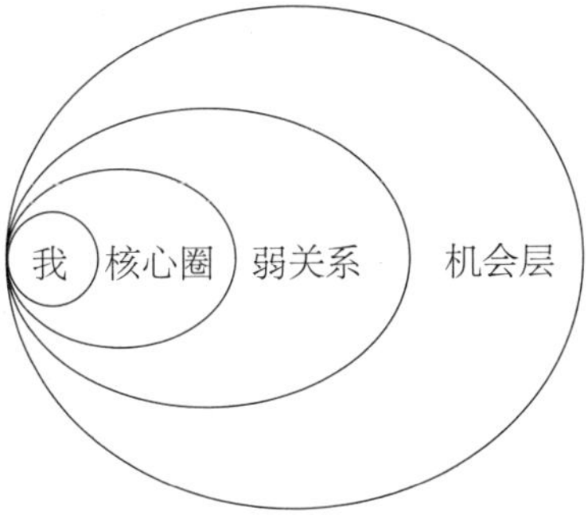

图8.1 你的人脉圈

- **核心圈**——包括了社交大师、领英联合创始人里德·霍夫曼（Reid Hoffman）所说的“你的盟友”。[12] 霍夫曼将这些人形容为你经常向其请教（例如，一生的挚友、亲密的家人、社区领头人）、分享机会（例如，合作一个项目，赠送一张音乐会的多余门票）、赞不绝口（例如，向别人推荐他们的作品或本人，为他们应对困难的方式感到骄傲）的人，如果发生冲突，你会为他们说话（他们也会为你说话）。具备这样深厚关系的人数量往往不会很多。

- **弱关系**——包括你更广泛的朋友圈、同事圈、有趣的人和有用的联系人。你并不经常跟这些人聊天，而且你们之间的聊天通常是出于某种特定的原因。霍夫曼将这些人形容为“你花的精力和时间不多，但关系仍然不错”的人。其中也包括了那些你为了建立更可靠的关系而想要去接触的人，但有时也会担心得不到回应。
- **机会层**——包括那些你有一些关系但并不认识的人。你们有共同的价值观、热衷的事物、兴趣爱好，为共同的人生目标而努力。这一层可能包括你还没有接触到，但可以请人引荐的潜在导师。

如果你的人脉关系并不是很广，请不要担心。关键在于，你必须和核心圈里的那些人真正建立起密切的联系，也能在核心圈之外找到其他人为你提供必要的帮助。霍夫曼解释说，如果你只认识40个人，每个人分别认识另外35个不同的朋友，这35个人又分别认识另外45个不同的朋友（即没有共同好友），那么通过彼此的介绍，你总共可以接触到63,000个（40×35×45）潜在的联系人。

用不同颜色的笔圈出下面这几类人：

- **牵线搭桥的人**——那些曾为你牵线搭桥，把有用的联系人介绍给你的人。你是否对他们投桃报李？如果没有，也许你应该想一想如何给他们一些必要的回报。你最近和他们聊得多吗？为什么不给他们打个电话或写封邮件呢？

- **和你相似的人**——这些人和你有很多共同之处（例如工作或教育背景），对你的人脉没有太大帮助，因为他们不太可能带给你不同的知识、经验和机会。但是，他们可以为你建言献策或成为你的工作伙伴。
- **开阔眼界的人**——那些来自不同社交圈或行业，但与你有相似的兴趣、价值观或人生目标的人。

通过这些不同颜色的标记，你可以挑出哪些人在拓展人脉方面会对你特别有帮助（为你牵线搭桥的人），在哪些人身上你不必投入过多的精力（如果是好朋友则另当别论，虽然听起来很不近人情，但一个人的时间毕竟是有限的），你又应该把哪些人放在人脉关系的首位（让你开阔眼界的人）。我们在下一节中讨论导师话题的时候还会回到这一点。现在，你可以考虑试试下面的行动建议。

首先，看一下你过去六个月的日程表，找出与你相处时间最长的五个人。他们是被你归在核心圈的那些人吗？他们对你产生了哪些影响，你是否对此感到满意？如果不满意，你打算如何更换与你互动最频繁的人？

其次，在你的人脉圈里找出两个彼此不认识，但你认为应该认识的人，介绍他们双方认识一下。通过解释他们拥有的共同价值观，或能够给双方带来益处的地方，帮助他们理解为什么你要介绍他们认识。

想一想你面临的一大挑战，请别人从你的机会层中引荐一位能够帮得上忙的联系人。这里，你可以参考在第七章中收集到的有关自我定位方面的信息。

假设你明天就会失业，你会给哪十个人发邮件寻求帮助或者征询建议？你应该积极维护与这些人的关系，今天就可以给他们发邮件或打电话。

除此之外，在弱关系圈中，找出两个你想要建立某种合作关系的人。通过给他们介绍有用的资源，为自己铺垫机会。例如转发一篇文章给他们，或介绍其他人给他们认识。

最重要的是坚持不懈。霍夫曼建议你每个月至少应该请别人为你引荐认识一人，或者帮助别人引荐认识一人。把这件事写进你的每月待办事项。

不断优化自己的人脉关系：回顾你的人脉地图，确保联系人中有能让你开阔眼界的人，也有能为你或他人牵线搭桥的人。

积极维护你的人脉关系：时不时约个咖啡（如果你是一个内向的人，那最好是一对一见面），接受他人的邀约，利用各种社交场合多结识一些来自各行各业的人。例如，加入运动俱乐部或运动队、志愿者团队、专业机构或慈善基金会，也可以自己举办相关的社交活动（你不必给活动贴上社交的标签，纯粹当作一场活动，把你认为趣味相投的人都聚在一起）。切记要遵循第四章中关于“沟通”的行动要点。为了实现更高层次的需求，你应该和结识的每一个人都保持某种联系，先确保自己能够帮得上他们的忙，然后才能指望借助他们的力量，更好地实现你自己的人生目标（改编自里德·霍夫曼《至关重要的关系》中的“里德规则”）。

找到你的导师

建立人脉关系有助于你找到潜在的导师。同样，导师也会帮助你进一步拓展人脉关系。

关于导师的定义有很多种说法，美国海军学院心理学教授布拉德·约翰逊（Brad Johnson）是这样表述的：

> 导师是一种个人关系，在这类关系中，资历丰富的专业人士（通常是年长者）给予资历较浅的职场新人（通常是年轻人）指导和帮助，作为他们的榜样和老师。导师可以为其学员传授知识、给予指导、布置任务、答疑解惑和给予其他方面的支持。[13]

尽管约翰逊说导师“通常是年长者”，实际上导师也可以是和你同龄的人，甚至是比你年龄小的人。最重要的是找到一个合适的导师。约翰逊做了有关“启发引导”方面的文献综述，解释了拥有一名导师可以给你带来很多实实在在的好处，包括：专业技能、自信心、职业认同感、社交能力、工作满意度等方面的提升，导师还会鼓励和帮助你更好地实现自己的职业目标或梦想。也有研究表明，导师还可以进一步带来优势，例如，更多晋升、加薪、转岗的机会，以及更高的职业满意度。导师能够起到这些作用，是因为他们不仅能够提升学员的竞争力，还会充当咨询顾问，帮助学员解决困难，并且成为他们的行为榜样。[14]

导师可以帮助你找到自己的职业道路

我和约瑟夫的第一次会面，是为了评估他是否适合某家公司的职位。尽管他很有能力，作为管理层加入新公司，但还不是高管。约瑟夫有很强的人际沟通能力，他善于交际，充满自信，能快速吸引别人的注意，并迅速建立起融洽的关系。他具有高情商，很擅长关注自己和他人的情绪，懂得如何倾听、表现出尊重，以及寻求共识。不仅如此，他总是努力把事情做到更好，不畏惧跨出自己的舒适区，喜欢接受挑战，渴望获得成就，并拥有良好的判断力。然而，他还并没有充分地发挥自己的潜能，不少比他更年轻的人已经取得了比他更了不起的职业成就。

约瑟夫的职业发展遭遇这样的瓶颈，核心原因就是他缺乏专业方面的支持（例如，一名导师），职场的人脉关系也很有限。这就意味着，他在行业中并不显山露水，没有人知道他是一名行业专家。他也无法找到可以对标的标杆，所以不清楚自己应该如何获得进一步的成长，不清楚如何突破现有的水平，也不清楚该在何处发挥他在战略和创造力方面的优势或者影响更多的人。

约瑟夫职业生涯的大部分时间都在同一家公司工作，他没有试图在公司之外进一步拓展自己的人脉关系，实际上他也不喜欢社交这件事情。他从不会试着去给以前共事过的前辈们打个电话或写封邮件，因为约瑟夫认为他们是不会愿意和他交谈的。因此，他失去了找到一名导师的机会。

约瑟夫在即将离职的企业内部拥有很好的人际关系。经过我们之间的讨论，他意识到可以将自己与前同事们的相处之道同样运用于和企业外面的人开展交际，去多了解企业外面的人，用尊重的方式对待他们，为他们提供必要的帮助。于是，他就联系了几个在别的地方工作的老同事。约瑟夫本来认为，他们不会有兴趣和他交谈，部分原因是他们现在都已经身居高位，处于职业生涯的巅峰。但结果是，他们都很高兴与约瑟夫取得联系，乐于和他碰头见面，并提供职业发展方面的建议和指导。甚至都用不着约瑟夫再问，他们也会主动提议后续保持长期联系和提供支持。

如何找到适合你的导师

在找导师的过程中可能会走一些弯路。我自己就考虑过很多我认为适合做我导师的人，但结果证明他们与我的需求是不匹配的。尽管我仍旧与他们保持联系或友好往来，但实际上我已经放弃让他们做我的导师了。同样重要的一点是，即使你可能与导师之间建立非常积极的关系，但你们毕竟不是朋友关系—— 你们之间是一种具有正式性、专业性的关系。无论你们相处得多么随意，你们之间的关系和日常朋友间的关系是不同的。

认真思考你需要一名怎样的导师。你是不是希望能够找到一个可以帮助你获得行业知识、指导你实现职业目标或建立人脉关系的人？这个人是拥有一份你梦寐以求的工作，还是你很钦佩的对象？他是否在类似的目标上取得了令人瞩目的成绩？你并不一定只能在你现有的工作场所或圈子里寻找导师，他可能在和你完全不同的行业里实现了你梦想走的道路。

仔细分析你的人脉地图。是否有人和你有相同的理念或类似的价值观？是否有你欣赏的人？他们的长处是否正好匹配你的需求？他们是否对个人发展充满热情？这可以从他们在自己的成长发展上投入的精力中看出来，这样或许意味着他们也极有可能愿意把时间和精力投入你的成长发展中。他们是否真诚实在、受人尊敬、有同理心、乐善好施，又愿意和你说真话？

以上这些要求都不容易做到，你也不一定能找到一个导师能够满足你所有的需求，但是这些都是你要想清楚、弄明白的问题。最后，你会发现自己可能需要不止一个导师。例如，你可能会需要两名导师，一个是能帮助你提升社交技能的跨行业导师，另一个是能帮助你提升专业水平的业内导师。

如何接近你的导师

这是大多数人裹足不前的一步，因为他们害怕这个要求会显得过分或被别人拒绝。你必须要牢记以下这些关键事项：

- **要自信**——记住如何才能进入你的拉伸区。
- **用好你的人脉**——如果你试图接触“机会层”的某个人，最好的方式是找一个认识他的介绍人，而不是直接毛遂自荐。你要对潜在的导师人选做一些功课，看看你们有没有什么共同的爱好可以聊，或者找一个他们必须见你的理由。另外，你也应该考虑一下你有什么东西能够回馈他们。
- **做好准备**——在与他们会面之前，想清楚你希望他们能给你带来什么。你可以准备好和他们分享你通过本书学会的内容，包括你的价值观、热衷的爱好、优势能力、人生意义以及个人发展计划。这些都是他们可以帮到你的地方。因此，你需要说明你的目标，你希望如何实现目标，以及你认为你的潜在导师可以给你哪些帮助。征求他们的建议，并相应地调整你的目标和发展计划。还有，你也要想一想你能为你们之间的关系做些什么。
- **积极沟通**——你需要使用在第四章学到的技巧，表现出对别人的兴趣和关注。当你们正式会面时，你要努力做到真正意义上的倾听。这样，你不仅会让你的潜在导师感到被重视，而且你也会更容易找到你们共同的兴趣和价值观，进而可以挖掘出哪些地方你可以帮助到他们，哪些是你们共同的目标，哪些地方他们可以帮助到你，哪些人脉关系你可以介绍给他们，而哪些人脉关系他们可以引荐给你。你需要始终及时、热忱地和他们保持联系，感谢他们愿意为辅导你抽出时间。

- **互惠**—— 这一点是人的天性。人们喜欢帮助别人，尤其是他们清楚这种帮助对个人发展的意义。当看到你能够学有所得、学有所用、学有所成，他们也会觉得很有满足感。
- **坚持**——如果有人拒绝了你，请不要放弃，继续尝试联系其他人。

维持导师关系

尽管听起来显而易见，一旦你找到了合适的导师，务必记得在记事本上定好与他们定期会面的日子，可以是每隔4—6周，也可以是每隔半年会面一次，具体间隔周期取决于你的需求以及你们之间是如何商定的。

这种关系可以持续数个月，但通常也会持续好几年。要确保你在导师看重的方面给予足够的回馈，可以是口头感谢或不时赠送一瓶美酒以示谢意，可以是为他们介绍一些人脉资源，也可以是在你的专业领域为他们提供一些建议。无论是哪种形式，只要试着找出他们认为最有价值的东西就行。

本节结语

在这个部分，你已经学会了如何用积极、真诚的方式建立起人脉关系，并且运用你在本书其他章节学到的方法，让你的人脉关系变得互惠互利。你也思考了谁可能会成为你的好导师，以及如何和他们建立起联系，并一起推动你不断提升自我。

第三节
榜样的力量

无论你是否能够找到一个完全匹配你需求的导师，你都应该寻找榜样来帮助自己。不仅导师可以成为榜样，其他人也可以成为榜样，可以是你打过交道的人，可以是你没有深交的人，可以是你素未谋面的人，甚至也可以是一个虚拟人物或已经不在世的人。你应该充分发挥榜样的作用，除了前面所说的启发引导关系以外，你要多利用机会向那些你尊敬和崇拜的人多学习。他们对你的成长帮助非常大。

榜样的核心作用就是可以用来模仿。实际上我们每时每刻都在模仿身边的人，尽管大多数时间我们完全没有意识到这一点。这是我们进行学习的一种基本方式，大脑在无意识中就会这么做，因此你可以这么说，这是一种最轻松的学习方式。举个最常见的例子，当你看到别人在打哈欠，你也会打哈欠；当别人和你说话时歪着头，你也会不自觉地歪着头。在一些更持久性的行为方面我们也会模仿别人，例如我们讲话的方式会受到另一半的影响；我们的观点会与同事或者新闻里的观点相一致；父母的价值观会反映到我们自己身上。总之，每天我们都在模仿别人。[15]因此，我们需要积极地利用这点，寻找优秀的榜样，通过模仿他们的行为和态度，帮助自己更快地成长和进步，发挥出我们的潜能，实现我们的人生目标。

测评工具

找到你的榜样

在我写的《镜像思维：人在社会中的自我形成》一书中，我提出了三种不同类型的榜样：个人型榜样、情境型榜样和理想型榜样（表8.2）。[16]个人型榜样相当于导师，或者是像你父母一般的人，你会像本书前面所描述的方法那样模仿和反思他们的行为。情境型榜样通常是你认识但交情并不深的人，可以是你的老师、别人的老板，或者是你社区里的领头人。理想型榜样可以是任何人，但往往是你素未谋面的人，例如，历史人物、知名人士、虚拟人物、体育明星，或者公众眼中的杰出人物。

表8.2 不同类型的榜样

个人型榜样	情境型榜样	理想型榜样
父母、兄弟姐妹、亲戚、朋友、老师、健身教练、同事、老板、青少年辅导员	医疗专业人士、亲戚、老师、健身教练、朋友、同事、老板、青少年辅导员	名人、电视明星、社交媒体意见领袖、电影明星、社会活动家、领导人、运动员、杰出人物

谁是你的榜样？

通常，人们选择榜样是下意识的行为。但是通过有目的性地遴选，你可以在自己希望得到提升的方面找到可以模仿的榜样。

我们可以先结合自己的优势能力、价值观、热衷的事物、人生目标，以及有待提高的方面，思考哪些人可以做到以下几个方面：

- 具备特定的优势能力，以及你希望从他们身上学到什么；
- 具备和你相同的价值观，这些你看重的价值观是什么；
- 不懈追求自己热衷的事物；
- 从事你正在为之奋斗的事业，和你追求的人生目标相一致。

不同的榜样很可能分别满足你不同方面的追求。这完全没有关系，尽管你无法找到一个榜样可以满足你的所有要求，但你可以通过寻找几个不同的榜样，这样合起来就能完全匹配你的需求了。例如，假设你是一个不错的谈判专家，但你希望能找到一个更出色的谈判专家来作为自己的榜样，那样你就可以通过观察他们的谈判过程来进一步提高自己的谈判技能。另外一个人是为争取人权而奔走的榜样，这同样也是你的人生目标之一。你可以观察他们开展了哪些人权工作，是如何开展的，从他们身上能学到什么。你可以向几个不同的榜样学习，这些人拥有你梦寐以求的不同能力和不同方法，把这些拼起来，就能有助于你成为理想中的自己。

有时候，你可以为自己选择一个“反面教材”。观察他们的行为、态度以及做事的方法，然后有意识地反其道而行之。例如，你下定决心不要成为一个会随意对身边人大发雷霆的老板。这种方法非常有效，能帮助你想清楚你希望成为什么样的人，以及你打算如何改变。你可能已经想到生活中的一些“反面教材”，但更重要的是你需要理解应该如何做出改变——比方说，在压力下，你如何做出和爱发脾气的老板截然不同的反应呢?

测评工具

画出你的榜样地图

利用图8.2的榜样地图，根据你在生活中希望重点关注的具体方面，把你在前面找到的榜样填入图中。从中可以看出自己在哪些方面还存在差距，需要再多费一些功夫，寻找到一个合适的榜样。

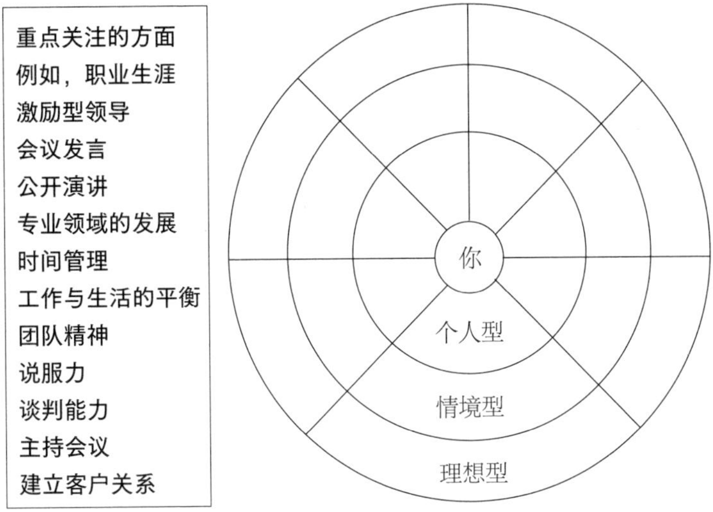

图8.2 你的榜样地图

如何确定哪些方面是需要重点关注的，取决于你的优先事项、核心驱动因素和实际需求。在图8.3中我以自己的工作场景为例，给出了一个榜样地图的示例。我定义了我的工作中需要关注的不同领域，并在图中不同区域填入了不同榜样的名字，从而帮助自己按照我想要的方式获得成长。这只是一个示例。你需要选择对你最有用的方面，画出你自己的榜样地图。当你根据自己的工作领域画地图时，你还需要深入地思考以下几个问题：

- 你的职业或事业的目标方向是哪里？
- 在你的工作领域或其他更宽泛的领域中，你最欣赏谁？
- 在你希望提高的某个能力方面，谁是你的模范榜样？

· 谁是你最尊敬并且希望能够学习的对象？

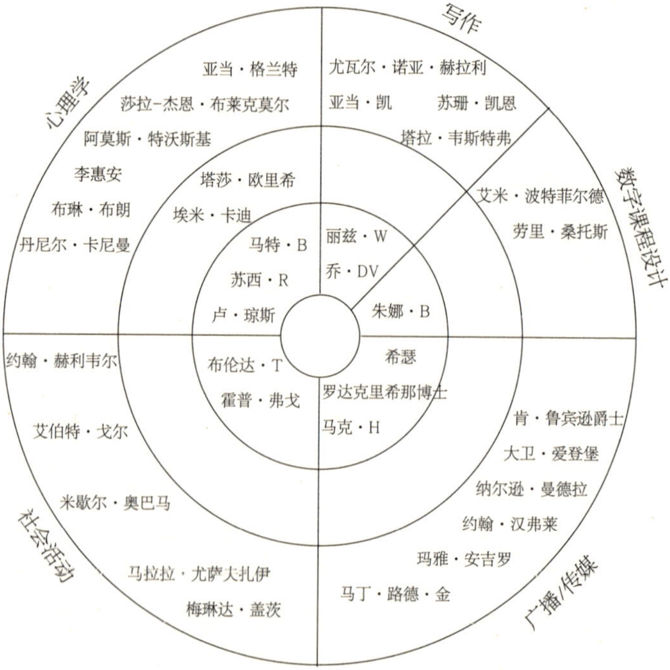

图8.3 榜样地图示例

把你想模仿对象的姓名填入每个圈内。请在第一个圈内填写个人型榜样，在第二个圈内填写情境型榜样，在第三个圈内填写理想型榜样。

请把这张题图放在某个显眼处时刻提醒自己，并且每周一都记得查看一下。这将有助于你集中注意力，持续性地向你选择的模仿对象进行学习。对于个人型和情境型榜样，确保你能有足够的时间和他们相处，或者至少当着他们的面工作。对于理想型榜样，你可以坚持每周观看有关他们的影像纪录，或阅读个人传记等，以便于更好地观察他们在不同情境下是如何表现的。

工作以外的榜样

你也可以绘制生活中其他方面的榜样地图，比如下面这些：

- 个人成长——你渴望在价值观、生活态度、个人成长、职业发展方面向哪些人学习呢？谁求知若渴，对学习怀着永不满足的好奇心？谁在跌倒之后能够坚强地爬起来继续勇往直前？谁能够坚持终身学习，活到老学到老？
- 养育子女——你希望如何养育你的子女呢？你是如何平衡工作、伴侣以及子女教育的呢？你希望向哪些人学习养育孩子的方法，帮助你提高在某些方面的技巧？
- 健康生活——哪些人拥有健康的生活方式，积极向上，经常健身，健康饮食，有乐观的生活态度，是你想效仿的榜样？他们可能是你熟悉的朋友、同事，或者可能是一位名人，对此你在模仿的时候需要保持理智。
- 家庭关系——哪些人在对待伴侣、父母、子女、亲戚的方式上值得你模仿？在家庭关系方面，有什么地方是你想要改进的？在你的家庭成员中，谁的行为方式是你想要效仿的？

你还可以把我没有提及的内容也纳入进来。例如，如果你正在练习马拉松，就可以绘制一张运动员榜样地图。如果你刚刚开始创业，榜样地图中就可以包括同行业企业家中的佼佼者，如善于团队建设的管理者，构建企业愿景的领导者，或者是筹措资金的一把好手。

本节结语

通过本节内容，你已经学会了如何找到你的榜样，包括个人型榜样（他们同样也可以是你的导师）、情境型榜样以及理想型榜样。

本章的目的是为了帮助你实现持续成长。在后续的章节中，我们将继续探讨如何结合你的价值观、热衷的事物，以及能力优势，获取进一步的发展。

第九章
释放压力

在你的生活中，你会经历不同的故事，甚至还会走一些意想不到的弯路。因此，你必须保持灵活性，学习不断地成长和适应新的情况，这样才能活出精彩的人生。这就需要你平衡、检视好自己生活中的方方面面，照顾好自己的身体，还要能够在不断变化的周遭环境中保持最好的状态。对你而言，个人的发展永远是最重要的事情，要始终提高自我意识，弄明白哪些事会激励你，哪些事又会阻碍你。

在接下来的三个章节中，我们将探讨如何让你的大脑进入最好的状态，让你发挥出最佳潜能。首先，我们会学习压力是什么，以及它对大脑的影响。其次，我们会关注三种与大脑传统的运转方式相悖的因素，包括社交媒体、信息超载和生活快节奏，以及如何通过帮助你“保持头脑清醒”来解决这些问题。在第三个小节，我们会学习用一种适合你自己的方式提高情绪韧性，以便长期控制好你的压力。

压 力

我们每个人都在某种程度上感受过压力。因此，你必须了解自己是怎么应对压力的，什么是最适合你释放压力的方法。从长远的角度来看，控制压力、提高情绪韧性的办法包括：良好的睡眠习惯、社交关系，以及锻炼身体（这部分内容我将在第十一章进行深入探讨）。其他缓解压力的主要途径还包括：摄入良好的营养，避免有害物质（例如，过量饮酒、吸烟、吸毒等），以及有效的时间管理等。除此以外，我们每个人都有属于自己的解压方式。这些方法对你适用，但未必对其他人也适用。例如，我喜欢在风雨交加的夜晚散步，但其他人可能觉得这样做只会让人感到压力更大。你需要找到对你最有用的解决办法，而不是简单地套用别人的方法。

压力并不总是有害的，为了发挥出最佳水平，我们实际上需要有一定的压力。但是，过度的压力会带来很严重的问题。心脏病学家彼得·尼克松（Peter Nixon）提出了一种名为“人体机能曲线”（图9.1）的模型，能有效地说明好压力与坏压力的平衡点在哪儿，只有在合适的中间点上才能达到最好的结果。[1]在压力水平过低的情况下，我们会感到厌倦和无聊，很难让自己进入状态。随着压力的增加，我们的生理和心理机能都会被唤醒，逐步达到最佳水平，从而发挥出我们最好的状态（例如，能够在演讲或考试中发挥得更好；能够集中注意力，高效地完成工作；能够更果断地做出决策等）。我们有时候把在曲线的正确位置上找到平衡点，或者在舒适区和最佳压力点之间进行调节的能力，称为情绪韧性。对此，我们将在第十一章“激活你的大脑”中进一步讨论该如何做到这一点。本章节提到这方面，是因为它和我们要讨论的压力也有关。

当压力巨大时，给身体带来的过量负担会迅速让人体陷入超负荷。我们的状态会越来越差，随之产生负面情绪，整体认知能力下降。一旦我们遭遇这种“滚雪球”式的下降，本能脑会产生大量的压力激素（包括皮质醇、肾上腺素）。本来通过寻求帮助、放松休息，或使用其他释放压力的方法，我们是可以恢复到原来的状态的。但是，当理性脑充斥着这些压力激素的时候，我们将会失去这种恢复的能力。因此，以下方面变得很重要：

· 具备高度自我感知能力，并能判断自己是否即将达到崩溃的边缘。
· 了解对自己有效的减压方法是什么，制订好预案，做到有备无患。
· 当别人认为你需要休息和减压时，接受他们提供的帮助和建议。
· 强化你的情绪韧性，从根本上提高应对大量压力的能力。

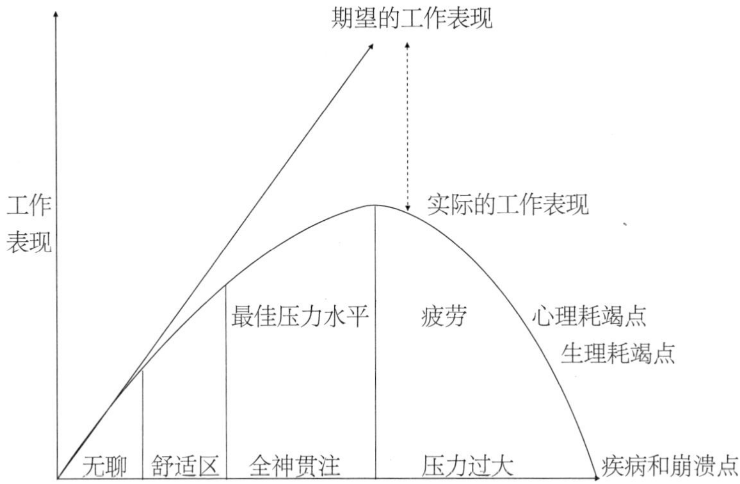

图9.1 人体机能曲线

资料来源：经许可改编自 P. G. 尼克松，1981，“人体机能曲线：当代范例”，《高级神经活动》，第 3（1）期，130—133 页。

当你在学习新知识的时候，通常你的压力曲线会移到人体机能曲线的右侧。此时，懂得如何释放压力将变得非常关键。若是压力曲线能够重新移回舒适区，也有助于你吸收学到的新知识。短暂的压力爆发，即使压力曲线是在向右侧移动，也并不会造成伤害。只有当压力不断地产生，才会在心理上和身体上压垮你。压力过大会导致很多疾病（例如，心脏病、头痛、胃病、失眠和抑郁），长此以往，还会损伤身体的免疫系统。

测评工具

了解你的压力源

找出你的压力源有助于你更好地预测在哪些情况下你会变得脆弱，这样就能提前做好应对计划，权衡不同的减压方式，并知道何时需要寻求别人的帮助。每个人都会有压力；你想躲也躲不掉，但是你可以学会如何更有效地管理压力，甚至让压力成为动力。表9.1中列出了常见的压力源。

表9.1 内部和外部的压力源

内部的压力源	外部的压力源（经常发生的）	外部的压力源（人生大事）
态度	工作压力	配偶去世
想法	人际冲突	离婚
害怕	恋爱 / 婚姻关系压力	亲人去世
愤怒	生活和工作的平衡	受伤或生病
期望	为人父母	被解雇
担心	通勤	退休
回忆	睡眠不足	亲人生病
身体健康	噪音（嘈杂、持续的低频噪音）	怀孕
心理健康	糟糕的工作环境（如：太多噪音或缺乏隐私）	财务危机
睡眠和休息时间	同房困难	好友去世
	孤独	职业转型
		申请贷款
		考试

	营养不良 照料病人 支付账单 迟到、来不及 社交媒体 模棱两可 信息超载 生活节奏	转学 搬家 全球性事件（例如，疫情传播、经济衰退）

请根据上述表格的提示，列出哪些情景或问题会导致你产生压力。请记住，有些让你感到压力大的事情可能并没有列出来。因此，建议你可以根据当下你所感受到的压力来填写列表。你会发现，你的压力有些是来源于内部（内在压力），另一些是来源于外部（外在压力）的。有些外部压力源是经常发生的，有些则是一次性发生的，或者是人生中的大事。请将你的压力源按照表9.2中的三类来分类。

注意：你可能会认为较小的压力源是微不足道的，但当小压力不断累积起来时，对生活的影响不亚于那些人生大事。

表格9.2 你潜在的压力源

内部压力	外部压力（经常发生的）	外部压力（一次性发生的）

压力是会传染的

2011年，圣路易斯大学心理学教授托尼·W. 布坎南（Tony W. Buchanan）率先通过研究表明压力可能会“传染”。研究人员成立了一个观察员小组，观察受试者向评委小组发表“即兴”演讲。这种方法叫作“特里尔社会压力测试”（Trier Social Stress Test），能够引起所有参与测试人员很强的压力感受。研究人员发现，观察员小组体内的皮质醇水平（一种衡量压力的指标）与发言者的皮质醇水平相当。[2]后来，在母亲与婴儿[3]、老师与学生[4]、热恋中的情侣[5]等不同测试对象身上，都得到了一样的实验结果——压力是会彼此传染的。当有人遭遇突如其来的压力时，在一旁看着他的人或与他接触的人的生理指标也被证实会发生变化。[6]有鉴于此，你需要牢记两点结论：一是你的压力水平会影响到你身边的人，二是身边人的压力水平也会影响到你。

内部压力源

内部压力来源于你是如何看待和体验这个世界的，包括你的情绪、态度、思维方式和对事情的主观看法。研究表明，乐观的人或者拥有内部控制观①的人情绪韧性更好。尽管乐观与否、内省与否在某种程度上是由遗传因素决定的，但你仍然可以通过积极学习如何运用各种应对高压环境的方法来改善这两方面。本章中，我们将先学习你

① 控制观（Locus of Control）：这一概念最初由美国社会学习理论家朱利安·罗特（Julian Bernard Rotter）于1954年提出，是一种个体归因倾向的理论，指个体将责任归因于自身的内部因素还是外部因素。（译者注）

的世界观是怎么影响你对压力的承受能力的。

测评工具

乐观与悲观

乐观是一种“对生活充满希望，强调现状中好的一面，或相信好事总会发生”[7]的品质，它与一个人应对压力的能力高度相关。例如，有一项研究观察了20世纪60年代到70年代初越南战争期间的美国战俘是如何应对战后精神创伤的。随后三十七年的跟踪研究结果清楚地显示，乐观不仅可以保护人们免受创伤的伤害，从长期来看也能防止其他负面影响。[8]而悲观则正好相反，让人们变得不善于管理压力。

哈佛大学公共卫生学院针对女性开展了一项为期八年的研究，发现乐观的人死于癌症、心脏病、中风、呼吸系统疾病、传染病等严重疾病的风险降低了30%。[9]幸运的是，尽管能否拥有乐观的心态部分是由基因决定的，但并不完全如此。也就是说，虽然有些幸运儿天生就比别人更加乐观，但其他人也可以通过后天学习变得乐观。

请通过使用乐观指数量表，看看你是乐观的人，还是悲观的人。

乐观指数量表

操作说明：请根据你的实际感受和行为习惯，对下面的陈述进行评分。请尽可能依据事实做出回答，而不是考虑哪个是正确答案。

1——几乎或完全不会

2——偶尔

3——一般

4——经常

5——总是

1. 我对未来的看法很悲观 1 2 3 4 5
2. 我觉得生活缺少明确的方向 1 2 3 4 5
3. 我相信自己会成功的 1 2 3 4 5
4. 我不喜欢我自己 1 2 3 4 5
5. 我经常感到忧郁 1 2 3 4 5
6. 我对自己的一切感到舒服 1 2 3 4 5
7. 我能看到生活中好的一面 1 2 3 4 5
8. 我眼中全是困难和麻烦 1 2 3 4 5
9. 我经常心情不好 1 2 3 4 5
10. 我很少感到忧郁 1 2 3 4 5

资料来源： L. R. 戈德伯格、J. A. 约翰逊、H. W. 埃伯等, 2006,“国际性格项目库与公共领域性格测试的未来”,《性格研究杂志》, 第 40 期: 84—96 页。公开资料。

结果解读

请将每题的得分相加，看看你位于表9.3中三个级别的哪一个。

表9.3 乐观和悲观程度

总分	级别	定义
40—50 分	1—悲观	你通常很难看到生活中积极的一面。当别人对某些事件或活动感到非常兴奋时，你会觉得这有什么可值得大惊小怪的。有时你也希望能够对未来充满更多希望，但你通常发现自己的内心充斥着负面的声音。

25—39 分	2—普通	你既不是很悲观，也不是很乐观。有时你的内心会出现消极的自我暗示。你对生活的看法因情况而异。有时候你会认为未来充满着成功的机会，但有时候你也会认为这个世界上糟心事不少。
10—24 分	3—乐观	你的朋友通常都会认为你是一个乐观的人。你有时候会对事情结果做出过于乐观的估计，但是当事情未如预期发展时，你也会迅速地做出调整。你相信自己所做的事情总会成功的。即使在逆境当中，你也能保持积极向上的人生观。

大多数人都位于中间的等级。如果你处在第一个等级，也不要担心。因为本书的目的就是帮助你获得改善。即便你得分较高，也仍有进步的空间。接下来，我们将继续讨论如何帮助你变得更加乐观。

测评工具

变得更加乐观

乐观是有不同程度的。如果你认为自己不够乐观，请不要担心。研究表明你可以通过努力来改善心态。以下这些方法经实证研究，可以让你变得更加乐观：第一种方法帮助你对未来有大致的了解，努力成为“最好的自己”。第二种方法是在日常生活中经常“怀揣感恩之心”，对前景保持积极的心态。第三种方法是当你开始埋怨生活的时候，要想方设法及时调整自己的心态。

成为最好的自己

要成为乐观的人，就要始终保持一颗“努力成为最好的自己”

的心，[10]包括尽可能用正面的方式看待自己，努力开创一个尽可能积极的未来。为此，你可以设想自己非常努力，充分发挥自己的优势，坚持自己的价值观，发掘自身的潜能，实现了所有的人生目标。请花20分钟时间进行思考，从以下三个方面（包括个人方面、职业方面、关系方面）写下你希望达成或实现的目标、技能和愿望。把重点放在那些你希望实现的可行目标、技能或愿望上。

- **个人方面**：在个人方面，你希望实现哪些目标？包括：身体方面（例如，提高身体素质，备战10公里比赛），人际关系方面（例如，相信你的伴侣真心爱你，而不是整天担心他不爱你），以及心理方面（例如，更加积极地看待这个世界，提高自我意识，发挥自己的潜能）。
- **职业方面**：你希望实现哪些与工作相关的目标（例如，职位晋升、专业能力提高，进入某个行业和/或学习某些技能）？
- **关系方面**：在人际关系方面，你希望实现哪些目标？例如，你希望和你爱的人、朋友或者同事之间有多少时间相处？你如何看待你的人际关系质量？你希望你的社交生活是什么样的？你经常打交道的是哪些人，你们在一起做什么？

为你理想的未来的样子，在每个方面都尽可能写下更多细节。描述你的感想、感觉、感受和感知，使其能够体现你的个人特征。之后，请把所有内容都写成一个类似日记体的个人故事。

研究表明，坚持两周每天重复这个练习，将会起到最佳效果。也许你觉得这个频率很适合自己，或者你发现可以利用周末时间，每周练习一到两次更加实际，但一定要坚持几个月。[11]

表达感恩

表达感恩是一种简单却非常有效的方法，可以让你看待世界的眼光变得更加积极，并且你可以很轻松地把这种方法运用于你的日常生活。下面两个经证实有效的例子，可以告诉你如何做到这点。

三件好事

“三件好事”练习法是一种非常有效[12]且广为人知[13]的方法，每天只需花几分钟时间，却能够显著地让你变得更加乐观。

每天晚上，你只需写下白天发生在你身上的三件好事，并思考它们为什么会发生。[14]就这么简单。你可以买一本新的记事本或日记本来记录这些故事。要是你喜欢，也可以记录在电子设备上，但要把所有事情都记在同一个地方。这样当你情绪低落时，就可以回顾一下这些曾经发生的好事，可谓一举两得。

表达感恩——明天将发生的三件好事

这种方法是“三件好事”的翻版，经证实同样非常有助于改善一个人的乐观程度。[15]

每天晚上，写下明天即将发生在你身上的三件好事（包括：东西、人或事）。选择其中的一件事情，试着至少用五分钟时间体验这件事情并心怀感恩。

尝试看到好的一面

最后一种方法运用了我们在第三章“长大成人”中学过的认知重塑的原理，是一种应对消极思想的有效方法。得克萨斯大学西南医学中心的精神病学家、助理教授阿帕娜·利耶尔（Aparna Iyer）博士有一种方法能够很好地解释什么是认知重塑，她称之为“尝试看到好的一面”。

> 如果一位客户跟我抱怨说，因为外面天色昏暗或在下雨，好好的一天都泡汤了，我会建议他关注这样的一天有没有好的一面。通常他会回答，他后来的确待在家里放松休息、阅读或和爱人依偎在一起。我会鼓励我的客户尽可能“戴上”积极的眼镜去发现好的一面，而不是总用消极的眼光去看待事情。经过一段时间的努力，他们会发现这其实并不难，往往自然而然就会这么想，自己也变得越来越乐观。[16]

试试写下（或者和你的朋友分享）一件你觉得令人泄气的事情，然后运用上述方法质疑自己的想法，重新描述这件事情。一旦你觉得诸事不顺时，不妨试试这个方法。

你必须认识到，尽管积极的思考是非常有益的，但是大脑不会把所有消极的事都想成是积极的事。要是你尝试这么做，就会发现举步维艰，甚至可能会偏离到“人体机能曲线”更右侧的位置。因此，你必须要学会如何接纳这些情绪，而不是强迫自己改变情绪。这就是为什么只有通过反复持续的练习才能见效。

潜在的外部压力源

每时每刻，都有无数的外部压力在影响着我们每一个人。表9.1列出了其中常见的一部分外部压力。还有一些日常生活中的外部压力更为普遍，我们很少会注意到它们。尽管这些都不是生活中的大事，但日积月累，仍会反复困扰我们的生活。通过前面的学习，我们已经知道了乐观的态度会如何影响内在压力水平。接下来，我们将继续探讨另外一个问题，也就是控制观。它同样也会影响你对内在压力的感知水平。我们以外部压力源——模糊性为例来说明这个问题。

模糊性和不确定性：外部压力源如何产生不同的内部反应

大脑在面对模糊性、不确定性和缺乏控制感的时候，确实会不知道该怎么办。我们在评估一个人领导力的时候，实际上也正是看他在面对未知时是如何应对的，能够坚持多久。领导者的主要职责就是找到前进的道路，在一定程度上给别人带来确定性，让别人感到宽心。

新冠疫情的肆虐更加证明了人类，无论是个人还是群体，在面对未知时都会变得不知所措。疫情什么时候会结束？如果我或者我的亲人感染了会怎么样？在日常生活中，模糊性同样也会使我们变得容易焦虑和担心。例如，当我们发现身上有个肿块，就会不禁担心是否会查出有了什么毛病。如果我们失业了，或者做得不开心而尝试申请了一份新的工作，也会担心是否有机会进入下一轮的面试。当代世界充满了不确定性。有太多事情我们无法控制，诸如，国际经济、政治领导、自然灾害、战争、天气、流行病等。而这些还只是一部分例子而已。

不确定性可以帮助我们成长

好消息是，少量的不确定性实际上是非常有益的，它让我们对世界充满好奇。例如，我们可能想知道“这个故事或电影中接下来会发生什么？”“其他人会赞同我们的想法吗？”“我们刚刚发现的这位音乐家还创作过哪些音乐作品？”

耶鲁大学神经科学、心理学和精神病学教授李大宇（音译）发现不确定性会激励人们不断学习新的事物。[17]这就意味着不确定性对过好一生有着巨大的积极意义。李教授举例说，在一个熟悉的环境里，比如每天上班都走固定路线，大脑的神经网络经过反复推演已经形成了一套不假思索的惯性响应模式。假如因为道路封闭，我们必须要换一条新的路线去上班的时候，大脑就会不得不努力地运转，掌握更多的外界信息，从而能够快速地解决复杂问题。

每个人对不确定性的接受程度是不同的，这取决于他们不同的人生经历和对问题的判断能力。你无疑经历过这样的情况：当别人面对问题正毫无头绪、感到焦虑的时候，你已经找到了解决的办法，反之亦然。因此，你应该弄清楚自己会如何应对模糊性，并且要学会保持某种平衡——适度的不确定性可以激活你的大脑，而过度的不确定性则会让你感到措手不及。

为什么我们拿不确定性没办法?

不确定性对我们的大脑而言是一种威胁。请记住，人类的大脑在过去几千年里都没有进化过。因此，大脑至今仍延续着几千年前的反应模式，与我们今天所处的世界截然不同。如果人类的祖先遇到了不确定性，比如误入了旁边陌生部落的领地，在这种情况下，他们完全不知道危险隐匿在何处，所以必须时刻保持戒备，并随时准备逃跑，以防猛兽袭击或其他威胁突然降临。今天，本能脑依旧延续着相同的反应模式，让我们随时做好逃跑或战斗的准备。尽管今天的不确定性有时只是不清楚我们最爱的那家连锁餐厅是否还经营得下去，不知道考试中某道题目的答案，又或者是不知道当列车晚点时如何赶去公司。虽然现代生活中的不确定性并不会导致生命危险，但仍然会强烈刺激本能脑的杏仁核，使得我们的精神和身体都感到精疲力竭。我们的祖先遇到不确定性时，可以赶紧逃离危险，返回到安全地带。而今天，我们面临着更多、更频繁的小压力，即使这些小压力不会造成生命危险，大脑仍会不断地分泌化学物质，并且无处排解，最终堆积成了如山的压力。

内部或外部控制观

我们对不受自己控制的不确定性尤其会感到压力。但是很难界定的地方在于，一件事情是否受我们的控制，取决于我们是如何看待这件事情的。我们把这样的观点称为“控制观”。

拥有强大内部控制观的人，往往会认为事情是否会发生或他们是否会成功，主要取决于他们自己，而不是外部因素。他们倾向于同意诸如“我相信只要努力就没有做不到的事”或“我相信生活中的事情，说到底都是由自己决定的”之类的说法。

相反，拥有外部控制观的人通常会认为，事情或成功更多的是取决于不可控的外部因素，例如，运气、命运或随机事件。他们倾向于同意诸如“我常常发现该发生的事注定会发生”或“要找到一份好工作，主要取决于正确的时机”之类的说法。

尽管这两种观点不能说谁对谁错，但很多研究都表明，强大的内部控制观会使人们的生活更幸福、心理更健康。[18]他们在面对意外情况（无论是家庭生活，还是社会或学习环境）和健康问题时，也能够更好地适应。[19]好消息是，无论你年纪多大，只要你愿意，你都可以改变自己的控制观。[20]

测评工具

转变为内部控制观

我们将会讨论三种能够帮助你转变为内部控制观的方法。

认识到选择权在你手上

你应该有意识地提醒自己，你可以选择如何看待问题。这种方法立马会给予你一定程度的控制感（注意，这并不是说你可以控制或消除心理问题。这方面你需要寻求心理医生的专业帮助）。而当你承受着巨大的压力，或面对重大人生变故的时候，就更难做到这点了。这时候，你已经进入了所谓“非黑即白”的思维模式——认为事情注定只有一个结果，往往还是不好的结果。为此，你应该在进入这种危机关头之前就提前开始练习这种方法，逐步改变你的思维方式。

试着自己做下面的练习，或和你信任的朋友一起练习。在一张纸上画两条竖线，把纸分成三列。看一下你之前在表9.2中列出的所有压力源。内部或外部压力都无所谓，把它们分别归入三列。请在左列填入你可以控制的压力，在右列填入你无法控制的压力。

填好之后，请再检查一下。看一下右列中有没有哪些内容可以移到中间列，比如你改变了看法或心态。

举例来说，一个人可能会把失眠放在右列。因为他认为，自己的生活处境和一刻不停的大脑就是不让他好好休息。但是，如果他运用了我们在前面介绍过的方法，出于好奇的心态重新看待这个问题，他就会改变自己对失眠的看法。比如，他可以决定少喝咖啡，睡前看会儿书，或者采纳其他关于睡眠卫生习惯的建议，这样会有助于他提高自己的睡眠质量，从而把解决失眠问题变成自己可以控制的事情。

通过这个方法，请尽可能多地将右列的压力内容移到中间列。

列出你的选项

改变控制观的另一种方法，是思考你是否还有其他替代方法或选项。例如，当你觉得自己快被信息超载或海量工作淹没时，可以把一部分工作授权给别人，请同事帮个忙，或再雇一个人来分担你的工作量。在每一种情况下，都可以找到不同的替代选项。如果你觉得有用，也可以和朋友一起列出所有选项，然后根据列表来重塑自己的思维模式。

每天记录你的想法

研究表明，在日记中记录你的想法有助于提升掌控感。[21]具体做法是，把那些困扰你的烦心事写下来。然后重新检查一下你写的内容，注意将以下这类表述做些调整：

- 我做不到。
- 我没有其他选择……
- 事情没法改变……

请将它们改为：

- 我做不到这个，但我可以试试别的办法……
- 我不能做出这个选择，但我可以试试别的选择……

· 事情现在没法改变，但是下一步我可以……

你完全用不着担心你写的内容或表述方式是否正确。重塑你的思维方式，用理性脑而不是本能脑重新审视你大脑中的想法，这个过程将会非常有帮助。试着每晚睡觉前把烦心事写下来。然后第二天起床后想想你可以怎样换一种角度来看待这些事情。

测评工具

了解适合你的解压方式

即便你是一个乐观的人，拥有内部控制观，你仍然会和其他人一样感受到压力。为了让自己尽情地享受业余时光，你需要了解哪些减压的方法适合自己。例如，尽管自我催眠是一种行之有效的减压方式，但是你可能会发现自己就是没法一直这样做，所以如果你一遍又一遍地反复尝试自我催眠的方法，效果只会适得其反。

请阅读下面的建议，列出你认为对自己最有效的减压方法。你可以把一些你愿意尝试但从未试过的方法也纳入其中。通过这个表，你就能完成一份属于你自己的减压计划。

· **置身户外**——2012 年，发表在《生物医学与环境科学》上的一项研究中有一个实验，让一组人在森林里待两晚，然后检测他们的皮质醇指标变化。[22] 研究人员发现，与留在城市里的小组相比，森林小组的压力水平明显降低。另外还有研究表明，在大自然中漫步或者只是眺望窗外宜人的风景都能降低压力水平。我们的大脑更适应大自然的环境，而不是城市的环境。因此只要条件允许，你就应该尽量利用午休时间、会议间歇或周末露营等机会到户外去走走。

- **激发热情**—— 心理学教授米哈里·契克森米哈赖（Mihaly Csikszentmihalyi）发现，当人们在做一件自己发自内心热爱的事情时，会进入一种叫作“心流”（flow）的意识状态。在这种状态中，他们感到“充满力量、思维敏锐、毫不费力、投入忘我，并达到自己能力的巅峰”。[23] 可见，集中注意力是一种减压的好方法，因为你心里根本装不下别的想法，也无暇担忧。你可以回顾一下你的兴趣和热情所在，找出那些能够让你进入“心流”状态的事情，这些事可以是写作、读一本好书、运动、唱歌、做瑜伽、跳舞、侍弄花花草草、烹饪、洗碗、在雨中漫步，也可以是其他完全不同的事情。
- **找到“在你身上见效”的减压方式**—— 科学研究已经证实，许多减压的方式都很有效，包括一些我们在前文中已经讨论过的方法，例如，情绪冲浪法。其他有用的方法还包括渐进式肌肉放松法[24]、自生训练法[25]、放松反应法[26]、生物反馈法[27]、意象引导法[28]，以及腹式呼吸法等[29]（你可以在参考文献中找到更多关于这些方法的信息）。这些方法都能帮助你减轻身体中累积的压力荷尔蒙产生的有害影响。你可以把各种方法都试一试，一旦你找到了最自在的方法，要每天坚持练习来缓解压力，这样也能确保在你最需要的时候，能够得心应手地运用这些方法。
- **给情绪命名**—— 这是帮助你专注于当下的另一种方式。加州大学洛杉矶分校社会认知神经科学教授马修·利伯曼（Matthew D. Lieberman）开展的一项脑成像研究表明，用词语来描述情绪可以降低杏仁核区域（本能脑）的反应，并增加大脑情绪处理区域

（理性脑）的活动。[30]察觉情绪并给其命名能让我们借机退后一步观察自己的情绪，而不是为情绪所困，这样就可以选择如何应对。为了更好地使用这种方法，请参阅附录中的情绪名称列表。

- **注意饮食**——吃饭是件很重要的事情，你应该在你放松惬意的时候用餐，而不是边走边吃，或是边干活边吃饭。你吃的食物也会产生影响压力水平的荷尔蒙。例如，咖啡因会增加体内皮质醇的水平，[31]而三文鱼、黑巧克力、莓果、大蒜、橄榄油、姜黄、绿茶和洋甘菊茶则被证实可以降低皮质醇的水平。[32]另外，像芦笋、香蕉、大麦、韭菜、扁豆、芥菜、洋葱和西红柿等富含益生元的食物也会降低皮质醇的水平。[33]
- **日常习惯**——在日常生活中，专注于你的知觉也是一种方式。例如，自从2020年全球新冠疫情暴发以来，我们都习惯于经常洗手，但不要匆匆洗完了事。当洗手时，你要去感知水与手的接触，感知水的温度，感知肥皂沾在手上又被洗去，感知自己是如何站立的，感知擦手的毛巾贴在皮肤上的触感。

列出属于你自己的减压清单，注意积累适合自己的方法。当你感到筋疲力尽时，记得参考一下这份清单，并使用清单上的方法来帮助自己释放压力。这听起来似乎显而易见，但一旦被压力压垮时，我们甚至很难再想起这些简单的方法。

下面的练习将帮助你制订计划，有效地利用空余时间，以最适合自己的方式缓解压力。

个人减压计划

使用说明：在每周的第一天，思考你打算如何采取行动应对压力。按照如下提示，制订行动计划。

每周____（例如，周日）____（几点），我会设想一下接下来的一周中最有可能面临的压力，并做好应对的准备。另外，我也会把一周里要做的事情都写下来，每天都留出空闲时间。

本周我最有可能面临的压力源是：

我会这样应对：

我会向这些人求助：

我最艰巨的任务将是：

我会把最艰巨的任务安排在：

当我有空闲的时间时，我会：

哪些想法会使你陷入消极的压力循环？请在每周的第一天就把这些问题写下来，还有你打算如何应对。这样当压力真的产生时，你才能更好地识别并有效地管理压力。即便你不是每次都成功，也不用担心。你需要做的是，当你产生这种念头时，只需轻轻地将思绪拉回到更积极的思考方式上。完成下面的填空将有助于你做到这一点。

每当我发现内心萌生出消极的自我暗示时，我会努力改变我的思维模式。例如，当我说__________，我会做__________（如，情绪冲浪），或者将原来的想法调整为__________。

思考谁能帮助你应对压力，或者能够指出来你的问题，请把他们的名字写下来。

当我感到压力过大时，我会让（姓名）__________提醒我。

为了正确地应对压力，你需要每天使用经证实有效的释压方式。现在请写下你打算怎么做。

我会用这种方法（经证实有效的减压方法）：

我会在每天什么时候用这种方法：

制订你的饮食计划将帮助你保持更健康的饮食习惯，不去吃那些垃圾食品。

仔细想一想你打算吃哪些食物，并写下来。

我会吃这些健康的食物：

我会尽量不吃这些食物：

制订这么详细的计划看起来似乎有些多余。但实际上，这样做非常有助于你将压力保持在一个最合理的水平，使你能够全身心投入并表现出最好的状态。我曾经辅导过的一位高管坚持按照以上练习的每一步来做，并且还鼓励他公司的员工也这么做。他是一个非常成功且效率很高的人，通过这种方法，他不仅提高了自己的能力，也鼓励每位员工获得个人成长和身心健康。你可以试试这个练习，看看是否适合自己。当然你必须记住，万事贵在坚持，你要把它变成一种习惯，而不是偶然性的行为。

本章结语

在第九章，你了解了什么是压力，以及什么程度的压力对你而言是最有益的。我们还讨论了生活中的内部压力源和外部压力源，以及如何通过提高乐观程度、改进控制观和思维模式来更好地应对生活中的压力。

你也思考了最适合自己的减压方式，并制订了行动计划，以确保你的压力能够控制在合理水平。

在下一章中，我们将继续探讨生活中经常出现的外部压力因素。这些因素与人类古老大脑的运转模式不兼容。具体来说，我们将聚焦社交媒体、信息超载、生活节奏这三方面对大脑的影响，以及我们的应对策略。

第十章
古老的大脑与现代的世界

如今，我们面临的压力不仅来源于生活中发生的各种各样的事情，还跟现代生活方式与大脑最佳运作方式两者之间的不匹配有关。本章中，我们会探讨造成这一现象的三大主要因素，即社交媒体、信息超载和生活节奏，以及应该如何将这三种因素对我们大脑造成的影响控制在合理范围内。

社交媒体

2020年10月，世界人口总数为78.1亿人，其中使用社交媒体的人数高达41.4亿人，超过了地球上一半的人口，而且每天还有新增用户200万人。与此同时，人们在平台上停留的时间也在不断增加，一名普通用户平均每天会花15%的时间在社交平台上。[1]社交媒体不仅将人们连接在一起，而且也可以推动社会的变革。在社交平台上，人们拥有自由表达的空间，可以受到鼓舞和激励，也可以获取信息和机会。但就像每一枚硬币都有它的两面，社交媒体也不例外。

有研究表明，社交媒体的致瘾性比香烟和酒精还要强。[2]2019年，一项针对12,000多名用户的研究发现，每天浏览社交媒体超过三次的年轻人，其心理健康状况普遍不佳，还可能深受心理问题的困扰。[3]在另一项研究中，密歇根州立大学的心理学家马克·贝克尔（Mark Becker）博士发现，在使用社交媒体的群体中，患有抑郁症的人要比对照组多出70%，患有社交焦虑症的人也要比对照组多出42%。[4]社交媒体是现代社会中一个常见的外部压力源，它与大脑古老的运作方式格格不入。在不到二十年的时间里，社交媒体迅速地改变了全球人类的行为模式。

社交媒体与我们的日常生活越来越密不可分，因此，你需要好好思索一番，社交媒体对你来说究竟意味着什么，对身心健康又会造成哪些影响。

社交媒体和身心健康

社交媒体对身心健康的一大负面影响，是它会占据原本应该做其他事情的时间，而这些事情都对大脑的健康至关重要。例如，睡眠、面对面社交。此外，数字媒体还加剧了甚至非自然地放大了一些人类的进化趋势，比如，社会比较等。[5]

什么是社会比较？

科学家们认为，在社会互动中我们总免不了拿自己和他人做比较。一旦我们接触到他人的信息，就会自发地甚至不自觉地与他人做比较。[6]我们的想法中多达10%的部分都与各种各样的比较有关。如果你不了解自己做得怎么样，与周围人相处的关系怎么样，就很难获得准确的自我认知。有鉴于此，社会比较的影响范围广泛也就不足为怪了，包括影响我们的自我评价、情绪和行为。甚至我们对成功和失败的感知也源于将自己与他人的表现做比较。社会比较是人类得以进步、每个人得以提升自我的有效途径之一。不过，社交媒体所产生的问题在于，它扭曲了社会比较的自然过程。

在远古时代，社会比较能够起到激励和纠正行为的作用，这样的方式有助于人类的生存。比如，当你看到一个比自己更擅长狩猎的人，你就会利用和他接触的机会，近距离观察他打猎的过程。通过向他学习，你可以提高自己的狩猎能力。今天，在某些情况下也是如此。虽然我们不再依赖比较来提高生存能力，但可以通过比较，获得学习和成长的机会。例如，当你看到别人表现得更出色，并因此获得认可时，你就可以仔细观察他们究竟是怎么做的，采用了什么方法，从而缩小你和他们之间的差距。

然而，社交媒体、社会比较的问题在于：

- **只见树木不见森林，看不到完整的一个人或整件事情的来龙去脉**——这就导致我们无法像远古时代的人类祖先，甚至像我们的父辈那样，通过观察、实践以及和对方交流或长时间的相处来获得学习的机会。结果，由于只能看到差距的存在，却无从得知解决问题的办法，挫败感不可避免地油然而生。
- **社交媒体展示的往往是人们想让你看到的画面**——因此我们会对别人的生活产生不切实际的幻想。你一定能想到类似的情况：你的朋友在朋友圈里各种花式晒娃，还有一家人度假的美好时光。你看不到孩子经常哭闹、发脾气的一面，也看不到他们夫妻之间三天两头吵架的一面。当你逐条浏览朋友圈的时候，本能脑会开始相信你的生活完全比不上你的朋友。研究表明，这种想法会损伤自尊心，让你产生自卑感，感到孤独甚至抑郁。

除了社会比较，与社交媒体相关的其他方面同样与大脑的运转方式不匹配，包括：

- **意识不到自己有多看重“点赞”**——一项大脑成像研究发现，当人们看到一张被好多人“点赞”的照片时，大脑会变得更加活跃（特别是大脑中处理奖励信息的区域，这个区域与社会认知、模仿和注意力有关）。在不知不觉中，这种毫无意义的“点赞”成为了衡量自我价值的一种评判标准。
- **不断地受到新消息提示的刺激**——这些新消息提示会触发肾上腺分泌皮质醇，从而导致压力的积累。
- **让人上瘾**——我们都有过这样的体会，一旦开始浏览推特（Twitter）、照片墙（Instagram）或其他平台，就很难放下手机。谷歌前员工尼尔·埃亚尔（Nir Eyal）在其著作《上瘾：让用户养成使用习惯的四大产品逻辑》中解释说，科技公司利用人们的心理弱点（比如本能脑），让我们对他们的产品“上瘾”，这些弱点表现为想要与他人保持联系。而新消息提醒则通过外部触发机制，进一步强化了这种“上瘾循环”。另一位谷歌前员工、人文技术中心创始人特里斯坦·哈里斯（Tristan Harris）解释说，使用“间歇性变量奖励”（intermittent variable rewards）——让你永远猜不到下一个（点赞、分享、评论等精神奖励）到来的是什么，这种不确定性（好奇心害死猫）会让人们加倍上瘾。他把智能手机称为“相当于每天随身带着一台老虎机”。

看到这里，你可能会想：“我挺好的啊，并没有受到多大困扰。”但即使你每次只刷一小会儿社交媒体，并不觉得自己陷入了比较或“点赞”的魔咒之中，很多变化却是在潜意识层面上发生的，并且会产生叠加效应。这就好比一滴一滴地装满一杯水，每一滴看似都无关紧要，但最终杯子里的水会溢出。对某些人来说，这就是社交媒体一点点蚕食其身心健康的方式。例如，每天不是这里、就是那里产生一些皮质醇，久而久之就会积少成多，导致长期的慢性压力。在某些情况下，这些压力又会反过来引发焦虑甚至抑郁。

即使是通过社交媒体谋生的人，偶尔也想暂时与社交媒体告别。比如，美国演员、记者和电视节目主持人马特·法拉（Matt Farah）会关闭社交媒体上的某些功能。2018年，他在推特上写道："禁用'照片墙'评论，哪怕只是短短几天，对我的心理健康也大有好处。"

关于社交媒体的总结

社交媒体会间接影响我们的健康。花在社交媒体平台上的时间越多，我们就越没有时间去做那些更有裨益的事情。例如，研究表明，当我们把心思都放在社交媒体上建立人脉关系时，就会对现实生活中的家人和朋友关系造成负面影响。社交媒体让我们远离了生活中真实关系的滋润，而把时间花在了不太有意义的虚拟社交关系上。在日常的社交活动中，社交媒体也会让人变得心不在焉。例如，一项研究表明，在外出就餐时，手机不离手的人和把手机放在一边的人比起来，总会觉得少了很多的乐趣。同样，研究也表明，睡觉前还忙着刷手机会导致睡眠质量的下降（进而影响心理健康）。

尽管有这些坏处，但还是要指出，社交媒体并非一无是处。例如，一项研究发现，每天使用社交媒体不超过一小时的人并没有表现出不良的症状。[①]此外，当我们通过社交媒体与那些我们真正在乎的

① 要记住的是，虽然一个小时听起来很长，但每次快速瞄一眼都会让时间在不知不觉中流逝。当你查看手机上的屏幕使用时间，你会对自己在社交媒体上花费的时间之久感到大吃一惊。

人进行深入交流时，这一行为会对身心健康产生积极的影响。[7]那些消极影响主要来自被动使用，例如刷朋友圈、浏览朋友们发的“广而告之”。

测评工具

哪些方法可以减少社交媒体带来的负面影响

要降低社交媒体对健康的影响，最显而易见的方法就是戒掉一段时间或彻底戒掉。但是，这并不是唯一的选择。为了找出最适合你的方法，你需要监测自己使用社交媒体的时间长短及其对你的影响。结果可能会令你感到意外。

暂时告别社交媒体

哥本哈根大学的莫顿·特罗姆霍尔特（Morten Tromholt）将一千多名成年人随机分为两组，[8]一组继续按照他们平时的习惯使用脸谱网（Facebook），另一组则戒掉一周。特洛姆霍尔特发现，在戒掉使用脸谱网一周后，该组的人表现出了更高的满意度和更低的抑郁水平。同样，宾夕法尼亚大学的梅丽莎·亨特（Melissa Hunt）及其团队研究了一组大学生，这些大学生在一周的基准监测后被随机分成两组，[9]其中一组（实验组）限制脸谱网、照片墙和色拉布（Snapchat）的使用时间，每个平台每天只能使用10分钟并坚持三周；另一组（对照组）则按照平常的习惯在这三周中继续使用社交媒体。与对照组相比，实验组在三周期间感到孤独抑郁的程度显著降低。在这两个实验中，两组减少社交媒体使用时间的实验组，其焦虑症状和“错失恐惧症”（FOMO，即fear of missing out）的程度相较平均水平都显著降低，说明从社交媒体中暂时抽身是很有益处的。

社交媒体对你造成了哪些影响（自我监督）？

如果你的生意离不开社交媒体，或是你处于隔离状态，“戒掉一段时间”对你来说也许并不是很好的选择。如果是这样，关键在于弄清楚社交媒体对你造成了哪些影响（自我监督），并努力减少这些负面影响，放大积极正面的作用。以下这个练习，将帮助你做到这点。

社交媒体日志

使用说明：选择一个你最常用的在线平台，在每次使用完后记录自己的心情（表10.1）。记录当天的时间，尝试不同的使用方式——例如，只是刷刷新闻、和别人聊天，发布你有感而发的内容——以及每次使用的时长，对每种方式给你带来的感受进行跟踪。做这个练习时，你可以参考“附录：情绪列表”，也许会对你有帮助。

表10.1 社交媒体使用日志

日期 / 时间	平台	内容	事项	情绪反应
		比如：朋友度假的照片、某张点赞很多的照片	比如：刷刷朋友圈、和别人聊天、评论或留言	这件事让我产生了什么样的感觉？

与此同时，注意观察以下记录中所反映出来的行为模式：

- **我感觉最糟的时候是：** ______________________
- **我感觉最好的时候是：** ______________________

你还需要思考一下，有哪些平台或内容对你产生了特别的影响。

看看你在一周或两周内收集的信息，寻找其中是否存在某些明显的行为模式。是否某些事情对你产生的负面作用更大？你可以采取哪些行动？下一节中，我们将介绍一些能够帮到你的方法。

测评工具

莫让社交媒体耗尽你的精力

和其他事情一样，你只有先认识到是什么在消耗自己的精力，才能着手解决这个问题。当你弄明白哪些事情在影响你，以及它们是怎样影响你的，你就有行动的方向了。以下建议可以告诉你应该采取哪些行动去克服社交媒体给你造成的困扰。有些建议也许你会觉得十分简单，但你应该好好检查一下，看看你是否真正做到了这些，不要轻易忽视这些建议。

- **屏蔽或取消关注**那些让你感到沮丧、烦躁，或占用你太多时间的账号。
- **在日常浏览的社交平台上关注更多励志或有趣的内容**——一项研究发现，在社交媒体中关注包含励志内容的人，往往更懂得感恩，积极向上，并且表现出亲社会动机和亲社会行为（prosocial

behavior）。

- **找到志同道合、趣味相投的一群人**——这有助于你进行更有深度的交流，鼓励你更多地参与和自己的价值观相符的线下活动。
- **在发布内容前，不妨问问自己，发的帖子对自己或其他能看到你帖子的人而言，是否是有积极意义或有益处的内容**。如果答案为否，那你就需要重新考虑一下是否值得发布了。
- **想一想，你希望看到这个世界朝着怎样的方向变化**，并为促成这种改变的事业贡献自己的一分力量。
- **借助社交媒体之便，管理好自己现实生活中的社交关系**，可以是打一通电话，也可以是约出来见面。比如，你看到你所关心的某个人发布了一件人生大事，不要简单写一句留言，主动和他们联系并聊一聊。研究表明，这样做对建立情感联系和归属感都极为有效。而且，这两者是关系到你身心健康的重要支柱。[10]
- **从手机上删掉一个应用程序，一周后，看看对你有什么影响**——保留那些你觉得最有用的应用程序。如果你不确定是哪个，可以看看你最常用来与别人沟通的是哪个应用程序。
- **安排在特定的时间使用社交媒体**——最好是在一些无关紧要的时间段刷社交媒体，比如排队的时候。
- **用智能手机跟踪自己在社交媒体上花的时间**，然后设置每日提醒，在到达设定使用时间上限的时候自动提醒自己。
- **将手机设置为静音**，如果可以的话，关闭社交媒体应用程序的新消息通知。
- **将社交媒体应用程序移出手机主屏幕**，或者最好是只在笔记本电脑上使用社交媒体。
- **好好想一想，你可以在线下做些什么事让自己感觉更好**——如果你觉得无聊，是不是可以拿起一本书阅读？如果你感到焦虑，是不是可以去散会儿步或给朋友打个电话？

你的心情如何？

乔治城大学的心理学副教授叶莱娜·卡克曼诺维克（Jelena Kecmanovic）建议，在使用社交媒体前，你得先检视一下自己的心情如何，问问自己打算做什么。例如，你是打算在推特上查看新闻，还是会下意识习惯性地打开推特？你是不是把照片墙作为一种消遣，让自己得以暂时从工作中脱身？每次当你拿起手机想查看社交媒体时，请回答以下问题：我现在为什么要这样做？这对当下有帮助吗？这对未来的我有帮助吗？

最后，但也是最重要的，当你和别人在一起时，切记不要被社交媒体分心。一项研究对等候室里的人进行了观察，研究结果发现，那些手机不离手的人往往不太可能对他人微笑或和他人交流。[11]社交媒体的作用是社交，但最有价值的互动发生在现实生活中。如果我们在面对面的交流中使用手机，就会妨碍我们与他人有效地沟通，也会减少社交带给我们的乐趣。[12]

记住要保持好奇心。不管你身在何处，不管你从事什么工作，都要留意身边的人和事。观察别人是非常有意思的一件事。观察大自然，聆听周围环境的声音，可以让你放松身心、振奋精神。因此，你需要和周遭的世界保持连接。

测评工具

行动计划

下一步就是将上述思考和观察结果转化为行动计划。你会发现填写下表10.2能帮助你了解自己使用社交媒体的习惯。第一行给出了示例。

表10.2 莫让社交媒体耗尽你的精力

平台	心理消耗	行动	到哪天为止
推特	让我分心，不能专注于工作	关闭新消息通知	10 月 4 日

一旦找出了最有效的改变方式，你必须确保自己能够坚持下去，并且每隔几个月回顾一下自我监督练习。要记住，即便你认为社交媒体并没有对自己产生什么不好的影响，也要小心许多影响其实是在潜意识层面或间接产生的。如果你不停地做社会比较，或者总是被社交媒体占用睡眠时间、面对面交流和集体社交活动的时间，身心健康就会受到损害。而那些非数字化的传统社交活动，则会给你带来更多的幸福感。[13]

信息超载

现代社会与古老大脑的另一个不兼容之处，在于我们能够接触的信息已经超载。在撰写本书时，全球的网站总数已经超过17亿[14]，每分钟还有约570个新网站诞生[15]。从好的一面看，触手可得的信息对人类来说是一笔巨大的财富。例如，2020年，世界各地的科学家能够迅速搜集到有关新冠病毒的生物学、流行病学和临床特征的信息，得以用有史以来最快的速度开发出了疫苗。然而，对于个人来说，大量存在的信息并不是什么好事情，也不能帮助我们更好地解决问题——人类和人类的大脑并没有进化到能够高效地处理如此海量的信息。

信息超载的定义是"由于接收到的信息超过了做出决策所必需的数量（或在有限的时间内可以理解和消化的数量）而引起的压力"。[16]因为信息量过于庞大，非但没有使你的思路更加清晰，而且还让你感到一团乱麻。你找到的信息越多，就越难做出决断。

想象一下，你正在为你父亲挑选一双新的步行靴。你先是浏览了不同产品的亮点，找到最受欢迎的品牌推荐，由此逐渐缩小了搜索的品牌范围。然后，你又发现至少有10个不同的网站都在出售你所关注的品牌。接下来，你意识到还有很多信息需要进一步调研。这个品牌的鞋子中，卖得最好的是哪一款？如果尺码不合适，哪几款鞋退货最方便？你查找的信息越多，发现的问题也越多。或许用不了多久，你就会彻底晕菜了。你不知道该如何做决定了，于是就选择了最贵的那双——因为最贵的理应也是最好的。

大脑和信息

心理学家丹尼尔·莱维廷（Daniel Levitin）在其著作《有条不紊

的思路：在信息超载时代如何清晰地思考》中解释说，处理信息所需的注意力是人类最宝贵的心智资源。[17]大多数时候，潜意识都在选择我们最需要注意的事情。例如，当我们边走路边打电话时，路边的一辆车突然启动，我们不假思索地就会立即注意到这辆车。莱维廷解释说，为了做出这些下意识的决定，“数以百万计的神经元时刻不断地监控着我们周遭的环境，以便我们能够注意到当下最重要的事情”。

据估计，人类的意识思维处理信息的能力上限大约为每秒60比特。[18]也就是说，大脑无法一次处理超过60比特的信息。只有大脑认为是重要的信息，你才会意识到它们的存在。举例来说，当有人在讲话时（适用于大多数语言），我们每秒只能听懂39比特的信息。[19]当有两个人同时对我们说话，我们将难以集中精神听明白他们分别在说什么。

想一想，如果在你阅读的时候，有人开始跟你说话，你几乎不可能一边听他在说什么，一边消化书中的内容。没过多久，你就会感觉大脑要爆炸了。再加上社交媒体的新消息提醒、电子邮件、电话铃声、电视机里的声音、屏幕上弹出的信息，大脑很快就会进入超负荷工作的状态。

互联网加剧了信息爆炸。上一代人还必须在图书馆中查找的数据，现在只要动动手指就能找到大量数据，并且速度之快令人无法想象。例如，当你在谷歌搜索中输入关键词“信息”，在不到一秒时间内就会跳出17,740,000,000个搜索结果。

信息超载对你产生了哪些影响？

不管你是否意识到，暴露在太多的信息之中会以各种不同的方式对你产生影响。每天，我们都会做出成千上万个决定，但往往我们完全没有意识到自己在做这样或那样的选择：上推特还是照片墙，买贝果还是三明治，穿黑色上衣还是蓝色上衣。大脑就像肌肉：不管做什么决定，都会消耗能量并感到疲劳。而当这种情况发生时，决策的质量就会降低。术语上叫作“决策疲劳”（decision fatigue），这一说法是由社会心理学家罗伊·F. 鲍迈斯特首先提出的。

当大脑觉得疲劳时：

- 更难分清轻重缓急 / 更容易走捷径——如果我们得到一本关于某个主题的书，会觉得很有帮助；但如果我们一下子得到 15 本关于同一主题的书，就会感到不知所措，不知道应该从哪本开始读起。对其他信息来说，原理也是如此。我们成了研究人员所说的“认知吝啬鬼”（cognitive miser）①。为父亲购买步行靴的例子就说明了这一点。当信息过多时，只要考虑一个因素（价格）就可以更容易地缩小范围，但这并不一定是做出正确决策的最佳方式。当大脑疲劳时，就会通过简化思考过程来保存能量，做出下意识的选择。

斯坦福大学的研究人员乔纳森·勒瓦夫（Jonathan Levav）和本-古里安大学的沙伊·丹齐格（Shai Danziger）进行了一项为期一年的研究，分析了法官对囚犯是否获得假释做出的1,100项裁决。[20]他们发现，早上第一个出庭的犯人，获

① 认知吝啬鬼：亦称“认知经济”“认知节约”，由美国记者李普曼提出。由于社会现实的复杂性超出了个体的认知加工能力，因此人们在做决定时总是想走捷径，通过把复杂的社会现实加以简化的方式来减少花费在信息加工中的时间和精力。（译者注）

得假释的可能性是70%，而傍晚出庭的犯人，获得假释的可能性只有10%。对此，法官们毫无意识。这个例子说明，整天做决策是很费脑子的，因此到一天快结束的时候，法官们便开始偷懒走捷径，做出最容易也是最保险的决策——让犯人继续待在监狱。

- 当我们被海量信息和数据淹没时，就更难集中注意力—— 往往会从一个想法跳到另一个想法，从而失去注意力和专注力。
- 更难辨别信息的真伪—— 当信息超载时，我们会“只见树木不见森林”，更难分辨自己究竟是在听专家的话还是在听骗子的话。研究还表明，当信息超载时，我们更有可能会去相信那些假新闻，而不是事实真相，也更有可能因此被别人利用。

信息超载

在我的大女儿还很小的时候，有一天晚上，我们（我丈夫、女儿和我）都在客厅里，电视机开着。我丈夫刚下班回来，说起他的爸妈周末要过来小住，到时大家可以做些什么事，而女儿在一旁哭闹。我坐在沙发上，打开笔记本电脑，一边回答丈夫的问题，一边哄女儿，一边点击了银行发来的电子邮件。然后，我按照邮件中给出的指引一步步操作，一点儿也没有多想。

第二天，我接到了银行打来的电话。当时我正好在哄我女儿睡午觉，所以很不耐烦地接了电话，并回答了一大堆问题。我以为只不过是银行的常规核实，希望能够尽快答完。但是，当对方说到我提取了多少钱时，我一下子愣住了。我所有的存款，都被骗子转走了。

我整天都在家里围着小孩子转，根本无法应付那么多的信息。由于身心疲惫，我的决策质量大幅下降，甚至容易上当受骗，中了钓鱼网站的圈套。

任何消耗能量的事情都会影响我们的情绪韧性。上面列举的这些因素会导致人们做出危险的错误决策：比如外科医生人为失误，将不必手术的腿截断；又比如公司CEO做出了错误的财务决策，让所有投资人的资金都蒙受损失；或是我们做出了错误的个人决策，就像我前面提到的自己的例子那样。信息超载和决策疲劳也会对日常的身心健康产生直接的负面影响。

决策疲劳会损耗你的意志力（以及工作动力、工作效率）

美国心理协会对意志力的定义如下：

- 延迟满足感、抵制短期诱惑，实现长期目标的能力；
- 克服不良的想法、感觉或冲动的能力；
- 主观上刻苦自律。

意志力是我们管理情绪的方式，它是理性脑的前额叶皮层对本能脑所产生的冲动进行掌控的能力——抵制自己想要再吃一块美味蛋糕的冲动，或者努力控制自己不要对那些讨人厌的人大喊大叫。意志力反映的是一种关注更深层意义和更长远目标的能力。

通过阅读本书你已经发现，凭借顽强的“意志力”（又称“自我管理”），你管理本能脑的能力越强，就会越快乐、越健康。而且，你对人际关系也会感到更满意，有利于你取得更好的结果，在工作中更成功，更游刃有余地应对压力、冲突和逆境（也就是说，情绪韧性更强）。所有这些因素都对你的身心健康至关重要。

人们过去曾认为，只要有意识地多运用意志力，就可以达到锻炼意志力的目的。如果不这样做，意志力就会变弱。但罗伊·F. 鲍迈斯特和他的团队发现，随着认知疲劳程度的增加，意志力实际上会被削弱。[21]我们在调动意志力的时候，需要有足够好的精神状态。

鲍迈斯特和他的同事招募了一些学生，分别参加四项实验中的一项。实验要求其中一些学生对消费品或大学课程做出选择，而另一些学生则只需思考同样的问题，但不必做出选择。然后，实验根据体能、抗挫折能力、拖延行为以及解算术题的质量和数量来衡量这两组学生的自控力。那些被要求做出很多决策的学生在自我管理相关的所有测量指标中都表现得更差。简言之，做太多决策会损耗自控力。[22]

“我要做”的意志力

我们很难抵制住本能脑冲动下的诱惑，比如吃巧克力冰激凌，或是宁愿在电视机前的沙发上度过一个晚上而不愿去健身房锻炼。健康心理学家凯利·麦格尼格尔（Kelly McGonigal）在其撰写的《自控力》一书中，建议换一个角度来看待这个问题。当我们努力抵制冰激凌或沙发对我们的诱惑，并对其说“不要”时，她把这种情况称之为“我不要”的意志力。[23]相反，她建议我们更加要关注“我要做”的事情，比如在第二个例子中就是去健身房。这将有助于我们朝着实现目标的方向做出努力，她称之为“我要做”的意志力。

压力和焦虑会进一步损耗意志力。因此，增强情绪韧性的方法同样也可以用于保存你的意志力（下一节中会讨论）。以下列出的内容，都是与减少决策疲劳相关的重要因素。

测评工具

控制决策疲劳，保持你的意志力

为了让你的大脑在做出重要决策的时候能够保持最佳状态，你需要使用一些方法来保存意志力。以下是一些很有用的方法：

- **优先做重要的决策**——尽可能安排在早上做重要的决策。许多我曾辅导过的CEO总是习惯于在一大早做出关键的决策或召开重要的会议。同样，外科医生也往往会把最困难的手术排在最前面。
- **简化你的衣柜**——保存意志力有一招简单的办法，就是减少你需要做出的决策数量。因此，像贝拉克·奥巴马和马克·扎克伯格（Mark Zuckerberg）这样的大忙人每天都穿同样款式的衣服。
- **小憩片刻**——当你觉得工作超负荷时，你需要停下来小憩片刻，但不是去刷照片墙或推特。虽然看上去你在刷社交媒体的时候并没有做什么重要决策，但实际上大脑仍在处理看到的信息，比如你要决定是点个赞好，还是点击浏览内容，或是划过不看。好好休息一下，将手机设置成静音，关闭新消息通知，到户外去散个步。
- **选择信息来源**——针对每条信息，你都有一些信得过的权威机构可以去求证，可以是新闻来源，比如英国广播公司或美国公共电视台、科学期刊，也可以是准确翻译这些新闻的渠道，或是其他与你的工作相关的专业机构。同时，你也要意识到这些机构的观点也可能会存在偏颇。不要看到谷歌搜索上第一个跳出来什么，你就相信什么。

- **不要试图“无所不知”**——你做不到万事皆通，信息真的浩如烟海。就算是某个领域的专家，也无法做到无所不知。提醒自己注意这点，不管你在研究什么内容，找到四五条高质量的相关信息就足够了。你更应该看重信息的质量，而不是信息的数量。

信息就好比大脑的养分。如果你给大脑灌输了适量的养分，它就会高效地工作。但是，如果你往大脑中塞满了各种各样无益的信息，它将很难全部消化。低质量的内容只会堵塞大脑，导致我们无法进行清晰的思考，并做出明智的决策。

快节奏的生活

我们的生活节奏也与大脑进化而成的运转方式大相径庭。快节奏在许多方面的确让生活变得更加便利。不管我们想吃什么，只需拿起手机点个外卖就好了，完全用不着自己亲手去种、亲自去买，甚至都不用亲自下厨。我们可以在亚马逊这样的零售网站上买书，而上一代人要买书，还必须得向当地的书店或图书馆订购，然后再等上好几个星期。现在，我们当天或隔天就可以收到网购的图书。而且，我们再也不用买报纸了，因为手机上随时都会跳出来最新的新闻。

遗憾的是，这种全新的快节奏生活，已经对我们的身体产生了许多不利的影响。例如，研究表明，那些生活在快节奏地区（如城市里）的居民罹患各种疾病的风险也会增加，例如心脏病、肥胖、糖尿病和其他健康问题。[24]另外，快节奏的生活也会妨碍人与人之间建立良好的社交关系。在生活节奏最快的城市中，人们不太可能会向那些需要帮助的人伸出援手。我个人的体会是，由于生活节奏过快，要兼顾工作、家庭、孩子、年迈的父母等多重责任，往往会抽不出时间去看望家人和朋友，和他们聊聊天或一起找点事做。苹果公司前CEO史蒂夫·乔布斯（Steve Jobs）既成功又富有，但他说："我人生中最喜欢的东西无须花费一分钱。最宝贵的资源，其实就是我们每个人都拥有的时间。"

要腾出更多时间，你需要好好思考该如何行动：把生活安排得更加井井有条，明确自己的优先事项，每周甚至每天提醒、督促自己。

测评工具

如何应对快节奏的生活

接下来，我们会探讨可以采用哪些方法来帮助你应对快节奏的生活——首先，要根据自己真正想做的事情，规划你的日程表。然后，认真思考应该如何优化你的时间管理。我们还会探讨如何有效"抵消"快节奏生活带来的负面影响，以及你应该如何在生活中多进行反思。

根据你真正想要的生活来规划你的日程表

回顾一下你的人生意义、价值观、目标，以及你收集到的所有关于自己的信息，根据这些内容列出你每周的优先事项。看一下每周的日程安排，确保时间都花在那些能够激励你、推动你实现目标，并符合你价值观的事情上。虽然也许你觉得发邮件、参加会议是比较重要的事情，但是你必须认真思考一下，这些事情对你实现人生的目标究竟有多重要。你可以使用下面的时间管理技巧，更加井井有条地规划好你的生活。

小贴士：我的朋友和家人对我来说是最重要的人。但是，我几乎成天到晚都很忙（这不是什么值得骄傲的事情）。一个人不能因为工作繁忙，就牺牲陪伴家庭或朋友的时间。反之亦然。在每周开始之前，我会列出最需要我关心的朋友和家人的名单。然后，把他们的名字合理地安排在一周的计划中。这样，我就有时间和他们聊天或给他们发消息，关心他们过得好不好。

时间管理

如果你想让自己的生活如你所愿，让自己发挥出最佳状态，缓解你的压力，那么就离不开有效的时间管理。我曾辅导过的一些CEO，之所以在工作中常常疲于应付，就是因为他们没有高效地规划自己的时间。相比之下，那些行业中的佼佼者总是能够有效地排出不同事项的轻重缓急，做到井然有序。以下，是一些时间管理方面的小贴士：

· **制订你的待办事项备忘录**——列出你需要做的所有事项的清单，排好先后顺序。然后，决定哪天应该要做哪件事，并写在你的日记里。在每周开始之前，列好任务清单能帮助你更好地掌控进度，确保你完成所有需要做的事情，从而也有助于避免产生新的压力。

小贴士：我自己的体会是，在前一天晚上，详细列出第二天的"待办事项"是很有用的技巧。这样，第二天我就不用再去思考要做什么。可以直接根据备忘录的提示，做好应该要完成的事情就好了。

- **寻求帮助**——无论是工作还是生活方面，都可以想想别人可以帮你分担哪些事情，并提前向他们寻求帮助。检查一遍你所有的任务和事项，问问自己，"这真的都需要我自己去做吗？"比如，你的伴侣是否能够分担一些家务？一旦你感到压力，你往往会认为自己必须包揽所有的大小事务。
- **利用你的生物钟**——把最困难的事情安排在你一天状态最好的时候。可以看看下一章中有关生物钟的内容。但请记住，就算你是夜猫子，你也要考虑决策疲劳对工作状态的影响。一般来说早上工作效率最高，至于具体时间则是因人而异的。对我丈夫来说是清晨6点，而对我来说则是早上9点。

小贴士：尽管我是个夜猫子，但我总是在上午文思如泉涌。所以，我尽可能会把上午的时间空出来，下午再做其他事情或参加会议。

拒绝那些耗费你时间精力却又没有多少回报的事情。例如，少参加一些社交应酬，把时间留出来陪伴三五知己或家人。或者对那些无助于你实现长期目标的项目坚决说“不”。畅销书《等等，我是老板？！》[25]的作者彼得·伊柯诺米（Peter Economy）给出了一个管用的妙招：不管是什么事，开口就先说不。他说道：

> 当你开口就先说“不”时，就能让自己更好地对收到的邀请进行评估。这并不是说，你应该立马回绝任何事情——而是尽量用类似“我希望自己能为这件事情投入必要的时间”这样的话来做出回应。例如，我能先盘一盘手头还有哪些其他任务，再尽快答复你吗？[26]

- **注意一下你使用社交媒体的习惯**——在日记中，把查看社交媒体和发帖的时间都安排在大脑运转效率最低的时间段。
- **专注于手头的任务**——任务切换不仅浪费时间，还会增加决策疲劳。
- **不用觉得要保持“随叫随到”**——把手机关机或翻过来放在桌上，尽可能关闭新消息通知。
- **留出空闲时间**——确保每周或每天的计划中，始终留有一定的空闲时间。如果你没有时间进行反思，你就会失去洞察力，难以将自己所做的事情与你的长远目标联系起来，也无法将所学到的内容更好地融入自我认知中。自我认知对于不断提高自我意识和获得个人成长极其重要。你要在自己快要爆发的那个时刻点或精力即将耗尽的时候，及时提醒自己往后退一步、缓一缓。

腾出反思的时间

除了留出空闲时间，反思也是关系到你能否成功以及身心健康与否的重要因素。但是人们常常因为繁忙的生活，就把反思遗忘在了角落里。[27]

有一位我辅导过的CEO—— 我们就称呼她瑞斯玛吧—— 在初次步入高管职位时，发现由于职位转变，令她完全无暇反思。她习惯于通过反思来解决问题，喜欢做战略性的思考，能够发现其他人没有注意到的机遇或威胁。她这种反思型的解决问题的风格，也使得她无论是在业务管理上，还是在人员管理上，都能够帮助公司更好地应对来自全球市场错综复杂的挑战。除此之外，她还倾向于反思自己学到的知识，以及应该如何更有效地运用这些知识。她能做到这个职位，反思的习惯可以说是功不可没。但是，当她正式成为了CEO，来自各方的信息、要求、责任和事项安排铺天盖地，压力让她不堪重负，以至于丝毫没有时间再进行反思。

我们讨论了这一现状的问题—— 无暇反思，让她有才无处施展，妨碍了她在这个职位上充分发挥自己的长处。对此，我们必须做出一些改变。我们采取了一个简单的做法，让她把每周一早上做第一件事和每周五下午做最后一件事的时间空出来，专门用于反思。是的，最终的解决办法就是这么简单。制订计划，然后付诸实践。瑞斯玛很快就在工作中大放异彩，证明了公司当初看中她的能力是没错的。

反思的力量

即便你不是CEO，也需要花时间进行反思。你也不必是一个“反思型思想家”。人们往往认为反思是一件“锦上添花”、无关紧要的事情，但事实上它对每个人来说都必不可少。

大约在世纪之交，美国哲学家约翰·杜威（John Dewey）将反思描述为一种出于明确目的的行为，一种“深刻影响个人体验，动态的、有意识的过程”。[28]之后几十年的研究，都证实了这一观点，反思远不止是白日做梦——反思能显著提高学习效率和工作表现。[29]因此，在培养和发挥你的潜力方面，反思是一个非常有用的“免费”工具。用杜威的话说：“我们不是从经验中学习提高，而是从对经验的反思中学习提高。”[30]

反思比经验本身更有助于我们学习和改善我们的行为（前提是我们在某领域已经积累了一些经验）。有一项研究实验以外科医生为例，描述了以下这些现象：

> 设想一下，有个正在接受训练的心脏外科医生。她在指导医师的眼皮底下完成了十台手术。每个人都希望，心脏外科医师的技术能尽快变得娴熟。假设现在她有权选择如何制订未来两周的计划，她可以在两周中再做十台手术，也可以选择用一半的时间做几台手术，用另一半的时间进行反思，以便更好地思考哪些方面她处理得当，哪些方面她做得还不够完善。[31]

虽然花在反思上的时间让她减少了实际“做”手术的数量，也让她无法更多参与所在科室的工作，但是比起在手术室里夜以继日地加班，反思对于她的职业发展更为有效。换言之，如果我们真的能暂停一下，花点时间思考自己正在做的事情，远比我们埋头苦干能更快地提升工作表现。在这个例子中，减速是为了更好地加速。

科学家已经证明，反思与大脑天生的运作方式有关。如果我们进行透彻的反思，大脑就能更有效地发展认知能力（即思考和解决问题的能力）。[32] 这样，我们就能更好地理解任务，也会提高完成任务的信心。

除了提高工作绩效，反思还有其他许多好处：

- 帮助我们以积极的方式应对担忧和忧虑。
- 让我们注意到那些令人精疲力竭或带来各种问题的事情，这样就可以在生活中避开有害的事物。
- 提醒我们到底想做什么，目标方向是哪里。
- 帮助我们理解自己和他人的行为。
- 让我们知道自己在哪些方面做得最出色，擅长什么，最热衷于哪些事情，这样我们就可以安排更多的时间专注于做这些事情。
- 使我们能够识别并克服可能阻碍我们前进的心理障碍。
- 使我们能够更有效地从错误中学习，以免重蹈覆辙。
- 充分认可并庆祝自己的每一个小成果。
- 帮助我们客观地看待事物。
- 让我们更清晰地认识到自己是谁、人生的意义是什么。

测评工具

践行反思

如果你翻阅世界上任何一位伟大的领导人和思想家的传记，就会发现他们每天或至少每周的事项中都包括反思。但是，有效的反思究竟是什么样子的呢?

尽管反思可以是一种不自觉的行为（比如回顾过去了多少时间），但是要想提高我们的能力，我们需要更自觉、更积极地投入精力进行反思。要想成长并提高绩效，最有益的反思方式是“关注自身的感受”（关键在于观察感受，而不是分析感受，后者会让我们陷入无益的内省）。我们需要问自己一些问题，以此来评估过往经历及行为表现，并在必要的时候重塑经历，改进我们的做事方法。

在下面的练习中，我们会介绍一些实用的反思方法。你可以根据实际情况，找到最适合自己的方法。我们也会提供一些思路帮助你开始行动。你可以选择其中的一到两个，然后坚持每周都进行练习。

- **随时随地进行反思**——你可以把反思融入日常生活中，例如，在开车、跑步、洗澡的时候，甚至在你觉得工作中的某件事很烦人时，也可以用反思来分散自己的注意力。当你在外四处奔波时，不妨问问自己如下一些简单的问题：
  - ○在过去的一天或一周里，有哪些事情进展顺利?
  - ○在过去的一天或一周里，有哪些事情进展不顺?原因是什么?
  - ○如果有机会再做一遍，我在哪些方面可以调整自己的做法?
- **书面反思**——你可以选择在晚上或周末，抽出时间写下你的想法、反思和感受。你可以在记事本、电脑或平板电脑上记录，甚至可以把自己说的话录下来。关键是选择一种适合自己的方法。另外，在反思的时候，你需要有意识地去发现行为背后的模式及其相互联系，对发生的事情进行建设性的思考，并从中获得教益。

- **学习日志**——在日志中记录自己的反思。你可以不拘泥于格式。如果你更喜欢结构清晰的方式，可以把页面分成两列，在第一列描述发生的事件，在第二列写下带有更多评判意味的反思（例如，哪些地方做得好？哪些地方做得不好？原因是什么？我对此有什么感受？我以前遇到过这种情况吗？当时我有没有同样的感受？我可以如何改进或改变做事的方式？是什么阻碍了我去做一开始想要做的事情）。
- **和别人聊聊你的想法和反思**——与朋友口头分享你的所思所想有助于你分析自己的想法，你也可以从朋友那里得到反馈，问问他们对事情的看法。这样可以确保你的反思不会被过度积极或消极的偏见所影响，也能让你通盘考虑接下来应该采取怎样的行动。

不管你使用哪种方法，详细写明或说明学到的经验教训，为将来的行动做好计划，这对你而言是很有用的技巧。虽说反思比纯粹的行动更有效，但你还是应该去尝试不同的做事方式，找出哪些适合自己哪些不适合自己，然后（在深入反思后）相应地调整自己的行为。

考虑到生活的节奏越来越快，周遭的世界也是瞬息万变，反思在很多人看来已经日渐式微。但是，从反思中我们能获取丰富的信息，也能获取学习的机会，改进自己的做事方法，所以，绝对值得在生活中留出时间和空间进行必要的反思。让反思成为你日常生活必备的一部分吧。

本章结语

本章中，你探索了几种常见的压力源，这些压力源—— 社交媒体、信息超载和快节奏的生活—— 与大脑的工作方式背道而驰。你还了解了一些有助于你保持工作生活平衡的方法。最后，我们还介绍了对抗快节奏生活的灵丹妙药—— 反思。反思不仅能帮助你减压，还能让你获得成长和发展。在下一章“激活你的大脑”中，我们会讨论从长期来看哪些因素有助于增强你的情绪韧性。

第十一章
激活你的大脑

情绪韧性和压力是相互关联的。情绪韧性有助于你更好地应对面临的压力，使你能够保持在压力曲线的顶部。“韧性”一词来自于拉丁文，意思是弹跳（或反弹）回来。情绪韧性就是指一种从压力事件中恢复原样的能力。情绪韧性不是一种静态的能力，而是一种应对外界干扰时动态适应的能力。它使得我们可以在一定范围内平衡好压力，并且这种范围是可以不断扩大的。长期而言，这关系到我们应对压力的能力。[1]有些人“天生”就拥有更好的情绪韧性。我们都知道，有的人一生顺遂、无忧无虑，而有的人碰到一丁点儿麻烦就绕不过去。当然，其中环境因素也发挥了很重要的作用。我们应该学会变得更有韧性，这样做不仅有益于身心健康，也有助于提高效率。

在上一章，我们讨论了关于如何降低压力的策略，但是长期而言，思考如何找到最佳的压力平衡点也是很重要的，不让压力在持续的一段时间里轻易地击溃你。为了充分发挥能力，你不仅需要了解自己并找到最适合自己发展的环境，同时还要真正关注你的大脑和身体。人们越来越认识到，一个人的心智表现会受到生理因素的影响，尤其是睡眠和锻炼。但是还有三个因素也会在很大程度上影响你的压力平衡能力，分别是社交、自我意识和好奇心，而且它们和本书研究的问题都有关联。我们将继续讨论这三种因素对情绪韧性的影响，同时也将讨论睡眠和锻炼因素的作用。

许多年以前，一家跨国企业的负责人要求我们在测评候选人时，把衡量情绪韧性的指标纳入进来，以评估企业中前100个核心岗位的候选人。我对情绪韧性有过一定的研究，但是情绪研究并不能用日常语言来解释。当这些候选人了解到，我们在测评中会关注情绪韧性这一方面时，他们总会感到惶恐不安。我会向他们解释，情绪韧性并不是用来判断哪些人会在压力下崩溃，或者哪些人会因为遭遇失败而倍感压力。情绪韧性是用来描述人们在遇到麻烦时能够在多大程度上应对压力，以及他们是如何应对的。即便在这些人入职很久之后，报告的这段内容依然可以发挥作用，能够帮助他们更好地渡过难关，或在他们面临巨大压力时提供应对方法。因此，现在我们都会在相关研究报告中包含情绪韧性这个部分。真正理解情绪韧性的意义对你非常重要，也非常有价值。

影响情绪韧性的因素

本节概述了有助于培养情绪韧性的科学方法。这些方法可以融入日常生活和习惯之中，这样不管遇到什么情况你都能有效地平衡压力。正如我们在前面的章节里所讨论的那样，有很多因素都与情绪韧性有关。但是，当我与外科医生、临床医生共事时——我发现情绪韧性对他们的工作非常关键。以下这些因素对维持情绪韧性最有用：

- 睡眠
- 社交

· 好奇心

· 自我意识

· 锻炼身体

睡 眠

对运动员而言，良好的训练和充分的休息能够改善他们的表现，发挥出他们的潜能。对你而言，道理也是一样的。当我们努力拼搏或忙于生计的时候，我们常常会忽视休息，也常常低估了睡眠的作用。与人类的祖先不同，我们不会、实际上也无法做到日出而作，日落而息。环境与自然需求的不适配对我们产生了巨大的影响。本节的第一部分将讨论睡眠的作用和好处，帮助你理解睡眠为什么对大脑和身体如此重要，以及现代生活为什么让我们很难拥有良好的睡眠。然后，通过分析昼夜节律生物钟，看看应该如何优化你的作息规律。最后，基于以上所收集的信息来帮助你制订计划，在现有的客观条件和你的生活方式下，充分利用好你的昼夜节律生物钟和睡眠时间。

从生理学的角度来看，人的一生中大约有三分之一的时间都在睡眠中度过。[2]如果不睡觉的话，我们将无法正常工作，更别提发挥自己的最佳潜能，也没法思考希望从生活中得到什么，以及打算如何实现这个目标。然而，大多数人都过着忙碌而紧张的生活，导致人们忽视或不重视自己的睡眠需求（同时还一个劲儿地抱怨自己一直很累）。[3]而在“成功导向的文化”中，废寝忘食地加班加点被视为一种荣耀，然而这对改善睡眠问题毫无帮助。因此，即使当我们感到疲惫时，仍然会强迫自己保持清醒，不管多晚都去查看电子邮件，聚餐时再多喝一杯，或者在视频网站上再看一集电视剧。我们遗忘了睡眠的价值：只有保证充足睡眠，我们才能保持自我意识，才能保持理性脑正常运转，并使我们每天都能发挥出潜力。

睡眠不足产生的影响非常严重，这点令人担忧。缺乏足够的睡眠会让我们变得情绪化，记忆力下降，做出错误的决策，或者冲着别人发火。[4]更要命的是，睡眠不足往往是导致事故和伤害的因素之一。长期睡眠不足还会造成更严重的健康隐患，包括糖尿病、肥胖症、心脏病[5]、抑郁症、焦虑症和偏执症[6]等，在极端情况下则会导致精神疾病[7]甚至是死亡[8]。睡眠不足造成的认知缺陷程度与饮酒和吸毒相当。[9]在英国，五分之四的人睡眠不佳或者睡眠不足；[10]而在美国，这一比例也仍然居高不下。根据美国疾控中心的数据，三分之一的人无法获得充分的睡眠。[11]由此产生的一个严重问题，尽管许多人已经感到极度疲倦，但他们并不觉得自己身体有什么异常。

我们必须重视睡眠，因为良好的睡眠使我们拥有更好的认知表现、体能水平、身体机能和运动表现，以及更出色的情绪调节和社交能力。简而言之，我们需要保障充足的睡眠才能塑造自我，实现自己的人生目标，才能清晰地思考人生的方向，有效地和他人建立联系，拥有良好的自我意识，并能够克服任何困难和挑战。

人类的大脑还没有适应电灯的使用以及现代的生活方式。位于罗阿诺克的弗吉尼亚理工大学历史学教授罗杰·埃科奇（Roger Ekirch）在他的著作《日暮：黑夜的历史》（*At Day's Close: Night in Times Past*）一书中，描述了人类祖先的典型睡眠模式。[12]他从日记、法庭记录和医学书籍中发现了500多份有关睡眠的参考文献，这些材料都反映了相同的睡眠模式，即：日落而息、日出而作。直到大约一个世纪前，人们通常还会在半夜醒来一个小时左右。这些发现在1992年得到了一位名叫托马斯·韦尔（Thomas Wehr）的精神病学家的研究结论支持。[13]他进行了一项研究，在整整一个月的时间里，将八个人每天14小时置于完全黑暗的环境中，观察他们会发生什么。到了第四周，所有人都进入了与历史记录中相同的睡眠模式，即：睡眠四个小时，然后是一至两个小时的清醒，再是四个小时的睡眠。包括学者和医生在内的许多专业人士认为，对抗这种自然的作息模式在一定程度上加剧了现代人的失眠症。人们在半夜醒来，辗转反侧，变得越来越焦虑，因为他们觉得醒来是不自然的或不好的，这使得他们更加无法入睡。

此外，当我们违背自然的睡眠规律时，体内的时钟（叫作昼夜节律生物时钟）会努力适应这种不正常的睡眠模式。尽管生物钟主要是受自然光的影响，[14]也会受到就寝时间、锻炼、社交、当地时间（取决于我们身在哪个时区）、吃饭时间等因素的左右，但仍然需要逐渐改变。身体很难适应经常改变的睡眠时间。当我们前往不同的时区，在一天中的不同时间受到日照时，就会非常明显地感受到时差带来的影响。即使身体感受到了新时区日出和日落的变化，我们仍然每天大约需要适应一个小时才能完全转换到当地的作息时间。[15]生物钟也会因生物、遗传、社会心理和环境因素的不同而有所差异。有些人在早晨更加精神，这类人有个好听的名字叫作“百灵鸟”；而另一些人则一到晚上就来精神，也就是传说中的“夜猫子”。我们稍后会一起探索并了解你自己的生物钟类型。

无论什么时候睡觉或起床，有很多人会为睡眠不足而感到自豪，觉得这是因为他们太忙了。我们把忙碌等同于重要，因此，忙碌令人们感到自己身负重任。但是，我们更应该通过寻找生活的意义来寻找自己的价值感。如果没有充足睡眠，我们就无法有效地做到这一点。在商界，忙碌更是备受推崇。为了抢占先机取得成功，人们期望你即便睡眠不足也要继续拼命工作。阿里亚纳·赫芬顿就是一个典型的例子，她就是这么坚持的，并且尝到了苦果，2007年她积劳成疾，大病一场。现在，她致力于在TED媒体平台上向公众普及充足睡眠的好处，还在她的在线杂志《赫芬顿邮报》社论中强调这个话题。脸谱网的首席运营官雪莉·桑德伯格（Sheryl Sandberg）也曾经把工作看得比睡眠更要紧，但由此对身体造成的伤害让她意识到每晚必须确保至少七个小时的睡眠时间。微软前CEO比尔·盖茨（Bill Gates）曾经也常常熬夜工作，现在他也改变了工作习惯。他说，每晚至少“要睡七个小时，才能让自己保持敏锐的洞察力和乐观的态度，并富有创造力”。越来越多事业有成的高管开始意识到睡眠的重要性。我再举一个我曾经辅导过的例子。

关睡眠什么事?

我的客户亚历克经常要跨越不同的时区，到世界各地去开会。虽然他说自己一切都挺好的，出差并没有真正影响到他，但他的实际表现远没有达到最佳状态。他得到的反馈是，他需要更富有同理心，他总是脾气暴躁，从来没有时间去认真倾听别人在说什么。因为公司正在经历一些重大的变化，员工们感到不安，需要他来指明方向，倾听员工的心声这一点就变得尤为重要。亚历克并不认为这是个问题，辩解说只要时间允许，他可以多听听别人的意见。但现实是，尽管付出了很大的努力，他仍然很难轻易地做出调整。和他深入沟通之后，我发现他的问题很明显与疲劳直接相关。在他担任这个需要频繁出差的职务之前，这些问题都不存在。然而，尽管公司也认识到他需要更好地与别人沟通，却并不承认是行程安排给他带来这些困扰。当我们开始重视这个问题，通过了解影响他睡眠模式的所有因素后，他开始做出一些调整，他的表现自然而然得到了改善。

关键是你要意识到自己需要多少睡眠，因为你的雇主很少会这么做。因此，你必须实事求是地对待自己的睡眠需求，而不是不顾一切地废寝忘食，毕竟睡眠不足会极大地影响你的工作表现和健康，也会对你身边的人产生负面影响。

测评工具

昼夜节律生物钟

“清晨型/夜晚型”调查问卷诞生于20世纪70年代，但至今仍非常有效，被心理学和医学研究人员广泛使用。詹姆斯·霍恩（James Horne）和奥洛夫·奥斯特伯格（Olov Östberg）设计了这项问卷，试图弄清楚一个人的生物钟在一天中的什么时间会达到最佳状态。有些人在早上的精神状态最好，有些人在晚上的状态最好，有些人则在早晚之间的某个时间段最能集中精神。了解你状态最佳的时间段可以帮助你充分发挥出自己的水平，并在这个时间段投入最多的精力和能力，完成最有挑战性的工作。

完成以下调查问卷，然后对照表11.1，查看分数对应的含义。

清晨型/夜晚型 调查问卷
自我评估版本（MEQ-SA）

使用说明：针对每个问题，请根据近期感受圈出最能描述你实际情况的答案。

1. 如果你可以自由地安排白天的时间，你会几点起床？

[5] 上午5：00—6：30

[4] 上午6：30—7：45

[3] 上午7：45—9：45

[2] 上午9：45—11：00

[1] 上午11：00—12：00

2. 如果你可以自由地安排晚上的时间，你会几点睡觉？

[5] 晚上8：00—9：00

[4] 晚上9：00—10：15

[3] 晚上10：15—12：30

[2] 凌晨0：30—1：45

[1] 凌晨1：45—3：00

3. 如果你必须在早晨的某个时间起床（与你平常的起床时间不同），你在多大程度上需要依赖闹钟？

[4] 完全不

[3] 一点点

[2] 部分

[1] 非常需要

4. 你觉得早上起床是否容易（并非被意外吵醒的情况下）？

[1] 非常困难

[2] 有些困难

[3] 比较容易

[4] 非常容易

5. 在早上醒来后的半小时内，你感觉有多精神？

[1] 完全没精神

[2] 有一点精神

[3] 比较精神

[4] 非常精神

6. 在醒来后的半小时内，你感到有多饿？

[1] 完全不饿

[2] 有一点饿

[3] 比较饿

[4] 非常饿

7. 在早上醒来后的半小时内，你感觉如何？

[1] 非常疲倦

[2] 比较疲倦

[3] 比较清醒

[4] 非常清醒

8. 如果你第二天没有事情，与你平时的睡觉时间相比，你会几点睡觉？

[4] 与平时几乎相同

[3] 晚1个小时以内

[2] 晚1—2个小时

[1] 晚2个小时以上

9. 当你决定进行体育锻炼时，你的朋友建议你坚持每周练两次，每次一小时，而且对他来说最好的时间是早上7点到8点之间。按照你自己的生物钟习惯，你觉得这个建议如何？

[4] 非常适应

[3] 比较适应

[2] 有点困难

[1] 非常困难

10. 通常你在晚上什么时间会感到疲倦，觉得需要睡觉？

[5] 晚上8：00—9：00

[4] 晚上9：00—10：15

[3] 晚上10：15—12：45

[2] 凌晨0：45—2：00

[1] 凌晨2：00—3：00

11. 你将参加一个会非常耗费脑力的测试，时间要持续两个小时。你可以自由地安排时间。根据你自己的生物钟，为了表现出最佳状态，你会选择四个测试时间中的哪一个？

[6] 早上8：00—10：00

[4] 上午11：00—下午1：00

[2] 下午3：00—5：00

[0] 晚上7：00—9：00

12. 如果你晚上11点上床睡觉，你会感觉有多累？

[0] 一点不累

[2] 有一点累

[3] 比较累

[5] 非常累

13. 由于某种原因，你比平时晚睡了几个小时，第二天早上没有别的事情，可以睡到任何时候。你最有可能会在什么时间醒来？

[4] 和平时相同时间醒来，并且不会再睡着

[3] 和平时相同时间醒来，但会稍微眯一会儿

[2] 和平时相同时间醒来，但会重新入眠

[1] 会比平时晚醒来

14. 某天晚上你有值班任务，必须在凌晨4点至6点之间保持清醒。第二天你没有其他事情。以下哪一项最符合你的情况？

[1] 直到值班任务结束后再开始睡觉

[2] 在值班开始前打个盹，等任务结束后再睡觉

[3] 会一直睡到值班任务开始前一刻，然后等任务结束后再稍微眯一会儿

[4] 会睡到值班任务开始前一刻，任务结束后就不再睡觉了

15. 如果你要做两个小时的体力劳动，并且可以自由地安排你的时间。根据你的生物钟，你会选择什么时间？

[4] 早上8：00—10：00

[3] 上午11：00—下午1：00

[2] 下午3：00—5：00

[1] 晚上7：00—9：00

16. 当你决定进行体育锻炼时，你的朋友建议你坚持每周练两次，每次一小时，而且对他来说最好的时间是晚上11点到12点之间。按照你自己的生物钟习惯，你觉得这个建议如何？

[1] 非常适应

[2] 比较适应

[3] 有点困难

[4] 非常困难

17. 假设你可以选择自己的工作时间。你每天需要工作五小时（包括休息时间），而且你的工作很有趣，你将根据工作表现获得相应的报酬，你会选择在什么时间开始你的工作？

[5] 早上4：00—8：00之间开始工作五小时

[4] 早上8：00—9：00之间开始工作五小时

[3] 早上9：00—下午2：00之间开始工作五小时

[2] 下午2：00—5：00之间开始工作五小时

[1] 下午5：00—凌晨4：00之间开始工作五小时

18.在一天中的大约什么时间段，你感觉状态最好？

[5] 上午5：00—8：00

[4] 上午8：00—10：00

[3] 上午10：00—下午5：00

[2] 下午5：00—晚上10：00

[1] 晚上10：00—凌晨5：00

19. 当你听到“清晨型（百灵鸟）”和“夜晚型（夜猫子）”时，你认为自己是哪一种类型？

[6] 绝对是清晨型

[4] 清晨型的程度要大于夜晚型

[2] 夜晚型的程度要大于清晨型

[1] 绝对是夜晚型

计算出19道问题的总分：

资料来源：经授权改编自 J. A. 霍恩和 O. 奥斯特伯格，1976，“清晨型—夜晚型”昼夜节律生物钟自我评估问卷，《国际时间生物学杂志》，第4（2）期，97—110页。

表11.1 根据昼夜生物钟问卷，你是什么类型？

得分	类型
16—30 分	绝对夜晚型（DE）

31—41 分	中度夜晚型（ME）
42—58 分	两者都不是（N）
59—69 分	中度清晨型（MM）
70—86 分	绝对清晨型（DM）

了解你的昼夜生物钟

如前所述，清晨型和夜晚型也称为百灵鸟和夜猫子。如果你是绝对清晨型或百灵鸟，你在早上的精神和身体状态更好。如果你是绝对夜晚型或夜猫子，你在傍晚或晚上的精神和身体状态更好。

常见的昼夜生物钟包括：N（两者都不是）、MM（中度清晨型）和 ME（中度夜晚型）等类型，占总人口的70%。如果你在这个常见的范围内，你通常会在早上7点到8点之间醒来，晚上11点到午夜之间睡觉。你在清晨和傍晚最有精神，在下午早些时候感到最无精打采。如果你是中度清晨型，你会发现自己比另外两种类型的人更难坚持熬夜工作。

DM（绝对清晨型，或称为百灵鸟）类型只占总人口的10%。如果你属于这一类人，你会在上午8点到9点左右工作效率最高，而到了晚上9点或10点就会感到筋疲力尽。

剩下的20%人属于DE（绝对夜晚型，或称为夜猫子）类型。如果你是这种类型的人，你就是名副其实的夜猫子，工作到深夜对你毫无压力，而一大清早你则会显得萎靡不振。不过，你要注意的是，由于你必须在所谓社会认为“正常”的时间起床，这会逐渐地导致你睡眠不足。

你应该尽可能在最有精神的时候安排做一些对脑力、体力要求较高的任务，这样才能使你的工作效率更高、工作质量更好。你甚至可以考虑把自己的睡眠时间提前或推迟，确保你能充分利用自己的最佳状态时间。日本小说家村上春树就是一个这样的例子，他了解自己在什么时间最有精力，并且充分地加以利用。他每晚9点左右睡觉，凌晨4点自然醒来。他说，这样自己就能够从一早醒来到中午始终保持最佳的写作状态。在每晚至少睡眠七个小时后，这是他每日工作效率最高的时间窗口。

优化睡眠的方法

除了最大化地利用昼夜生物钟，了解如何提高睡眠质量也很重要。睡眠教练尼克·利特尔黑尔斯（Nick Littlehales）曾辅导过多名英国杰出的运动员，包括自行车职业赛车手布拉德利·威金斯（Bradley Wiggins）和克里斯·霍伊（Chris Hoy），以及曼联等足球队队员。他主要辅导客户如何在不同的情况下运用科学的方法改善睡眠。

利特尔黑尔斯认为，大多数人不仅违背了自己的昼夜生物钟规律，而且还缺乏对睡眠模式和睡眠习惯的正确认知。他指出，我们应该运用“90分钟周期”这个方法来优化睡眠。这样的周期能使我们完整地经历各个必需的睡眠阶段，包括快速眼动睡眠（REM）和非快速眼动睡眠（non-REM）。他建议人们可以使用这种方式来计算什么时候应该睡觉，什么时候应该醒来。按照这个原则，利特尔黑尔斯解释说，我们应该根据自己的实际情况睡足6小时、7.5小时或者9小时，这样可以最大程度地保证睡眠的质量。例如，他通常晚上11点睡觉，早上6点30分起床。如果某个晚上他有事外出，错过了平常的就寝时间，他会尽量抓住下一个时间窗口，也就是在凌晨0点30分睡觉，并且仍然在同一时间起床。他还认为，如果我们错过了必需的睡眠时间，还可以在白天的三个自然睡眠时间段里补觉。有趣的是，这个说法是符合人类原始的睡眠模式的，即在白天打个盹。因此，通常他都会建议运动员要补觉的话，可以在下午1时至3时或下午5时至7时之间小睡90分钟。

2009年，利特尔黑尔斯在天空自行车队担任睡眠教练，辅导赛车手们在环法自行车赛期间改进他们的睡眠习惯。为了实现最大程度的体能恢复，他建议赛车手们采取以下这些措施：

- 确保房间的温度适宜（通常在 16 至 18 摄氏度之间）。
- 不吃含糖和高脂肪的食物，在下午晚些时候尽量不摄入咖啡因。坚决不喝含酒精的饮料。睡觉前喝一杯富含牛奶蛋白的饮料，有助于催生睡意。
- 确保卧室里没有任何电子设备，至少不应该在睡前 90 分钟内看手机、电视或电脑。这些设备发出的光会影响赛车手们自然的昼夜生物钟，不利于睡眠。[16]

以下是其他一些改善睡眠的技巧：

- **冥想**——医学研究日益表明，比起其他的干预措施，冥想可以更有效地治疗失眠，同时也能改善健康人群的睡眠质量。[17] 每天只需花上 10 分钟，就可以对睡眠质量产生积极影响。[18]
- **智能手环或睡眠应用程序**——可以让你大致了解自己的睡眠质量，包括睡了多长时间，是睡得很安稳，还是一直在做梦。通过监控你的睡眠过程，可以帮助你合理安排好自己的生活，即使在繁忙之中也能确保拥有足够的睡眠时间。但你必须要清楚，这些设备不会帮助你解决睡眠问题或诊断出任何与睡眠相关的疾病。

· **合理安排工作**—— 哈佛大学医学院教授查尔斯·蔡斯勒（Charles Czeisler）建议，如果你经常需要长途出差，那么在乘坐国际航班之后别急着开展业务或自己开车，至少休息一天时间让身体适应不同的时区。另外，如果你是公司高层，在你需要做出一些关键性的决策之前，也必须确保自己已经得到了足够的休息。[19]

虽然你不必采取以上所有措施，但了解这些有利于你更清楚地意识到应该如何适应自己的内部生物钟，这是大脑中最强大的部分之一。许多成功人士都已经摸索出了如何利用这种原始的大脑机制来改善自己的表现，无论是在体育竞赛中，还是在商业管理上，都发挥出最佳水平，从而让自己处于有利地位，从竞争中脱颖而出，或实现既定目标。

社交关系

本能脑和理性脑都倚赖于我们与周围人的关系。人类天生是社会性的，但有时我们也会忽略自己需要社交的本能。

观察社会隔绝对人类所产生的影响，是研究社交关系重要性的最有效的方式之一。举例来说：

· 据报道，单独监禁所产生的副作用是非常严重的。在《红十字国际评论》里把这种惩罚措施称为“心理折磨”。一项针对美国加州一所最高安全级别的监狱里 100 名被单独关押的囚犯所做的研究表明，超过 80% 的囚犯出现了精神问题，包括过度担忧和焦虑、非理性的愤怒、思维混乱；77% 的囚犯患有慢性抑郁症；另外有 41% 的人曾产生过幻觉。[20]

- 伦敦大学学院流行病学和卫生保健研究所所长斯特普托（Andrew Steptoe）教授曾带领研究小组对 6,500 人进行了长达七年的跟踪调查。结果发现，与家人和朋友隔绝会使死亡风险增加 26%。这不仅是因为社交带来的情感支持和温暖可以减缓疾病对身体状况的影响，还因为家人和朋友可以提供建议和帮助，督促人们按时服药。[21]
- 研究表明，社交关系对死亡风险的影响与众所周知的危险因素（如吸烟、酗酒）相类似，而且还超过了其他已知的影响死亡率的因素，例如缺乏运动或肥胖。[22]

高质量的社交关系

因此，我们不难发现，拥有稳定且高质量的社交关系，对改善情绪韧性至关重要。密歇根大学罗斯商学院工商管理与心理学教授简·达顿（Jane Dutton）博士把所谓的高质量社交关系定义为人与人之间的结缔组织（connective tissue）。结缔组织就像连接身体器官的血管组织，她以此做类比，想表达的意思是社交关系既可以赋予我们生命，也可以损耗生命。高质量的社交关系为我们提供了重要的营养物质，让我们懂得变通，也变得坚韧。而低质量的社交关系只是意味着存在某种联系，彼此之间有沟通和互动，但仅此而已。[23]达顿还解释说，只要能够用心投入，即使是短暂的交谈也会对我们产生积极的影响。例如，早上碰到咖啡师给你端上一杯咖啡时，可以和他聊几句，而不是低头看手机或匆忙地打个招呼。事实上，在这种短暂的互动过程中，只要你用心去聆听和关注，也会让你们彼此的一天都变得有所不同。

为了有效地改善情绪韧性，你必须与值得信赖的人建立和培养牢固的社交关系，并养成习惯——与你碰到的每个人都进行有意义的互动联系。请结合你在第四章“人生的意义”中掌握的沟通要点，进一步学习以下工具。

测评工具

你能从社交关系中得到你需要的东西吗？

在本练习中你需要将社交关系分为不同的维度（表11.2）。下面三个维度中的每一项，对生活既可能是有益的，也可能是有害的。

有趣的地方是，尽管所有社交关系都在一定程度上有助于改善身心健康，但研究发现，只有群体关系才与我们对生活意义的感知有关。

表11.2 社交关系维度

维度	
亲密关系	拥有配偶或亲密的伴侣。一个懂你、爱你，无条件支持你的人。
私人关系	与朋友或家人之间的互惠关系。
群体关系	属于小组或社区的一部分，可以是亲密大家庭中的一员，可以是一个互助型社区的居民，也可以是大型志愿者协会的成员之一。

资料来源：改编自奥·斯塔夫罗娃和阿姆·卢曼，2016，“社会性联系是生活意义的源泉和结果”，《积极心理学杂志》，第11（5）期，470—479页。

社交关系评估

对社交关系进行评估对你来说也许并不是一件容易的事情。但鉴于社交关系的质量关系到你的心理健康，你必须进行全面的评估，分析一下你把自己的精力投到了对生活有意义的关系上，还是投到了对生活有损耗的关系上?

> 我在《大脑的镜像学习法：镜像模仿决定我们的为人与命运》一书中，探讨了我们是如何与他人之间产生深度的联结，以至于会像一面镜子一样模仿他人的情绪反应。例如，2008年发布的一项研究对近5,000人进行了20年的跟踪调查，发现情绪和行为，特别是快乐和不快乐的情绪，会在社交网络中进行传播。研究人员发现，幸福感可以传递给三层关系的人（朋友的朋友的朋友），他们把这种情感的传播称为“情绪传染”。[24]这就是为什么你要尽量和那些与你拥有相同人生观的人做朋友。你也要和那些能够赋予你生活意义的人交往，而不是和那些损耗你生活意义的人相处。

根据以下三个类别，列出你最常接触的人。

表11.3 社交关系维度

维度	我的关系
亲密关系	

私人关系	
群体关系	

请根据这些人对你的生活是产生了正面意义还是负面意义，在他们的名字上分别标加号或减号。以下这些问题或许对你有所帮助。

注意：有的关系是很复杂的，很难简单地用加号或减号来表示，例如你的亲密伴侣。而有的关系虽然会让你感到身心俱疲，但由于和你有亲属关系，你也不能简单地摆脱这种血缘联系。

- 当我与这个人相处或交谈时，我是否感到精神振奋、精力充沛或内心平静？
- 我是否期待见到他们、与他们交谈或阅读他们发来的消息？
- 他们是否支持我的观点或者我做的事情？
- 与这个人来往或聊天后，我是否感到精疲力竭？
- 我是否害怕见到他们、与他们交谈或阅读他们发来的消息？
- 他们是否经常对我的观点或者我做的事情持批评态度？
- 我是否觉得和这个人保持友好关系是一种压力？

如果你对最后四个问题中的任意一个的回答是肯定的，那么你必须认真思考：

· 你有这种感觉多久了？这种感觉是最近才产生的还是已经持续了一段时间？你觉得你可以和这个人谈谈这个问题吗？你觉得是否值得和对方聊一聊，还是索性不再浪费精力和这个人交往了。

当我的大女儿还在蹒跚学步时，我加入了一个母婴小组。我只能说这个小组的群体氛围非常压抑。小组里的成员单独来看都是很友善的人，但不知道为什么，只要她们聚在一起，话题就会变得消极、刻薄、妄加评判和充满恶意。当你与小组成员私下关系不错，并且相处得也愉快时，就会发现很难不参与讨论，但总归感觉这种情况就是不对劲。最后，我决定不再和那个圈子混在一起，而是与其中和我关系融洽的人单独来往。毕竟，我知道群体的氛围并不简单地等于每个个体的总和。

黄金友谊

接下来，我们看一下那些真正能让你感到舒服的社交关系。我把这种关系称为“黄金友谊”。你和哪些朋友的关系令你感到如沐春风？请把他们的名字写下来。尽量思考得全面些，不要把那些多年未见的朋友遗漏了。

你多久和他们聊一次或见一面，还能更加频繁一点吗？

你对你们的关系投入了多少？

亲社会行为会在很大程度上影响生活满意度、心情和幸福感，我们对此的理解也是逐步加深的。研究发现，亲社会行为不仅在个人层面，还在社会层面影响着我们的健康。

我很荣幸地认识了《联合国幸福报告》主编约翰·海利威尔（John Helliwell）。他也是加拿大英属哥伦比亚大学的经济学名誉教授。从他为联合国做的工作中，我看得出来他是一个心地非常善良的人，而且愿意慷慨奉献出自己的时间和专业建议。当我们一起在公园里漫步时，有很多人都会走到他跟前，对他为社区里所做的许多事情表示感激。这表明他一直是身体力行着自己在文章中所写的生活方式，并且这种身体力行也在不经意间反过来对他本人产生了积极的影响。

2019年《幸福报告》中有一章的标题是“幸福与亲社会行为：基于事实的评估”，探讨了奉献时间或捐赠金钱等形式的亲社会行为是如何提高我们的幸福感的。[25]在奉献时间方面，作者引用了各种各样的研究成果，这些研究都是基于大量的样本。例如，通过对英国66,343人的抽样调查，研究人员发现愿意无偿奉献时间的志愿者往往也拥有更高的幸福感。他们还概述了许多研究的观点，这些研究都表明提供志愿者服务与提高生活满意度、建立积极影响和缓解抑郁之间有着非常密切的关联。这个结论在发达国家和发展中国家都是一样的，也无关东西方文化差异或人口特征差异。

在捐赠金钱方面也存在类似的研究结果。例如，一项针对600多名美国成年人的研究发现，那些通过捐赠礼物或资助慈善机构等方式进行捐赠的人，也往往拥有更高的幸福感。并且，这个结论也是在任何文化背景下都适用。盖洛普全球民调对来自130个国家的100多万人开展了民意调查，发现慈善捐赠是预测全球生活满意度最有效的六大指标之一。[26]

这对你而言意味着什么？

《联合国幸福报告》还研究了在什么情况下亲社会行为最有可能提高一个人的幸福感。研究表明，预测一个人能否从帮助他人中感到快乐时，有三个因素非常关键，分别是：

· 能够自主选择是否向他人提供帮助，以及如何提供帮助
· 能够感到与被帮助的人之间产生联系
· 能够看到自己提供的帮助是如何发挥作用的

因此，当你自愿帮助一个年长或体弱的邻居去买东西，在把东西交到他们手上时看到他们脸上露出的笑容，并且看到你的行为对别人的生活带来的影响，你会真心因亲社会行为而感到十分满意。反之，如果你是迫于无奈而选择帮助邻居买东西，买好之后直接把东西放在了门口，并未与邻居当面打招呼，也不清楚自己的助人行为是否真正起到了作用，那么你就未必会因自己的亲社会行为而产生积极的心理变化。所以，你必须认真思考这三个重要的因素，并在这三个因素都得到满足的情况下，再去实践你的亲社会行为。

测评工具

阅读下面的亲社会行为列表，并思考如下问题：

1. 是否愿意做其中的任何一件事情（如果都不愿意，请思考一件你想做的事情）？

2. 做这件事情后，是否会让你感到与被帮助的人之间产生联系？

3. 你是否能够理解或看到你的行为产生了什么作用？

在本周中，选择做其中一件事情，当然也可以选择做你自己想做的事情。关注自己做这件事情后的感受。如果体验下来感觉不错，可以试着把这个亲社会行为纳入你每周的待办事项中。

亲社会行为的示例：

- 当别人感到孤独或者痛苦时，愿意倾听他们的心声
- 当别人面对一些事情无能为力的时候，提供举手之劳的帮助
- 为别人（甚至可以是陌生人）买咖啡、食物或车票
- 无偿奉献时间
- 自愿贡献你的专业知识（例如，根据你掌握的知识教授别人一项新的技能）
- 献血
- 向慈善机构捐款
- 为流浪汉买食物
- 发送一封带有积极反馈信息的邮件
- 自制一个护理包送给某个病人或需要你关爱的人
- 介绍两个你认为会彼此欣赏的人互相认识
- 帮助别人照看他们的孩子
- 赞扬在公共场合彬彬有礼的孩子和他们的父母
- 在体验优质服务或阅读一本好书后写一条好评
- 努力改掉一个总会惹你的伴侣生气的缺点
- 帮助你的伴侣或室友做他们不喜欢做的家务活
- 主动帮助刚刚经历人生变故的朋友，例如，为他们做一顿饭，打扫房间，或者洗衣服
- 在公交车上主动让座

> 正如情绪可以传染他人，亲社会行为也可以传染他人。帮助别人，也就是帮助自己。当你帮助了别人之后，也会对你身边的人产生积极的影响。

好奇心

好奇心也是影响情绪韧性的另一个因素。你有必要重温一下在第一章中学到的内容，思考如何不断地从人、兴趣、事情等角度了解这个世界，拓展自己的思维和生活方式。开放的思维模式和不断学习的心态有助于提升幸福感，并构建起一种所谓的“心理灵活性”（mental flexibility），这种心理灵活性有助于增强情绪韧性。[27]你可以试试以下几种简单的方法：

· 尝试新的食谱，做一些和平常不太一样的菜肴，特别是那些对身心健康有益的食品。

· 在工作中承担新的职责。例如，指导并帮助经验不足的同事，体现出社交关系中的亲社会行为。

· DIY，例如，做一个书架，装裱你的假期照片或子女照片，甚至可以通过查阅线上教程做一些更有挑战性的 DIY 事情。

· 如果时间允许，可以考虑报名参加一个和你儿时梦想有关的课程。例如，如果你小时候对艺术情有独钟，现在可以尝试一下相关的成人班课程。[28]

你在做这些事情或选择做其他事情的时候，都不要给自己太大的压力，不然只会适得其反。你应该插着好奇心的翅膀轻装上阵，让你获得更多积极的成长，而不是更大的压力。

自我意识——白日梦和反思

本书的内容主要都是关于自我意识方面的。可喜的是，自我意识与情感韧性之间有着显著的正相关关系。自我意识的定义是了解自己的想法、情绪和行为。[29]当压力悄悄蔓延到你身上，自我意识将变得非常关键，能够帮助你识别一些早期的危险信号并作出恰当的回应，比如易怒、疲劳，或无所适从。我们已经探讨了很多方式来提高你的自我意识，其中有一些特别有助于改善情绪韧性，包括自我监督、反思和个人发展。简单来说，坚持使用这些方法能够帮助你有效地平衡压力，从而保持良好的情绪韧性。

锻炼身体

尽管我们非常清楚锻炼身体对我们的健康和状态有诸多好处，但我们难免会感到每天坚持锻炼身体是一件很不容易的事情。因此，我们必须努力去有意识地关注身体锻炼这件事情，才不至于在生活中忽视这个基本的需求。本节我们将进一步探讨身体锻炼方面的问题，了解其影响我们健康和身体状态背后的科学原理。我会帮助你识别哪些因素会阻碍你坚持锻炼身体，以及如何克服这些阻碍，并且找到最适合你的锻炼方式。

经常锻炼有很多好处，其中一个不太提及的好处就是它会通过神经刺激增强大脑能力，也就是说锻炼身体有助于保护大脑，促进大脑的恢复。[30]这不仅对你的日常生活非常有帮助，还能够改善你的许多表现，包括决策、学习、记忆、思维清晰，也可以更有效地应对本能脑所产生的情绪反应。坚持锻炼身体还可以促进身体的机能和效率，使我们每天能做更多事情，更有精力，生活也更充实。[31]

人类的大脑经过进化，所适应生存的世界与今天我们所在的世界截然不同。同样，身体经过进化，也早已离不开经常性的运动锻炼。即使我们的生物钟失调，通过运动也可以重新调节昼夜节律。而且，锻炼身体的好处还远不止这一点。研究表明，运动能增强心肺功能，降低冠心病、心脏病、二型糖尿病以及一些癌症的患病概率。[32]除了这些生理方面的好处，锻炼身体还会对心理方面产生多种好处，包括减轻压力，缓解焦虑，预防认知衰退，降低抑郁风险，提高自尊心、自信心，改善情绪、睡眠质量和精力水平。[33]

每个人对这些好处都很清楚。特别是对高管或其他想在压力下取得成功的人而言，他们的工作性质决定了体内会产生大量的压力荷尔蒙，锻炼身体可以有效地阻止这些压力荷尔蒙在体内积累。日常生活中大量的压力源会触发原始的本能脑内部释放化学物质。以下例子是日常生活中一些简单的事情，这些事情会引发受生存驱动的本能脑做出反应，就好像我们真的受到威胁一般，而且通常是在无意识间发生的。

· 发现别人坐在你的座位上
· 列车上有人突然撞到我们
· 有辆车突然从我们面前冲出来
· 未被邀请参加某个会议
· 在收件人的名单里被漏掉
· 被拿来与别人作比较
· 被有魅力的人忽视

如上种种，每天的日常生活中都会有成百上千的事情导致我们的本能脑释放一些化学物质。在远古时代，这些化学物质会通过某种形式的身体活动被分解。然而在现代社会，它们就会残留在我们的身体里。一旦这些化学物质在体内产生，就无处可遁。当发现别人坐在我们的座位上时，我们不可能转过身来和对方大打出手；当列车上有人突然撞向我们的时候，我们也无法转身就逃。因此，这些化学物质就会在体内积累，从而产生有害的压力，会影响我们的判断力以及理性脑的运转。

即使在面对压力时，你也想发挥出最佳状态。要发挥你的最佳状态，关键的一点就是要想办法摆脱这些化学物质。最自然的一种方式就是进行体育锻炼。这似乎是明摆着的道理——毕竟，媒体、医疗专家、政府部门，以及其他很多人都在反复告诉我们锻炼身体的好处。但问题就在于如何真正做到这点，特别是当我们被日常生活中的压力压得喘不过气来时，或者当我们处于高强度的压力下时，很难坚持锻炼身体。

坚持锻炼身体终有回报

阿德丽娜是一名天生爱运动的女性，年轻时她喜欢划船、骑自行车、打网球、跑步和帆船运动，但随着她的职位越来越高，加上她还要照顾家庭和小孩，生活变得越来越忙碌，锻炼身体的事就要往后靠一靠了。她仍然会健步走和跑步，但这更像是一种“见缝插针”的运动方式，而不是每天坚持会做的事情。她吃得很健康，体重也没有超标，一切看起来都很正常。但在55岁的时候，她突然心脏病发作，并在之后做了心脏瓣膜置换手术。这件事给她敲响了警钟，促使她重新评估生活中每一件事情的重要性，特别是身体锻炼。

当她康复后，阿德丽娜也不想再重拾跑步了。到了人生的这个阶段，划船、打网球或帆船运动对她也没什么吸引力。但是，她确实挺喜欢健步走。无论天气好坏，也无论身在何处，她坚持每天快走五千米。只要条件允许，她也会经常骑自行车。不仅如此，她还安排了至少每两周完成一次10英里徒步登山，努力越过各种有挑战性的地形。多年来，她的心脏病主治医生不止一次对她的身体状况感到吃惊和震撼—— 术后20年，她仍然不需要更换瓣膜（在当时，通常首次手术后10年就要更换瓣膜）。

阿德丽娜是我开展的一项关于体育锻炼对延缓老年人认知衰退的影响研究课题的参与者之一。[34]她不仅在有氧能力测试中表现良好，在所有认知测试中也都表现得非常出色。经过严格分析，最终结果表明长期坚持体育锻炼可以保护我们大脑额叶的神经网络。阿德丽娜就是一个典型的例子，她思维敏捷，完全不像她这个年龄段的人，即便到了晚年也是如此。

无论我们有多爱运动，人们似乎总会迫于生活的压力而听天由命，但实际上不必如此。我们不该指望靠一次生命的警钟来提醒自己养成在日常生活中经常锻炼的习惯。即便是一些很爱运动、自认为是运动型的人，也会把锻炼排在次要位置，这会产生非常严重的后果。

当阿德丽娜被迫重新评估自己的生活时，她积极思考自己喜欢做什么，在这个年纪适合做什么，住在哪里，以及其他重要的生活方式因素，努力将体育锻炼纳入自己的日常计划中。这就是我们每个人需要做的事情，这可能意味着要放弃原来的运动项目（例如，我是一个曲棍球运动员，所以除了曲棍球以外，我绝不会尝试其他的运动），逐渐形成一个新的运动习惯，并且想方设法克服各种可能的借口（例如，我今天一整天都很辛苦，所以今晚就不锻炼了），这样才能找到我们真正喜欢的运动方式。

基于每个读这本书的人都知道锻炼身体是好的，我会鼓励你们去找出是什么因素阻碍了你锻炼身体，如果你已经很热衷于锻炼身体，那就要找出是什么因素妨碍了你更加经常性地开展锻炼。然后，你还要想一想可以如何改进，包括思考你的个性怎样影响了你对不同运动项目的偏好。你以前可能不会有意识地去思考这些问题，也不会经常与别人一起讨论，除非是和私人教练。而即便是和健身教练一起讨论这些问题时，你的选择也往往局限于健身房范围内你更喜欢哪种运动方式。然而，对这个问题的反思，与如何定义你自己是高度相关的。它能够使你通过更了解自己，收获更多的东西。因此，你应该在这个问题上多花些工夫。而且研究还表明，一旦你找到真正适合自己的运动方式，你才更有可能坚持下去。[35]

测评工具

阻碍你锻炼身体的因素是什么?

究竟是什么因素妨碍了你锻炼身体？请仔细阅读“阻碍体育锻炼的因素”中的每一项陈述，当被问及为什么不锻炼身体时，你有多大可能会以这种方式做出应答？选出最符合你实际情况的答案。

阻碍你锻炼身体的因素

填写说明：根据你的实际感受和行为习惯，对下面的表述进行客观评分。请尽可能依据事实做出诚实的回答，而不是考虑哪个答案是正确的。

3——很有可能

2——有点可能

1——不太可能

0——不可能

有多大可能你会这么说……

1. 我现在每天都忙得像陀螺一样，因此抽不出时间来锻炼身体。 0 1 2 3
2. 我的家人或朋友都不喜欢锻炼身体，所以我也没有机会锻炼。 0 1 2 3
3. 下班后我太累了，实在没有力气再去锻炼身体。 0 1 2 3
4. 我一直在考虑多锻炼身体，但我似乎总是无法迈出第一步。 0 1 2 3
5. 我岁数越来越大了，所以锻炼身体可能会有风险。 0 1 2 3
6. 我从来没有学过任何运动的技能，所以我很少锻炼身体。 0 1 2 3
7. 我周边找不到健身房、跑道、游泳池、自行车道等运动设施。 0 1 2 3
8. 锻炼身体会占用太多我做其他事情的时间，比如工作、家庭等。 0 1 2 3

9. 当我和别人一起锻炼时，我的表现总是很糟糕，令人尴尬。 0 1 2 3

10. 我的睡眠不足，无法早起或熬夜锻炼身体。 0 1 2 3

11. 对我来说，比起出去锻炼身体，找个借口不锻炼更加容易。 0 1 2 3

12. 我认识很多人，因为过度锻炼导致自己在运动中受伤。 0 1 2 3

13. 在我这个年龄，已经不太可能学习一项新的运动项目了。 0 1 2 3

14. 锻炼身体太费钱了，还要上课、加入运动协会或购买合适的装备。 0 1 2 3

15. 我白天的空闲时间很少，没法见缝插针地锻炼身体。 0 1 2 3

16. 我通常与家人或朋友一起做其他的事情，但不会一起锻炼身体。 0 1 2 3

17. 我这周工作太累了，周末需要好好休息。 0 1 2 3

18. 我内心是想多锻炼身体的，但我似乎什么都坚持不下来。 0 1 2 3

19. 我担心自己可能会受伤或心脏病发作。 0 1 2 3

20. 我不擅长任何体育运动，锻炼身体对我而言没什么意思。 0 1 2 3

21. 如果公司里有健身和淋浴设施，那么我更有可能会锻炼。 0 1 2 3

资料来源：改编自美国疾病控制和预防中心，“克服体育锻炼的阻碍因素”，2007，华盛顿特区疾病预防控制中心。公开版权。

根据问题编号，将你勾选的答案填入表11.4相应的空格内。然后，将每一行的三个分数相加。

阻碍你进行体育锻炼的因素可能属于七大类中的某一类或者某几类。如果有一类因素的分数为5分或以上，那么就意味着这是你最需要努力克服的重要阻碍因素。

表11.4 阻碍体育锻炼的因素得分表

阻碍体育锻炼的因素	问题编号			总分
	1	8	15	
时间不足				
	2	9	16	
身边人的影响				
	3	10	17	
精力不足				
	4	11	18	
动力不足				
	5	12	19	
担心受伤				
	6	13	20	
缺乏技能				
	7	14	21	
缺少资源				

资料来源：改编自美国疾病控制和预防中心，“克服体育锻炼的阻碍因素”，2007年，华盛顿特区疾病预防控制中心。公开版权。

克服体育锻炼的阻碍因素

只要你能认识到让你难以坚持锻炼的绊脚石有哪些，并加以足够的重视，你就能迈出克服障碍的第一步。当你意识到是哪些因素在拖你后腿，你就知道应该在哪些方面加以努力。以下是关于如何克服各种阻碍因素的一些建议，你也可以采用其他适合自己的方法。关键在于，要努力克服那些妨碍你的绊脚石。

如果**时间不足**是主要的绊脚石，那么你可以试试：

- 在日程表中找出有空的时间段，安排在这些空当时间内锻炼。
- 把一些久坐的时间（比如看电视、上网）换成锻炼的时间。
- 监测自己一周的日常活动，并至少挤出三个 30 分钟用来锻炼。
- 在日常生活中增加体育运动（例如，步行或骑自行车去上班或购物，边看电视边锻炼，爬楼梯而不是乘电梯或做自动扶梯，提前一站下车，把车停在离目的地稍远的地方走过去）。
- 做一些节省时间的运动，如步行、慢跑或举哑铃。
- 如果你经常出差，想办法见缝插针地锻炼（例如，在手提箱里带上阻力带;在网上视频的指导下做瑜伽;带上一双运动鞋去跑步;预订一家带游泳池或健身房的酒店）。

如果**身边人的影响**是主要的绊脚石，那么你可以试试：

- 向家人和朋友解释说明你需要锻炼身体，并请他们支持你。
- 寻找有趣的锻炼方式（如跳舞、尊巴、骑自行车），并邀请你的朋友一起参与。
- 加入运动协会或参加团课（如步行、徒步旅行、跑步、瑜伽）。
- 多和那些积极锻炼身体的朋友或家人在一起，并参与他们的活动。
- 如果你缺乏信心，请使用第七章中的方法迈出第一步。

如果**精力不足**是主要的绊脚石，那么你可以试试：

· 利用你的昼夜节律生物钟测试结果来确定自己一天中精力最充沛的时间段，把锻炼安排在这些时间段。

· 做好锻炼计划，并使用情绪冲浪等方法来避免自己为不锻炼找借口。体育运动能提高你的精力，但本能脑却会从中捣乱。你可以采用情绪冲浪的方法察觉本能脑的想法，但不要被这些借口所影响，一定要坚持锻炼就对了。

如果**动力不足**是主要的绊脚石，那么你可以试试：

· 做好锻炼计划，并使用情绪冲浪等方法来克服那些有空也不想锻炼的借口。写下你常用的借口，并提前思考你会如何回应。举个例子，假如你决定去健身房，但到了晚上又感到很疲惫，那么就写下这样的借口——“我感到精疲力竭，改天再去好了”或“我今天没时间，锻炼完再回家就太晚了”——然后准备好如何回答——“我就知道自己会这样想，没关系，我还是要去锻炼。”健康专家约瑟夫·西阿若奇（Joseph Ciarrochi）、安·贝利（Ann Bailey）和路斯·哈里斯在他们合著的《减肥》一书中谈到了这一点，并建议每次出现借口时：

> 特别是当你不想做某件事的时候……问问自己“尽管大脑给出了很多不做的理由，我究竟能否坚持做到呢？”关键是要认识到，你可以有借口，但不必采纳这些借口——明知有这些借口，你仍然要坚持做一些促进健康的体育运动。[36]

· 邀请朋友一起锻炼——对别人的承诺会让你更有可能坚持下去，

并且额外的好处是还会让锻炼的过程变得更加愉快。

- 加入运动协会、健身团课或健身小组，并且积极参与其中。
- 根据自己的个性偏好—— 例如，假如你性格外向，或许你更喜欢和大家一起上团课，而不是一个人跑步或在家里开着 DVD 视频锻炼。
- 做一些你喜欢做的事情—— 例如，如果你特别喜欢跳舞，那就想办法把舞蹈变成一种锻炼的方式，而不是仅仅作为偶尔的夜生活消遣娱乐的方式。
- 变换运动方式—— 变换运动方式会让你始终对锻炼保持浓厚兴趣（比如慢跑、游泳和骑自行车）。
- 使用腕式设备、应用程序或通过日记记录你的运动。看到自己的进步，你会更加有动力锻炼。这个方法还有一个用处，是可以看出你在实现目标的过程中会遇到哪些阻碍。例如，当你睡眠不足时，你是否会减少锻炼？如果是这样，你是否需要纠正自己的睡眠习惯？
- 为自己设定一个目标，比如跑 5 公里或参加慈善徒步。
- 把运动给你带来的最大好处写下来（例如，精神状态更好、预防心脏病）。

如果**担心受伤**是主要的绊脚石，那么你可以试试：

- 学习如何做好运动前的热身和运动后的拉伸，减少受伤的概率。
- 不管你选择做什么运动，都要掌握正确的动作要领。
- 不要过度运动，从低强度开始，慢慢增加强度，切记过犹不及。
- 选择受伤风险较低的运动方式。

如果**缺乏技能**是主要的绊脚石，那么你可以试试：

· 选择不需要掌握新技能的运动方式（如步行、慢跑）。

· 寻找与你技能水平相近的运动伙伴，与他们一起锻炼。

· 请别人教给你新的技能或接受专业化的培训。

如果**缺少资源**是主要的绊脚石，那么你可以试试：

· 选择几乎不需要健身设施设备的运动方式，如步行、慢跑或瑜伽。

· 搜寻附近的资源，寻找既便宜又方便的解决方法（如公园和娱乐项目）。

测评工具

克服阻碍因素的行动计划

一旦你明确了想要努力的方向，请选择一个解决方法，利用表11.5制订行动计划来帮助自己。表格前几行的内容给出了一个示例。

表11.5 针对锻炼身体的绊脚石之行动计划

绊脚石	行动	到哪天为止	如何衡量我取得的进步？
动力：一说到锻炼身体，我就总是给自己找借口	做好锻炼计划，把要做的每件事都写进日程安排	6月22日	有多少次我按照日记中计划的时间按时锻炼，又有多少次我在无合理原因的情况下没按时锻炼

	找出各种各样的借口，把它们都写下来，用情绪冲浪来察觉和自省	6月22日	同上
动力：我觉得锻炼身体没什么意义	报名参加9月份的5公里比赛	6月28日	训练备战并参加5公里比赛
	列出锻炼身体对工作状态和健康的好处，在不忙的时候翻出来看看	6月30日	有多少次我会给自己找理由。我是否很容易就想到这些顽固的理由

持之以恒

设法在你的生活中坚持做某项体育运动，这样会对你的身心健康和工作表现都产生极大的积极影响。所以，千万不要放弃，坚持不懈地尝试，直至你找到最适合自己的运动以及克服所有阻碍的方法。如果某件事没做成，这也不意味着你就失败了；你有一个更大的目标，那就是最终实现你的人生意义。只要你能始终保持最佳的身心状态，把所有注意力都放在如何实现自己的人生意义上，那么暂时放弃某项运动或某个特定目标就称不上是失败。通过这个过程，你才能逐渐弄明白哪些事情适合你，哪些事情不适合你。只要你持之以恒，那么你仍然在朝着正确的方向前进。

建立、保持情绪韧性与劳逸失衡

我们在最后三章中讨论了很多内容，在进入最后一章“可视化想象”之前，你需要思考一下，你具体会采取哪些行动来建立并保持情绪韧性。我们还会探讨，如果你运动过度，偏离到了人体机能曲线（图9.1）的右侧，可以事先想好哪些对策。这些事情都有助于你的持续成长，但要是你觉得需要思考的事情太多了，也可以先放一放，以后再回过头来思考这个问题。

看看下面的列表（你可以在“我要做的其他事情”中任意添加需要的内容），并明确你计划要做的事情，以提高自己的情绪韧性。在那些你下定决心坚持要做的事情前面打个勾。经证实，以下每个方面（包括睡眠、社交、好奇心、自我意识、锻炼身体）都能提高情绪韧性。因此，你需要在这些方面都找到适合自己的做法。

和情绪韧性相关的因素以及我的行动计划

睡眠

- 每天晚上准点睡觉
- 睡觉前做些令人放松的事情
- 根据我的生物钟来安排工作（在处于最佳状态的时间段完成最需要集中精神的重要任务）
- 卧室的温度保持在 16—18 摄氏度
- 减少摄入高糖和高脂肪的食物
- 在下午 1 点后避免饮用含咖啡因的饮料
- 避免过量饮酒

- 睡前 90 分钟放下手中的电子设备
- 将电子设备设置成夜间模式

我要做的其他事情包括：

社交

- 寻求并接受他人的帮助
- 向我信赖的人倾诉衷肠
- 回馈他人，并伸出援手
- 参加社交活动
- 远离负面的社交关系
- 多和那些让我觉得舒服的人相处
- 寻找榜样或导师
- 表现得更积极、更幽默
- 加入一个让我的生活有意义感的社会团体
- 在现实生活中通过打电话或面对面交流的方式与他人建立联结，而不依赖社交媒体

我要做的其他事情包括：

好奇心

- 多参加令人身心愉悦的活动，利用好奇心来培养积极的情绪
- 始终对生活充满希望
- 持续探索我所身处的世界
- 每个月都要努力学习新知识

· 每个月都要尝试一项新事物

我要做的其他事情包括：

自我意识

· 具有心理灵活性

· 重构自我认知

· 树立自信

· 学会用积极的眼光看待自我和他人

· 进行反思

· 推进落实我的个人发展计划

· 继续优化我的人生意义和目标

· 练习冥想

我要做的其他事情包括：

锻炼身体

· 找出那些让我难以坚持锻炼的绊脚石

· 制订并执行行动计划，克服锻炼道路上的绊脚石

· 合理安排时间，每天坚持锻炼

· 使用可穿戴设备跟踪我的运动情况

· 找一些每天可以做的小事情来增加运动量（例如，多沏几杯茶，把我经常用到的东西放在另一个房间里）

我要做的其他事情包括：

你可以在表11.6中写下你的具体方法。

表11.6 我的情绪韧性工具包

重点关注的方面	我会怎么做
睡觉	
社交	
好奇心	
自我意识	
锻炼身体	

劳逸失衡

不管你事先制订了多少计划，或者在提升情绪韧性方面付出了多少努力，有些时候你难免会感到劳逸失衡。造成劳逸失衡的原因，既可能是因为生活中发生了某件大事，也可能只是因为太多的小压力累积在了一起。对此，提前做好计划是非常关键的—— 创建一个日志，记录你会怎么做、什么样的做法对你管用—— 因为一旦你累得喘不过气来，你就无法清晰地思考，而跌倒容易爬起来难，重新恢复正常需要的时间更长。因此，如果你长期处于压力之下，原本在正常状态下对你来说是轻而易举的事情也会变得令人非常头大。

请浏览以下陈述，并根据你的实际情况来填写要点。

这些迹象表明你很有可能已经偏离到了人体机能曲线（图9.1）的右侧。你可以对照下面任何一条症状看看自己身上是否存在劳逸失

衡的情况，也可以添加其他和自己相关的情况。

· 我的另一半告诉我，我不跟他沟通
· 我疏远了家人和朋友
· 我总是半夜醒来，然后再也无法入眠
· 我觉得浑身疼痛，而且往往来势突然
· 我哭的次数更加频繁
· 我比平时更容易发飙、更情绪化或更烦躁易怒
· 和平常相比，我内心的声音变得更加消极
· 我发现做决定变得越来越困难
· 我出错的次数变多
· 我总是把事情一拖再拖
· 我发现难以集中精神或注意力
· 不管睡了多久，我还是觉得很疲惫
· 我发现自己对什么事都提不起劲儿来

我典型的危险信号是（你说了什么话，做了哪些事，身体产生了哪些变化）：（例如，我冲着我的另一半发火；我一头扎进工作，片刻也不休息；我的肠易激综合征突然发作；我感到颈部肌肉痉挛）

对我来说，典型的触发因素是：（例如，被迫加班、考试压力、为一场大型演讲做准备、父母生病、孩子生病、劳累过度）

当出现这种情况时，我需要找谁交流：（写下那些能够帮助你、支持你，让你感觉好受些的人的名字。你可以看看你在本章前半部分

“社交关系评估”中列出的名字）

我的速效减压方式是： ______________________（可以回顾一下第八章，找到对你最有效的方法）

为了恢复活力，我需要通过： ___________________（回顾有关压力的章节，找到适合你的方法）

我会如何跟踪自己的情况： __________________（例如，每天三次记录自己的心情，按满分10分给自己的一天打个分，记录我的睡眠状况）

我会对自己说： ____________________（写下能够安慰或肯定自己的话，可以是小时候父母对你说过的话，例如，“没事，一切都会好起来的，船到桥头自然直”）

本章结语

在本章中，我们探讨了睡眠对你工作状态的重要性，以及如何通过了解大脑的需求和最适合大脑工作的环境来改善你的睡眠模式。此外，我们也探讨了你的生物钟，分析你是属于百灵鸟类型，还是属于夜猫子类型，以及在什么时间段你的生理和心理会达到最佳状态。

我们研究了你的社交关系，讨论了你是否对社交关系感到满意，以及你如何通过给予反馈和他人建立联结。我们重温了有关好奇心的内容，并指出了自我意识对情绪韧性的重要性，以及应该如何使用本书介绍的工具来增强自我洞察力。

我们综述了锻炼身体的常见好处，并分析了为什么大多数人无法做到经常锻炼身体。可以看到，阻碍你锻炼身体的因素包括一系列不同的心理原因和外部原因。我们也探讨了对于你个人而言具体会遇到哪些阻碍因素，并且给出了一些克服阻碍的方法以及制订行动计划的框架。

最后，我们探讨了从长远来看，应该如何维持你的情绪韧性，以及如何应对劳逸失衡所导致的问题。

好了，接下来将进入最后一章。我们会把所有的内容都汇总在一起，以此来帮助你通过可视化想象的方式，朝向你的未来目标更好地前行。

第十二章 可视化想象

本章我们探讨的主题是可视化想象，这种方法可以把你在前面章节中研究过的所有内容都汇总在一起，帮助你梦想成真。在学术研究中，可视化想象又叫“白日梦”，是人脑的一个显著特征，我们能够在心中创造出另一个时空或视角，从而置身于现实的世界之外。[1]研究发现，白日梦主要都是“聚焦未来”，[2]在引导人们的决策和行动方面功不可没。[3]白日梦也会引导日常生活；我们通过这种方式来规划未来，包括接下来要做的事项，也包括对自己的期望——例如，能否做好那场演讲，演讲前会有多忐忑不安，演讲结果的好坏对职业生涯有什么影响。

我们无法得知未来会变得怎么样，也许还会担心结果不遂人意。关于未来的“白日梦”有时候无济于事，但有时候却非常有用。它能让我们进行通盘考虑，寻找未来挑战的破解之道，解决各种可能出现的问题，有助于我们更好地理解和应对所处的环境，从而对明天、明年甚至未来几十年的人生做好规划。当我们有意识地运用这种方法，并引导自己按照这种方式进行思考时，就能积极地改写人生中许多事情的结局，而且对心理健康也大有裨益。[4]成功的商业精英、外科医生、社会名流都用这种方法来调整自己的状态。实际上人们发现，运动员在休息或受伤时，通过做白日梦的方式想象自己仍在训练，居然真的可以提高现实中的竞技水平。[5]

最有可能让“白日梦”梦想成真的因素

要想将可视化想象从仅仅满足于做白日梦转变为有助于提高自己的绩效，你需要考虑一些因素。可视化想象的画面通常都是杂乱无序的；即使你意识到自己在做“白日梦”，你也不太可能控制想象的频率或内容，每间隔一段时间就规律地做梦，或每次都做同样的梦。然而研究结果表明，当可视化想象变得有条理时，它对改进绩效的影响更为有效。在体育运动中，可以通过使用“意象引导脚本”（guided imagery scripts）来实现这个目的。你需要根据这些脚本每周至少重复做两次“白日梦”。脚本的细节都经过专门设计，包括竞争环境、物理环境、专项成绩，以及其他需要特别注意的方面。[6]

在大脑中创造意象，一定程度上取决于我们脑海中对过往经历的记忆。可视化想象是以一种特定的方式，将这些记忆与想象的场景融合在一起。如果你想通过可视化想象积极地影响自己的行为，那么你就需要尽可能精确地想象画面中的每一个细节，就好像自己身临其境一般。例如，一名足球运动员可能会想象进球的画面，想象他的脚在踢球时如何移动，与球接触时的感觉如何，在场观众的声音，以及草地和土壤的气味。

科学研究表明，你想象的画面越生动，就能调动越多的感官，也就意味着越能帮助大脑建立神经网络，推动自己朝着目标前进。实际上这样可以让大脑产生某种错觉，以为这些事真的已经发生了。

如果你能够进一步把自己在某件事或某个活动中产生的感受和情绪加入想象之中，就能让可视化想象变得更加直观。比如，运动员可以使用这个方法管理焦虑、愤怒、痛苦等情绪，也可以管理和比赛获胜相关的情绪，包括得意、满足、自豪、高自尊感等。[7]通常，这些都是可视化想象研究中重点关注的方面（通过使用各种感官和情绪来模拟场景）。但最近有些研究还进一步关注了“信念”这个方面。我们要相信想象中的事情将来能够成为个人叙事[8]的一部分，这样，我们才能在现实生活中更加接近目标。当然，这些故事必须是基于我们自己的故事。足球运动员相信或知道他们会在下一场比赛中再次上场征战。早在威尔·史密斯成为一线明星之前，他就相信某些事情注定会发生——成为一名成功的演员。

最后一点，相信你通过本书提供的各类方法，已经找到了人生的意义。研究结果还表明，在可视化想象中加入人生意义，能使你更有动力坚持自己的目标。比起想象那些和你的目标毫无关联的事件，想象未来可能发生的、和你目标相关的事件，可以带给你更强烈的真实感、更积极和更浓烈的情绪、更生动的画面，而且对你当下的影响也更深刻。[9]

这对你来说意味着什么?

你可能需要稍加练习才能想象所有的细节。通常而言，其中最难的地方就是关于“信念”。也许，我们能够想象未来可能发生的事情。但是，我们真的相信这些事情会发生在自己身上吗？例如，你可能下定决心要减去几斤赘肉，也能想象瘦下来的自己看上去是怎么样的，那时你的感受会是如何。但脑海中仍然会有一个挥之不去的疑虑，那个声音说道，“就算你这次做到了，但旧习难改，接下来你还是会继续吃零食和垃圾食品”，因为也许这才是我们在生活中大部分时候的真实样子。那么，应该如何解决这个问题呢？

增强“信念”

好在研究结果表明，提高信念最有效的方法其实并不难做到。只要我们对未来的某件事情想象得越多，就越能相信这件事情真的会发生。[10]

为了使这种信念变得更加坚定，你需要考虑另外一个重要的因素——记忆的运用。在辅导客户时，我会利用客户对过往成功事件的记忆来帮助他们朝着目标前进。首先，我们会思考，需要具备哪些条件才能让未来的事情如他们所愿发展。举个例子，他们可能希望在谈判中保持心平气和，使自己能有理有据地阐述观点。然后，我们会看看实现这个目标的构成要素有哪些，他们以前在哪些情况下可能成功地使用过这些要素。例如，能否想到自己在某些谈判的情境中（比如在一些非工作场合）保持心平气和，或者能否想到某个具体的例子，他们用自己觉得很有效的方式说服了对方？接下来，我们会把与这些场景有关的记忆都串联在一起，通过在脑海中进行回想来加深印象，也用来检验人们希望在未来的某个场景中事情会如何发展。这种做法有助于加强大脑中与未来事件相关的神经通路，这样他们足不出户就已经做好了准备。想象某件事情会在未来发生，这样的主观感觉不是任由思绪乱飞，而是真的能够预知未来会发生的事情。

测评工具

想象你的成功之路

既然如此，你打算从哪里开始呢？要把这个主观感觉变成切实可行的事情，你可以事先把这些事情都写在纸面上。接下来的步骤会引导你一步步把相关事项写下来，然后经常性地开展可视化想象，以此帮助你更好地实现自己的愿望。

回顾一下你在本书前面的章节中所写的个人短期和长期目标。然后（结合你在本书第二部分所做的自我探索），看看这些是否是你的当务之急，如果有必要可以重新做些调整。例如，也许你希望把情绪健康排在更优先的位置，并且希望更加重视社交方面的问题。

明确你想重点关注的1—3个方面。

从你最关注的方面开始写，想象目标实现之后会如何，并把它写下来。然后，看一下清单上排在第二位和第三位的事项，并重复上述步骤。但我建议一次不要做太多事情。你可以回顾之前的“采访未来的自己”练习，应该会对你很有帮助。同时，记得回顾一下你在整本书中所做的笔记，包括故事主线上事情进展得非常顺利的那些场景。你可以利用这些记忆来汲取经验，反思你的优势、人们给予你的积极反馈以及相关的场景，还有你热衷的事物和价值观，你所体验到的感受是怎样的，以及你应该如何将这些感受融入未来的场景中。

在写这些内容的时候，关键是要将所有会影响可视化想象效果的元素都包含在内。记住以下几点：

- 各种感官——你能看到、听到、尝到、闻到什么？
- 身体感觉——你感到紧张还是放松，你的心率是缓慢而稳定吗？
- 情绪——你现在有什么感觉？（用附录中的情绪列表提示自己）
- 信念——在这个未来的场景中，你能否从过往的做法或感受中汲取经验？

可以是像下面这样的示例：

为一个非常重要的演讲活动做准备

我坐在休息室里等候上台。我能感觉到我的脚在地面上，屁股坐在椅子上，心跳比平时快了一点，但我很沉着冷静，同时也为能向观众传递我想表达的内容而激动不已。我在脑海中一遍遍地回想演讲要点，自信可以牢记这些内容，还能在演讲中有力地呈现这些观点，按照事先排练的方式调整讲话的节奏。我能听到人们在座位上坐立不安、动来动去，咳嗽几声清清嗓子，还有翻资料时的沙沙响声。听众席上坐得满满当当，好几个钟头过去了，空气中有股浑浊的味道。当主持人介绍我时，工作人员喊我到舞台边上候场并做好准备。我从瓶子里啜了一小口苏打水，感到白泡沫在我的舌尖上嘶嘶作响。我走上舞台，站在舞台中央的演讲台前，挺直身体，保持双肩放松，准备开口讲话。我开始演讲，眼睛望着听众，与人们保持眼神的交流。我详细展开演讲要点，通过变化语速和语调来强调某些方面。当演讲临近尾声时，我用沉着自信、胸有成竹又热情洋溢的结束语为演讲画上一个圆满的句号。全场观众鼓掌，我微笑着向他们致以谢意。

你也许会有疑问，在写这样的脚本的时候，是让自己置身事内，还是置身事外好？举个例子，如果你在为一个演讲活动做准备，你是想象自己是望着听众的演讲者，还是坐在台下旁观演讲者的听众？答案是都可以，这两个角度都能起到作用，也可以把它们结合起来使用。

以下是更多进一步的提示。如果你绞尽脑汁也想不出所有细节，这些提示或许能帮到你：

- **你会穿着什么样的衣服？**想象一下看着镜子里的自己或想象自己穿上某一套衣服，面料接触皮肤的触感如何，哪里比较紧，哪里比较松？
- **你会在什么地方？**你是在某个地方参加会议，还是住在梦想中的豪宅，或是在和一群特定的听众交流？
- **你身体的姿态是怎样的？**例如，你的站姿放松吗？你是否与身边的人进行眼神交流？你的心跳怎么样？你的呼吸是否平静？
- **你自言自语的时候是什么样子？**你会对自己说些什么？你会怎样看待自己？
- **你如何应对自己的盲点？**你对此感觉怎么样？
- **你住在哪里？**空闲时间你会用来做什么？你和谁待在一起的时间最多？他们是什么样的人？你对身边的人有哪些影响？你最引以为豪的事情是什么？你的工作是什么？你感到快乐吗？你是按照自己的价值观生活吗？你的人生意义是什么？你是在不断地向人生目标努力靠近吗？你努力的过程是怎么样的？

写完脚本后，可以先放在一边，过几天再回过头来看。这样你就有时间可以好好斟酌一下，用全新的眼光重新审视你所写的内容。当你回过头来看的时候，从头到尾完整读一遍，添加或改变一些细节来进行必要的调整。你的脚本不一定要很完美——写到你自己觉得大致满意的程度就可以了。

完成修改后，下一步就可以使用你的脚本了。你可以采用两种方法，一种是让自己放松下来，把脚本读给自己听，在脑海中尽可能多地想象画面中的细节；第二种方法是把自己阅读脚本的过程录下来，然后回放录音，在听的时候想象各种各样的画面和感觉。后一种是运动员最常用的方法。

如果可以的话，请把可视化想象作为日常生活的一部分来重复练习，最少也要一周练两次。

如果你这样做，可视化想象将有助于你：

- 保持对自我的清醒认知
- 发挥自己的优势能力和兴趣爱好
- 牢记自己的价值观和人生的意义
- 调整和改进自己的目标
- 保持动力
- 在摇摆不定中找到平衡，提高情绪韧性
- 朝着自己的既定目标前进

想象一个完美的结局也许会让你望而生畏。你可能会感到焦虑，觉得这样的结局不现实或者你永远也无法实现。但是请记住，只有你知道自己在想象什么。如果你不告诉别人，没有人会知道你心里想的是什么。所有的想象都属于你自己。

本章结语

如果你经常练习可视化想象，这项能力会对你现在和未来的人生都产生极大的积极影响。通过这个方法，你能将我们在本书中所讨论的全部内容付诸行动。可视化想象为大脑提供了通往成功的路径。务必记得定期练习，看看你的未来会如何展开。

在下面的结束语中，我会对本书中探讨的所有内容做一个整体性的概括和总结，并提供一些想法供你参考。

结束语

这真是一次奇妙的自我探索之旅——你已经完整地回顾了一遍自己的成长经历，了解到是什么激励了你，是什么让你成为现在的你。这是属于你的故事。有一点是十分明确的，能坚持到现在，就说明你已经下定决心要获得自我成长和发展，进一步发扬那些你独有的优势特长，并克服那些令你感到灰心丧气的缺点或绊脚石。

我希望你能从本书中获得的重要领悟就是，你的人生旅程还会不断地继续下去，并不会就此结束。你周遭的环境会发生变化，你的目标可能会发生变化，你接触的人也注定会发生变化。因此，你需要不断地重新评估自己所处的境况——当然，你不必再次阅读整本书，但需要持续思考情况发生了哪些变化，为了能够更好地发挥你的潜能，及时做出适当的改变，并且采取行动。记住最后这个关键词——采取行动。

我们来快速回顾一下一路走来你已经做出了哪些改变。第一步就是反思，通过反思，你写下了自己的个人叙事和故事主线，了解了经历中的起起伏伏是如何影响了你的人生。我们还探讨了很多问题，也许对你来说信息量有点大，但是，这些都是建立自我认知的基础和前提，也很有可能是你第一次用这种方式来看待自己。实际上，或许连你自己都没意识到已经探索了这么多方面关于自我的内容，包括：

- **不管外部世界如何变化，是什么定义了你的内在。**你探究了自己的性格中，哪些是由人生阅历塑造而成的，哪些是核心组成部分。

- **大脑的工作机制是怎样的**，你了解了更高级的理性脑（它负责寻找目的和意义）和不假思索就做出反应的本能脑（它由原始的生存冲动驱动）两者之间的差异，也认识了这些差异是如何影响你的日常生活的。
- **为什么情商很重要**，以及应该如何培养情商和情绪韧性。
- **为什么建立社交关系对心理健康很重要**，为什么你需要通过这些社交关系来找寻自己的人生意义，更好地理解自己在社会中的角色定位。

为了做进一步的探索，你还向那些最了解你不同侧面的人征询了反馈意见。他们反馈的问题是否显而易见？也许是这样，然而大多数人并不会主动搜集反馈意见。现在，你对别人如何看待你有了及时、真实的洞悉。

可以说，最重要的地方就在于，你要把这个探索过程坚持下去，并付诸行动。当你拿起本书阅读并进行练习，开始思考自己想要改进哪些方面以及用哪些方法进行改进时，你已经朝着发挥自我潜能的方向迈出了一大步。你还可以通过最后一部分“完善自我”中提供的其他工具和方法，保持自己的身心健康，获得持续的成长，从而向着你选择的人生目标不断努力前进。

在阅读本书的过程中，你了解到了关于自己的大量信息。你可能无法一次性做出彻底的改变，每次只能针对一部分行为习惯采取改进措施。实际上，这就是最有效的方法。如果你试着一口气做太多改变，大脑就会索性罢工。正确的做法是，应该用好个人发展计划和目标设定工具，帮助自己练习和强化新的做事方式，逐步养成习惯后，再去尝试其他新的事物。你还可以利用情绪韧性章节中适合你的工具，进一步帮助自己做到这一点。当然，并不是每种工具都对你有效，所以，尽管大胆地舍弃那些对你不管用的方法。你的人生意义是需要你逐步深入探索、慢慢才能想清楚的事情。这是再正常不过的事了：你并不受时间限制。请按照自己的节奏反思、梳理各个相关方面的内容。毕竟，你的人生意义是给自己看的，而不是给别人看的。

今后，你可以继续把本书作为自己获得持续成长的指南，重新温习书中的科学原理，以及你所搜集到的关于自我的认知信息、成长故事，以及其他能够定义你自己的事情。最理想的结果是，你应该持续这么做，把新发现的信息作为引导人生的实时指南，包括更新你的故事主线，挖掘你新的优势、成就和见解；了解你的压力源有哪些，如何实现高质量的睡眠，你适合什么样的锻炼方式，你的人脉圈里有哪些人，哪些人是你的榜样，以及你的不同目标与人生的意义之间有什么关系。你应该不断地培养自我意识，以确保自己能够表现出最好的一面。人不是一成不变的，因此，你对自己的理解也不应该是一成不变的。不管你选择走哪一条路，你的性格内核总是保持稳定的，而性格圈的外层则会随着人生经历的不同而不断地调整和变化。只有通过提高自我意识，获得持续性的学习和成长，你才能最大限度地发挥自己的潜能，并始终充满成就感。这样做也可以时刻提醒你自己是谁，你的价值观是什么，帮助你培养更强的情绪韧性，无论你在生活中遭遇什么事情，都能坦诚地面对自己的内心。

除了对自我的认知，你还应该尽可能地遵循大脑的基本工作原理，即大脑作为思维的载体是如何运作的。如果你能够顺应大脑的运作方式，而不是与之背道而驰的话，你就能让大脑从各种琐事和纠结中解脱出来，为完成更多的目标提供足够的心智能力和空间。当然，你需要通过不断的练习和坚持才能做到这点。简单地做到“好好观察，别急着回应”，就能够对你生活的很多方面产生巨大的影响。每次当你努力做到好好观察而不是急于回应时，都是在调整大脑的习惯，从而让大脑更有效地工作。理解并努力做到这一点将有助于你建立自我意识、自信和自我管理的良性循环。这样，你不仅能收获成功，也能获得更大的满足感和心理健康。①

在结束本书前，我想和你分享一下我的工作动机。作为我工作的一部分，我经常听到一些关于社会成功人士的故事。我们通常都认为，这些人对自己或他人的行为有着很独到的理解。这些年来，我不止一次地看到，这些成功人士是如何通过观察他人的行为或在一次偶然的机会下得到他人的指导，学会了另辟蹊径而成功。即便如此，他们学到的内容也往往是不够完善的，当然这也不能怪他们。换言之，作为成功人士，他们依然会被工作中的那些问题所困扰，也会错误判断他人的行为或意图，或者任由自己因情绪冲动而做出不理智的决策。在我看来，这些成功人士比普通人享有更多机会和资源，是享有特权的少数人。那么，作为普通人的情况又是怎么样的呢？

社会上普遍存在一种误解，那就是我们在成长过程中自然而然会理解自己的行为。因此，有一种看法认为，我们不需要接受关于如何与他人互动沟通、如何回应他人、自己有何感受之类的教育，因为，这些都应该是常识。但遗憾的是，我们并不是天生就理解行为的，尤其是当大脑的工作机制和我们所处的生活环境大相径庭的时候。实际上，我们对心理学和行为了解得越多，就会发现有待了解的

① 请注意，如果你持续或长期饱受情绪压力之苦，应该赶紧寻求心理医生或咨询师的帮助。你不应该独自承受生命难以承受之重，你需要找一个人来帮助你，而不仅仅靠阅读一本书，那样才能帮助你真正解决问题。

地方也越多，越能发现了解这些对生活很有裨益。单纯地靠知识积累并不能保证我们永远不犯错，但通过培养对于行为和大脑、个人喜好和习惯的认知，却能让我们过上更充实的生活，并且避免各种误解，做出更有效的判断，还能始终保持身心健康。

我们不能指望人们只要拿起一本书就能更加了解自己。大众需要理解并认识到，认知自我这样重要的事情不应该听天由命。为了让社会普遍接受这个观点，我认为我们需要在学校开设有关大脑和行为的课程，就像教孩子们做数学和阅读一样，以同样深入浅出的方式给孩子们上好这门课，并且把这门课放在与科技知识同等重要的地位。如果真是这样的话，子孙后代的潜力将变得无可限量。

我的初衷是希望你在读完本书时，觉得对自己有了更深入的了解，也掌握了更多的工具和方法来帮助自己实现人生梦想。正如我前面提到的，个人发展、自我探索，以及增强自我意识都需要一个持续的过程。要成为一位洞察世事的智者，充实完满地度过自己的一生并实现人生的意义，你需要（通过正确的方式）不断地获得自我挑战和成长，不断地观察周围的世界在发生什么，有哪些变化，体察这些事情会如何改变你，以及你需要如何让自己适应变化并调整人生的目标来始终保持最佳的状态。也许你只是迈出了第一步，但我希望你现在能从更深的角度洞悉自己的人生。这样，你终将获得成功，同样也会有更高的生活满意度，身心更加健康，并过上更幸福的一生。

附录：情绪列表

幸福	关怀	抑郁	缺失
兴高采烈	欣赏	疏远	心碎
心满意足	爱慕	糟糕透顶	残缺
欣慰	深情	筋疲力尽	伤害
欣喜若狂	感激	乏味	挫败
欢欣鼓舞	细心	黯然神伤	匮乏
精力充沛	富有同情心	忧郁	无力
热情	体贴	垂头丧气	完败
高兴	挚爱	沮丧	缺点
幸福	友好	士气低落	无助
兴致高昂	友善	郁闷	缺陷
快活	满怀爱意	孤独凄凉	美中不足
无忧无虑	尊敬	泄气	无能为力
生气勃勃	同情	失望	无法胜任
愉快	考虑周到	气馁	不完整
喜出望外	宽容	阴郁	毫无成效
乐意	信任	颓废	笨拙无能
满意	热心	低落	微不足道
安宁		失落	无效
开朗		心灰意冷	欠缺
兴奋不已		空虚	站不住脚
高兴极了		厌倦	贫乏
情绪高涨		悲观	不知所措
充满活力		郁郁寡欢	有心无力
		悲痛欲绝	无足轻重
		阴冷	不合格

		无望 绝望 迷茫 忧伤 喜怒无常 愁容满面 遗憾 倒霉 阴沉 悲伤 闷闷不乐 泪流满面 局促不安 难过 心烦意乱 眼泪汪汪 哀伤 愁眉不展	微小 犹豫不决 不足为信 无关紧要 没有把握 一无是处 彻底完蛋 一文不值 懦弱 毫无可能

中文版编者说明

本书正文中出现的阿拉伯数字上角标，均为原作者所引用的文献资料序号，与原作者列举的参考书目一并进行了数字化处理。

如需查阅，可以通过扫描二维码浏览全部内容。

文献资料与参考书目

作者

菲欧娜·默登
Fiona Murden

英国心理学会特许心理学家、副研究员，作家、演说家。
伦敦大学心理学硕士、华威大学商学院组织研究文学硕士。

译者

朱蓓静

复旦大学汉语言文学学士，牛津大学工商管理硕士。
曾任商务印书馆《汉语世界》杂志记者，三联书店编辑。

心理学家教你职业规划

作者 _ [英] 菲欧娜·默登　　译者 _ 朱蓓静

产品经理 _ 孙雪净 周喆　　封面设计 _ 星野　　产品总监 _ 阴牧云
技术编辑 _ 顾逸飞　　责任印制 _ 陈金　　出品人 _ 吴畏

营销团队 _ 果麦文化营销与品牌部　　物料设计 _ 星野

果麦
www.guomai.cc

以 微 小 的 力 量 推 动 文 明

图书在版编目（CIP）数据

心理学家教你职业规划 /（英）菲欧娜·默登著；朱蓓静译. -- 成都：四川文艺出版社, 2022.9

ISBN 978-7-5411-6436-1

Ⅰ. ①心… Ⅱ. ①菲… ②朱… Ⅲ. ①职业选择－社会心理学 Ⅳ. ①C913.2

中国版本图书馆CIP数据核字（2022）第152409号

著作权合同登记号 图进字：21-2022-224 号

XINLIXUEJIA JIAO NI ZHIYE GUIHUA

心理学家教你职业规划

［英］菲欧娜·默登 著 朱蓓静 译

出 品 人 张庆宁
责任编辑 陈雪媛
装帧设计 星 野
责任校对 段 敏
出版发行 四川文艺出版社（成都市锦江区三色路 238 号）
网 址 www.scwys.com
电 话 021-64386496（发行部） 028-86361781（编辑部）
印 刷 天津丰富彩艺印刷有限公司
成品尺寸 145mm×210mm
开 本 32 开
印 张 10.5
字 数 252 千
印 数 1—9，000
版 次 2022 年 9 月第一版
印 次 2022 年 9 月第一次印刷
书 号 ISBN 978-7-5411-6436-1
定 价 49.80 元